森川　洋 先生（平成30年6月1日）

広島県福山市鞆の浦常夜灯の前で
（撮影：阿部和俊）

都市地理学の継承と発展
― 森川洋先生 傘寿記念献呈論文集 ―

阿部和俊・杉浦芳夫　編

目次

はしがき

森川　洋

本書は，私の傘寿を祝って 2015 年 3 月 27 日に広島大学東京キャンパスで開催された研究発表会で報告された，5 名（日野正輝，橋本雄一，村山祐司，若林芳樹，石川義孝の諸氏）のうち 2 名の方々の原稿を中心に，その後ご投稿くださった 8 名の原稿を加えて上梓したものである. 私は長らく都市地理学や政治地理学の分野に携わってきたが，これらの分野をリードしてきた同年配の方々は早く他界されたり，病気療養を強いられたため，ただいたずらに長く研究を続けてきただけの私がこの栄誉を受けることになった．私にとっては想定外の光栄であり，企画された阿部和俊（愛知教育大名誉教授）・杉浦芳夫（首都大学東京名誉教授）両先生をはじめ，ご投稿くださった方々，ご発表くださった方々，ご参加くださった方々には深く感謝している.

若いころよく病気をしていた私は退職してストレスが減少したためか，老後は比較的健康に恵まれ，これまで自分の研究を続けることができた．したがって，私の研究生活は 60 年を超えることになるが，今思えばあっという間に過ぎた短い時間でもあった．最も強く思い出されるのは 1957 年 1 月に広島大学文学部に提出した卒業論文であり，その要約は杉浦先生のご厚意により理論地理学ノート第 18 号（2016 年）に掲載していただいた．その後の研究も理論地理学 14 号（2004 年）や阿部和俊編『日本の都市地理学 50 年』（2011 年）に書かせていただいたように，私の研究テーマは若干変化しながらも同じところにとどまってきた．ただし，研究目標は大きく変化し，理論・法則の追及こそが斯学の前進であると考えていた院生時代とは異なり，研究成果の地域政策への応用も重要なものと認識するようになった.

何らとりえのない私にとって大きな幸運となったのは故 Peter Schöller 教授との出会いであり，文部省在外研究員として 1969 年 9 月から 1 年間ルール大学の同教授のもとへの留学であった．英語もドイツ語も話せないため大きな成果を上げることはできなかったが，教室の方々から親切にしていただき，ドイツ国内を広く旅行することもできたし，官庁を訪ねて多くの資料を得ることもできた．そのころ特に興味をもったのは，中心地システムに基づくドイツの空間整備政策であった．その後旧西ドイツ各州庁舎を訪ねて調査したのをまとめた『中心地論Ⅲ－西ドイツにおける地域政策への応用』（1988 年）によって，日本人では 2 人目の ARL 通信会員（終身）に任命された．それはドイツへの関心を強く持続させることになり，空間整備に関する研究は現在まで続く。「同等の生活条件」の確立を目指した均衡目標からメトロポール地域を中心とする成長目標への大変化には今も注目している.

ドイツの空間整備を研究して感ずるのは，わが国の国土政策がきわめてお粗末なことである．○○白書には分布図もろくに示されていない．わが国では東京一極集中の是正が叫ばれてはいるが，政府省庁による空間分析が乏しく，定住自立圏や連携中枢都市圏などの政策も不十分である．地方の大都市はいずれも東京に人口を送り込む「吸水ポンプ」であるのに対して，「人口のダム」にしようとするのは容易ではない．空間分析の研究成果が評価されて政策に利用されるべきである．経済学者の中には「東京一極集中が日本を救う」と考える人もあるが，この問題には地理学からの反論もあってしかるべきである．地域社会が目まぐるしい発展を遂げた 19 世紀とは違って，今日では時間よりも空間への関心が高まってきたといわれるが，日本ではそのようには考えられていない。第 2 次世界大戦における地政学の活動とは異なる面において，地域政策に対する地理学からの発言がもっと活発になり，社会的にも重視されるべきである.

私は日本における地理学の学問的地位が低いことに不満を持っている．しかし地理学の地位向上のためには，十分な成果を上げて隣接科学の人たちに認めてもらう努力が必要である．社会的に重要な空間的現象に対して積極的に発言し，地理学の存在意義を認識してもらうことが何より重要である．若い地理学者には積極的な発言に努力していただきたいと思う．私自身は何らの貢献もできないままで終わり，全く恥ずかしい限りであるが，長い間地理学に関心を持つことができ，生活させていただいたことには深く感謝している．最近では，国勢調査などの官庁統計やドイツの官公庁出版文献など膨大な情報がパソコンから得られるようになったので，元気でいる限り，研究を続けたいと思っている.

日本の地理学における森川 洋先生の足跡ならびに本記念論文集刊行の経緯

杉浦　芳夫

日本の中心地（zentraler Ort, central place）研究は，戦後，第二次世界大戦前に盛んに行なわれた商圏・都市勢力圏研究に接続する形で始まった．分野創始者の Walter Christaller の研究が，日本における都市地理学研究のパイオニア・木内信蔵（東京帝国大学；以下，中心地（関連）研究者名の後の括弧内の大学名は出身大学（院）を指している）の手になる日本で最初の都市地理学の専門学術書『都市地理学研究』（1951）の中で初めて紹介された後，石水照雄（東京教育大学）が海外の中心地研究の動向を詳細に論評し，水津一朗（京都大学）は中心地理論を咀嚼して独自の地域論を展開した．本格的な実証研究は，東北日本をフィールドとする渡辺良雄（東北大学）の一連の研究をもって嚆矢とし，続いて森川 洋（広島大学）が西南日本をフィールドとして精力的に研究を進めた．渡辺と森川は，それぞれ 1960 年代初めと 1970 年代初めに研究成果を博士学位論文にまとめ，森川は直後に日本で最初の中心地研究の専門学術書として，その成果を世に問うている．以上の研究以外には，西村睦男（京都大学）による「アポロニウスの円」に基づく中心地勢力圏画定モデルに関する理論的研究を，オリジナル性の高い成果として挙げることができるであろう．

これらの地理学者たちが多くの研究を発表した 1950 年代～ 1960 年代初頭は，世界的にみても中心地研究の隆盛期にあたり，ある意味では，日本の人文地理学が世界の人文地理学と研究パラダイムを共有できた幸福な時代でもあった．今風の言い方をすれば，グローバル・スタンダードな研究が日本でも同時並行的に行なわれ，かつてないほど日本の人文地理学が世界の人文地理学に，質的にも肉薄していた時代なのである．残念ながら，以後現在に至るまで日本の人文地理学界が二度とこうした稀有な経験をすることはなかった．

ここまでを日本の中心地研究の第一世代の仕事とすれば，1969 年の経済立地論者・江澤讓爾（東京商科大学）による Christaller の原著翻訳は第一世代の掉尾を飾るものであった．そして，計量分析手法を駆使して一世を風靡した Brian Berry の中心地研究の影響の下，1970 年代になると第二世代の仕事が始まる．林 上（名古屋大学）の名古屋大都市圏とその周辺地域をフィールドとする中心地研究，西村睦男の愛弟子・碓井照子（奈良女子大学）の奈良盆地や山口県を対象とした中心地研究は，いずれもその代表である．とりわけ林は実証研究以外にも，Christaller や August Lösch の基本的理論体系，ならびにその後に展開する理論モデルに関して，世界的にみても極めて精緻な理論的研究を行なっている．

世界の中心地研究の趨勢と同様に，日本でも 1980 年代以降は，実証的な中心地研究は人文地理学の研究フロンティアから後退していくものの，立地・配分モデルによる中心地理論の数理モデル化といった理論的研究は日本でも高阪宏行（東京教育大学），石﨑研二（東京都立大学）によって鋭意継続されている．これ以外にも，中心地研究と接点を持つ定期市研究と経済的中枢管理機能研究については，石原 潤（京都大学），阿部和俊（名古屋大学）がそれぞれ 40 年以上にわたって息長く取り組んでいる．筆者も若い頃より森川先生の研究から大きな刺激を受けてきており，現在では Christaller の研究が誕生した頃の時代背景やその評価についての学史的研究に取り組んでいる．

以上のように概観される日本の中心地研究において，実証研究の質・量ならびに時宜を得た海外の中心地研究の動向紹介という点からみて，中心地研究の第一人者と呼ぶべき研究者は森川 洋先生（1935 年～）である．日本の中心地システム成立における歴史的要因の重要性の指摘，英語圏では顧みられることのなかった 1950 年代のドイツ中心地研究の動向紹介等は，森川先生の特筆すべき業績である．森川先生は自らの国内での研究成果を携えて，Peter Schöller, Hans Bobek といったドイツやオーストリアの中心地研究スペシャリストの下に赴き，さらなる研鑽に励むとともに，堪能なドイツ語を活かして日本の中心地研究の紹介に尽力し，日本を代表する中心地研究スペシャリストとしての評価を得た．また，中心地研究という専門を離れても，広く内外の文献を渉猟し，それを踏まえて実証研究に着実に取り組む研究スタイルは，とりわけ文系の若手地理学者の手本ともなるものであった．さらには，1969 ～ 1970 年の最初の渡独以降幾度にもわたるドイツでの現地調査と，多くのドイツ人地理者との交流により，日本の地理学（界）の国際化の面でも大きな足跡を残された．

森川先生は，文学博士の学位取得後，コンピュータを駆使する因子分析などの計量的分析手法をいち早くマスターされる一方，1980 年代以降は研究テーマを中心地研究以外の都市地理学全般，地理学史，行政地理学等に広げられ，名実ともに日本の人文地理学の第一人者となられたが，都市システム，西ドイツの空間整備計画，そして平成の大合併等，中心地研究と接点を持つ研究テーマに常に関心を持ち続けられ，現在に至っている．文末に掲げたものは先生が上梓された単著学術書の一覧であり，それを一瞥するだけで枯れることのない先生の旺盛な研究意欲の一端を窺い知ることができる（森川先生の広島大学定年退職時点までの全業績については，『森川 洋先生の履歴と業績』（森川洋教授退官記念事業会，1998）を参照されたい）．

森川先生は散歩とネット囲碁を楽しまれながら，今でも研究上の疑問が生ずれば，知遇を得たドイツ人地理学者たちにメール連絡を行なうなど，80 歳を超えられた現在でも日々研究中心の生活を送られ，学会誌への投稿も途切れることなく続けられている．

このように人文地理学の分野で傑出した業績を長年にわたって上げてこられた森川先生は，2015 年にめでたく傘寿を迎えられた．それを祝して，2015 年 3 月 27 日午後に森川洋先生の傘寿記念の講演会を広島大学・東京キャンパスにおいて開催した．当日の発表者と演題は次の通りである．日野正輝（名古屋大学）「企業支店の立地理論」，橋本雄一（筑波大学）「積雪寒冷地における都市と防災の地理学」，村山祐司（筑波大学）「GIS がもたらす都市地理学方法論の発展」，若林芳樹（広島大学）「メンタルマップ再考―居住地選考からみた現代日本の都市と地域―」，石川義孝（京都大学）「2010 年の国勢調査からみた日本の引退行動」．そして，記念講演会の最後には，森川先生ご自身による「人口減少時代における小規模自治体の人口維持政策」の発表がなされた．記念講演会には 100 名以上の方々が参加され，会は盛会のうちに終えることができた．

記念講演会を企画した段階で，講演者に加えて当日発表できなかった方たちの論文を集めて記念本を出版することを考えていた．しかし，講演会発起人幹事両名（阿部和俊・杉浦芳夫）の怠慢により出版が大幅に延びてしまい，結果的に記念講演会発表者の中には出版に参加いただけなくなる方も出てしまった．それでも，出版の趣旨に賛同いただけた 10 名の執筆者を迎えることができ，ようやくのこと，ここに『都市地理学の継承と発展―森川 洋先生傘寿記念献呈論文集―』として上梓することができた．

最後になりましたが，森川先生のいつまでも変わらぬご健康を祈念するとともに，先生には高齢化時代における退職後の大学人の一つのロール・モデルを今後とも後進にお示し続けていただければと，願う次第です．

森川 洋先生単著学術書一覧

1974年 『中心地研究－理論・研究動向および実証－』大明堂．
1980年 『中心地論（Ⅰ）・（Ⅱ）』大明堂．
1988年 『中心地論（III）－西ドイツにおける地域政策への応用－』大明堂．
1990年 『都市化と都市システム』大明堂．
1995年 『ドイツ－転機に立つ多極分散型国家－』大明堂．
1998年 『日本の都市化と都市システム』大明堂．
2004年 『人文地理学の展開－英語圏とドイツ語圏との比較研究－』古今書院．
2005年 『ドイツ市町村の地域改革と現状』古今書院．
2008年 『行政地理学研究』古今書院．
2012年 『地域格差と地域政策－ドイツとの比較において－』古今書院．
2015年 『「平成の大合併」研究』古今書院．
2017年 『人口減少時代の都市システムと地域政策』古今書院．

経済的中枢管理機能からみた日本の主要都市と都市システム（2015 年）

阿部　和俊

Ⅰ　はじめに

本論の目的は経済的中枢管理機能を指標にして 2015 年時点の日本の主要都市の状況を検討し，それを踏まえて都市システムを検討することである．都市システム研究の総括やその意義については既に発表している（阿部 2003a, 2015）のでここでは言及しない．まず，本社機能，続いて支所機能からみた主要都市について検討し，最後に都市システムについて検討する．

Ⅱ　本社からみた主要都市

経済的中枢管理機能を用いた具体的な分析においては，まず対象とする企業を選定する必要がある．ここではそれを 2015 年の証券取引所の上場企業（ただし，ジャスダックなどの新市場企業は含まない）とする．その数は 2,548 社である．各都市における本社と支所の状況については各社のホームページと『有価証券報告書』『会社四季報』を用いて調査，集計した．

以下，まず主要都市における本社，支所の状況を提示し，それを踏まえて都市システムを分析していく．本社数 40 以上もしくは支所数 240 以上の 24 都市を分析の対象とする．ただし，川崎・尼崎・堺については歴史的な経緯から本社数が多いので，後段の都市システムの章においては分析に含めている．

主要都市の本社数から見ていこう（表 1）．日本の都市において本社数が多い都市は言うまでもなく東京であり，次いで大阪である．この 2 都市に名古屋，横浜，京都，神戸が続く．東京の本社数は 1,138 であり，対象企業 2,548 社の 44.7% である．大阪は 300 で全体の 11.8% であり，名古屋は 108 で同 4.2%，横浜は 68 で同 2.7%，京都は 50 で同 2.0%，神戸は 47 で同 1.8% である．

しかし，ここに 1 つ大きな問題がある．それはわが国の大企業には複数本社制を採用している企業が少なからず存在するということである．複数本社制というのは文字通り，1 つの企業が 2 つ以上の本社（登記上の本社と第 2 本社，時として第 3 本社）を所有しているということである（図 1）．その数は 2015 年現在 254 社を数えるが，これは対象企業 2,548 社のほぼ 10% にあたる．このほかに 29 社が同一都市内 2 本社制を敷いてい

表 1　対象企業と主要都市の本社（登記上）の業種構成

業種＼都市		東京	大阪	名古屋	横浜	京都	神戸	その他
農林・水産	8 (0.3)	4 (0.4)			1 (1.5)			3 (0.4)
鉱	8 (0.3)	7 (0.6)						1 (0.1)
建設	140 (5.5)	71 (6.2)	18 (6.0)	10 (9.3)	5 (7.3)			36 (4.3)
食料品	110 (4.3)	48 (4.2)	6 (2.0)	3 (2.8)	3 (4.3)	1 (2.0)	6 (12.8)	43 (5.2)
繊維	55 (2.2)	19 (1.7)	16 (5.3)	1 (0.9)		5 (10.0)	1 (2.1)	13 (1.6)
パルプ・紙	19 (0.7)	7 (0.6)	4 (1.3)	1 (0.9)				7 (0.8)
化学	233 (9.1)	121 (10.6)	50 (16.7)	2 (1.9)	1 (1.5)	4 (8.0)	6 (12.8)	49 (5.9)
ゴム	19 (0.7)	7 (0.6)	2 (0.7)				3 (6.4)	7 (0.8)
窯業	49 (1.9)	17 (1.5)	3 (1.0)	4 (3.7)	1 (1.5)		2 (4.3)	22 (2.6)
鉄鋼諸機械	656 (25.8)	217 (19.1)	70 (23.3)	19 (17.6)	24 (35.3)	19 (38.0)	8 (17.0)	299 (35.7)
その他製造業	78 (3.1)	35 (3.1)	11 (3.7)	3 (2.8)	1 (1.5)	3 (6.0)	3 (6.4)	22 (2.6)
商	454 (17.9)	177 (15.5)	68 (22.7)	34 (31.5)	14 (20.6)	8 (16.0)	8 (17.0)	145 (17.3)
サービス	197 (7.7)	124 (10.9)	19 (6.3)	10 (9.3)	4 (5.9)	4 (8.0)		36 (4.3)
金融	120 (4.7)	33 (2.9)	2 (0.7)	4 (3.7)	1 (1.5)	2 (4.0)	1 (2.1)	77 (9.2)
証券	23 (0.9)	20 (1.8)	3 (1.0)					
保険	8 (0.3)	8 (0.7)						
運輸・倉庫	111 (4.4)	43 (3.8)	13 (4.3)	9 (8.3)	6 (8.8)	2 (4.0)	7 (14.9)	31 (3.7)
情報・通信	169 (6.6)	129 (11.3)	6 (2.0)	4 (3.7)	6 (8.8)	2 (4.0)	1 (2.1)	21 (2.5)
不動産	69 (2.7)	47 (4.1)	7 (2.3)	2 (1.9)	1 (1.5)		1 (2.1)	11 (1.3)
電力・ガス	22 (0.9)	4 (0.4)	2 (0.7)	2 (1.9)				14 (1.7)
計	2,548 (100.0)	1,138 (100.0)	300 (100.0)	108 (100.0)	68 (100.0)	50 (100.0)	47 (100.0)	837 (100.0)
製造業	1,219 (47.8)	471 (41.4)	162 (54.0)	33 (30.6)	30 (44.1)	32 (64.0)	29 (61.7)	481 (56.2)
非製造業	1,329 (52.2)	667 (58.6)	138 (46.0)	75 (69.4)	38 (55.9)	18 (36.0)	18 (38.3)	375 (43.8)

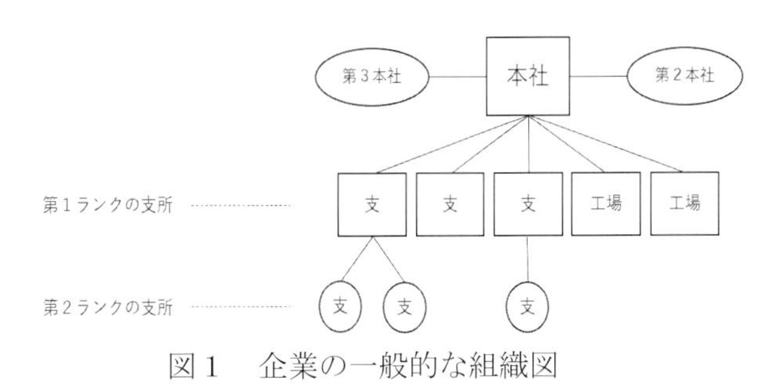

図１　企業の一般的な組織図

る．そして，５社が３本社制を採用している．

重要なことは登記上の本社が形骸化し，第２本社が事実上の本社となっている場合が少ないことである．とりわけ重要なのは，登記上本社は大阪，第２本社は東京というシステムを採用している企業の存在である．そのような企業は 80 社を数える．それは東京に第２本社を置く 190 社の 42.1% である．このように，第２本社を東京に置く企業は 190 社を数えるが，登記上本社は東京，第２本社は他都市という企業も 29 社ある．したがって，これを差し引きすると，東京の本社数は，1,138 ＋ 190 － 29 ＝ 1,299 となり，全体の 51.0% となる．

反対に登記上本社は東京だが，第２本社は大阪という企業は 18 社である．それを含めて第２本社は大阪という企業は 28 社を数える．同じように差し引きすると，大阪の本社数は，300 ＋ 29 － 83 ＝ 246 となり，その全体比は 9.7% となる．この２市に次ぐ名古屋の本社数は 101（同 4.0%），横浜は 71（同 2.8%），京都は 44（同 1.7%），神戸は 42（同 1.6%）となる．

続いて，主要都市の本社（登記上）の業種構成をみておこう（表１）．対象企業中最も多いのは「鉄鋼諸機械」（656 社, 25.8%），ついで「商」（454 社, 17.9%）である．製造業（食料品，繊維，パルプ・紙，化学・ゴム・窯業，鉄鋼諸機械，その他製造業）と非製造業とに分けると，前者が 1,219（47.8%），後者が 1,329（52.2%）である．

本社数の多い，東京・大阪・名古屋・横浜・京都・神戸について見ると，名古屋を除く５市は「鉄鋼諸機械」が最も多く，東京は 217 社（19.1%），大阪は 70 社（23.3%）である．東京も大阪も２番目に多い業種は「商」である．名古屋は「商」が最多で 34 社（31.5%）である．

東京が他都市に比べて際立って多い業種は「情報・通信」である．129 社で東京の全本社数 1,138 の 11.3% であるが，「情報・通信」の全 169 社の 76.3% が東京に本社を置いていることになる．もともと企業数の少ない「鉱」「証券」「保険」を別にすれば，圧倒的に高い集中率である．これに続くのは「サービス」（197 社中 124 社で 62.9%）と「不動産」（69 社中 47 社で 68.1%）であるが，いずれも大阪との差が大きいことに注目をしておく必要がある．「鉄鋼諸機械」では大阪は東京の 32.6% であるが，「情報・通信」「サービス」「不動産」は東京の 4.7%，15.3%，14.9% でしかない．とりわけ「情報・通信」での差が大きいことがわかる．横浜・京都・神戸の最多業種は「鉄鋼諸機械」（神戸は「商」と同数）である．

製造業と非製造業とに分けると，本社数が多い６都市の中で，東京（前者 471 社・41.4%，後者 667 社・58.6%），大阪（同 162 社・54.0%，同 138 社・46.0%），名古屋（同 33 社・30.6%，同 75 社・69.4%），横浜（同 30 社・44.1%，同 38 社・55.9%），京都（同 32 社・64.0%，同 18 社・36.0%），神戸（同 29 社・61.7%，同 18 社・38.3%）という状況である．対象全企業の非製造業企業の比率は 52.2% なので，名古屋の非製造業企業の比率が際立って高いことがわかる．

２本社制を採用している大阪本社企業の業種について記しておくと，第２本社を東京に置いている企業の業種は，「商」（22），「化学・ゴム・窯業」（17），「鉄鋼諸機械」（13），「建設」（11）の順に多い．製造業と非製造業とに分けると，前者が 38 社，後者は 42 社である．

大阪以外の都市に本社を置く企業で東京に第２本社を置いているのは，「鉄鋼諸機械」（35），「化学・ゴム・窯業」（16），「商」（14）の順に多い．東京と大阪以外の都市に本社を置く「鉄鋼諸機械」の企業は 368 社なので，その 9.5% が東京に第２本社を置いていることになる．「化学・ゴム・窯業」は 101 社で 15.8%，「商」は 209 社で 6.7% が東京に第２本社を置いていることになる．製造業と非製造業とに分けると，前者が 69 で製造業全体の 11.4%，後者が 41 で非製造業全体の 7.8% が東京に第２本社を置いていることになる．

Ⅲ　支所からみた主要都市

続いて，支所からみた主要都市を（1）支所数　(2) 業種　(3) 上下関係　の３点から検討する．

１．支所数

筆者はこれまでの研究においては，１企業１都市１支所を集計の原則としてきた．この原則は変わらないが，本稿では新たな集計方法を提示したい（阿部　2017）．それは対象企業が複数本社制を採用している場合も問題となる．都市の支所数を集計する方法は次の６パターンが考えられる．

	本社	支所
Ⅰパターン	登記上の本社	支所配置の企業数を集計
Ⅱパターン	登記上の本社	支所配置の企業数に加えて第２本社は支所レベルとみなして集計
Ⅲパターン	登記上の本社	支所配置の企業数に加えて第２本社は支所レベルとみなして集計．さらに登記上本社も支所機能を内包しているとみなして集計．
Ⅳパターン	第２本社	支所配置の企業数を集計
Ⅴパターン	第２本社	支所配置の企業数に加えて登記上本社は支所レベルとみなして集計
Ⅵパターン	第２本社	支所配置の企業数に加えて登記上本社は支所レベルとみなして集計．さらに第２本社も支所機能を内包しているとみなして集計

例）ある企業の支所配置が次のような状況であるとする

登記上本社：大阪

第２本社：東京

支所所在地：名古屋・札幌・仙台・広島・福岡

	本社	支所
Ⅰパターン	大阪	名古屋・札幌・仙台・広島・福岡
Ⅱパターン	大阪	東京・名古屋・札幌・仙台・広島・福岡
Ⅲパターン	大阪	東京・大阪・名古屋・札幌・仙台・広島・福岡
Ⅳパターン	東京	名古屋・札幌・仙台・広島・福岡
Ⅴパターン	東京	大阪・名古屋・札幌・仙台・広島・福岡
Ⅵパターン	東京	東京・大阪・名古屋・札幌・仙台・広島・福岡

これを各パターンで提示すると，

筆者はこれまで基本的にⅡパターンで集計した結果を用いて都市を分析してきた．この集計方法のポイントは第２本社を支所とみなしていることである．そして，時にⅤパターンを考慮した結果を用いて集計してきた．Ⅴパターンの集計方法のポイントは第２本社を本社とし，登記上の本社を支所とみなしていることにある．

本稿では，Ⅱ・ⅤパターンとⅢ・Ⅵパターンでの集計結果を提示し，従来の集計方法との違いを提示しつつ，後者の結果に基づいて分析を進めていく．この２つの違いは，本社が支所機能をも内包していると考えるかどうかという点である．Ⅰ・Ⅱ・Ⅳ・Ⅴパターンは，本社は支所機能を内包していないとみなしているが，Ⅲ・Ⅵパターンは本社も支所機能を内包しているとみなしていることにある．

換言すれば，Ⅰ・Ⅱ・Ⅳ・Ⅴパターンでは，都市の支所数は都市に支所を配置している企業数を意味していることになるが，Ⅲ・Ⅵパターンでは都市の支所数は都市に配置されている支所機能数を意味していることになる．以下，両者を区別するために，Ⅲ・Ⅵパターンの数を「支所機能数」と表記する．

上記の例でもわかるように，ⅢとⅥパターンによる集計方法では，都市の支所機能数は同じになる．また，企業によっては１つも支所を所有していないものもある．この場合は本社も支所機能を内包していないとみなしている．

表２は支所数の多い順に都市を掲載しているが，支所の集計原則は１企業１都市１支所であるから，従来の集計方法による支所数（左）の東京の1,426というのは，対象企業2,551社のうちの1,426社が東京に支所を配置しているということを意味している．したがって，支所数というより，支所配置企業数という方が正確であるとも言えよう．なお，この集計方法では第２本社は支所として集計されている．支所(配置企業)数では，大阪も名古屋も東京のそれぞれ91.1%，87.9%である．

支所機能数が最も多い都市は東京であり，支所（配置企業）数より，418も多くなる．大阪も146増加するが，対東京比は78.5%に低下する．以下，名古屋（1,295，同70.4%），福岡（1,054，同57.2%），仙台（960，同52.1%），広島（819，同44.4%），札幌（806，同43.7%），横浜（597，同32.4%）となり，対東京比はいずれもかなり低下する．図２・３は両指標による上位都市の順位規模曲線であるが，このことは両図を見れば明らかである．

その他の都市について少し言及しておこう．横浜は市域人口が372万人（2015年）の割に支所数が少なく，反対に高松は市域人口が42万人（2015年）の割に支

表２　主要都市の支所数・支所機能数（2015年）

	支所数 Ⅱ・Ⅴ パターン	東京を 100.0 とする	支所機能数 Ⅲ・Ⅵ パターン	東京を 100.0 とする
1 東京	1,426	100.0	1,844	100.0
2 大阪	1,299	91.1	1,448	78.5
3 名古屋	1,253	87.9	1,298	70.4
4 福岡	1,042	73.1	1,057	57.3
5 仙台	959	67.3	963	52.2
6 広島	815	57.2	819	44.4
7 札幌	801	56.2	809	43.9
8 横浜	579	40.6	600	32.5
9 静岡	432	30.3	442	24.0
10 さいたま	424	29.7	433	23.5
11 高松	421	29.5	426	23.1
12 金沢	420	29.5	430	23.3
13 新潟	409	28.7	418	22.7
14 神戸	382	26.8	419	22.7
15 京都	370	25.9	405	22.0
16 岡山	366	25.7	374	20.3
17 千葉	348	24.4	359	19.5
18 宇都宮	314	22.0	320	17.4
19 鹿児島	299	21.0	307	16.6
20 熊本	294	20.6	301	16.3
21 浜松	281	19.7	293	15.9
22 北九州	271	19.0	282	15.3
23 松山	244	17.1	255	13.8
24 富山	240	16.8	249	13.5

都市の順位は支所数による

所数が多いこともわかる．その理由はこれまでも指摘してきたことであるが，この機能による都市のテリトリー

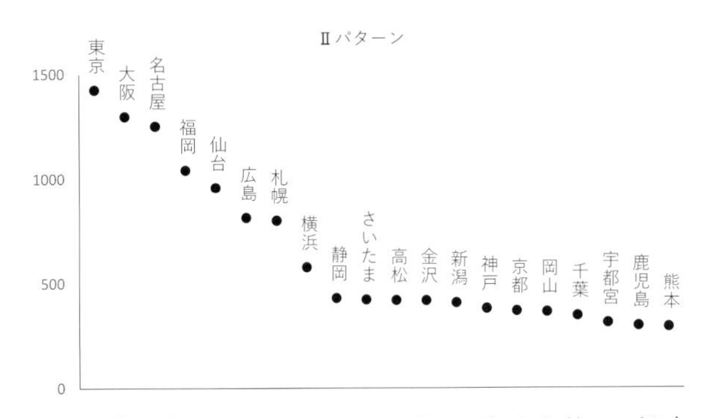

図２　支所数（Ⅱ・Ⅴパターン）による上位20都市の順位規模曲線

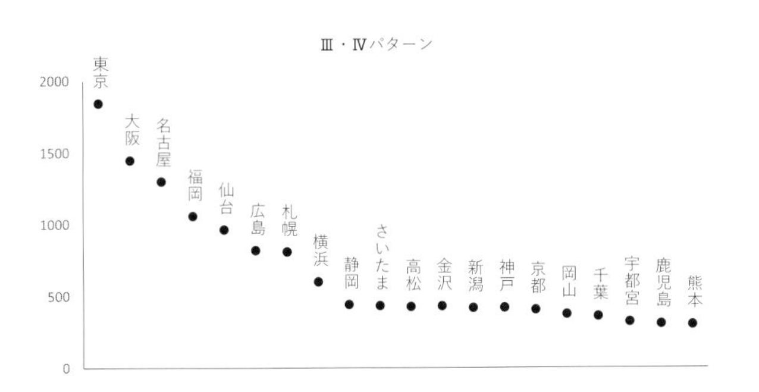

図３　支所数（Ⅲ・Ⅵパターン）による上位20都市の順位規模曲線

としての地方の把握とその経済活動に依っている．

横浜・千葉（97万人）・さいたま（126万人）に支所機能数が多いのは，これらの都市の活発な工業活動や人口の多いことに依っているが，さいたまの場合はやや事情が異なる．さいたま（とくに合併前の大宮）の支所機能数が多いのは関東地方の需要に企業がきめ細かく対応するために，東京支所あるいは東京本社から北関東を担当するオフィスを分離させて，さいたまに支所配置をする企業が増加したからである（阿部　2015）．その結果JR大宮駅前は大きく変化した（佐藤　2016）．

同じようなことは吹田についても指摘できる．指摘した（阿部　2003b）ことであるが，2015年の状況を中心に検討しよう．2015年現在，吹田には98の支所を数える．ほぼ全てが「大阪支社・大阪支店・大阪営業所」という名称である．業種は「鉄鋼諸機械」が最も多くて53社である．これらを大阪支所とみなして大阪の上記の支所数に加えると1,397となり，東京の支所数の98.0%になる．大阪の近隣にはこのほか，茨木や豊中にもかなりの支所数が認められる．

ただし，このような処置をすると吹田ほど顕著ではないとはいえ，東京の周辺にも上述のさいたまをはじめ浦安などにかなりの支所数・支所機能数が認められる．名古屋の周辺にもそういう都市は存在する．このことは要するに都市や副都心をどのように考えるのかという点に帰着する．都市の定義に関わってくると言ってもよい．

経済的中枢管理機能の集計に限らず，多くの場合都市の範囲は「市」が採用されてきた．東京では新宿副都心の充実が著しいが，これは東京23区を「市」とみなすという処置によって吸収されてきた．吹田や浦安は大阪市や東京23区ではないために別途集計されているが，吹田は，このような機能から都市を分析する場合「大阪に含まれるべきである」という考えは一理ある．ただし，大阪（東京）に含まれるのは吹田（浦安）だけでよいのかという問題がついて回る．日本の市町村の歴史は合併の歴史であるが，データの集計には常にこの問題がついて回るということを念頭に入れておかなくてはいけない．いずれも歴史的な経緯の検討が必要であり稿を改めたい．

福岡・仙台・広島・札幌は広域中心都市と呼ばれている．札仙広福とまとめて称されることもあり，各地方の中核都市として評価されている．しかし，その呼称から受ける横並び的な印象とは裏腹に，支所数においてはかなりの開きがある．このことは図２・３の順規模曲線を見ると一層よく理解される．この差はバックエリア，つまりテリトリーの経済活動に起因しているが，その詳細も別稿に譲る．

２．業種

表３はこれら主要都市の支所機能の業種構成を示したものである．以下に重要な点を整理してみよう．まず，大きく製造業と非製造業とに分けてみると，前者の方が多い都市は，東京・大阪・名古屋・札幌・仙台・広島・福岡・静岡・金沢・岡山・高松・鹿児島である．静岡・岡山・鹿児島の製造業の支所比率が50%をわずかに上回っているのにすぎないのに対して，東京・大阪・名古屋と広域中心都市の比率は高い．

もう少し細かく検討してみよう．東京の支所は多くの業種において最多である．最多ではない業種の場合は本社が多く，それが支所機能数の少ない理由である．

何よりも，大阪と名古屋を比べると興味深いことがわかる．それは名古屋の方が製造業の比率が高いだけでなく，業種によっては，その支所機能数も多いことである．「食料品」「化学」「窯業」「鉄鋼諸機械」において名古屋の支所機能数は大阪を上回っている．

本社数では全体はもとより，これらの業種においては大阪の方が名古屋より多いので，「わざわざ大阪に支所を置く必要はない」ということはありうる．しかし，長

表３　主要都市の支所機能の業種（2015 年）　Ⅲ・Ⅵパターン

業種＼都市	東京	大阪	名古屋	札幌	仙台	広島	福岡	横浜	千葉	さいたま	新潟	静岡	金沢	京都	神戸	岡山	高松	北九州	熊本	鹿児島	宇都宮	浜松	富山	松山
農林・水産	8	3	6	4	6	2	7	1	1		1	2	2			1	2		1	2	3		1	
鉱	2	3	2	1	2	1	3	1		1	1					1								
建設	127	109	102	79	93	83	87	80	63	57	63	52	51	42	54	41	56	34	44	36	38	25	35	38
食料品	90	63	69	54	61	51	67	30	13	23	27	30	26	12	20	27	31	6	9	23	16	4	5	9
繊維	45	39	20	14	9	8	16	1	1	1	1	1	2	7	3	2	1			1	1	1		1
パルプ・紙	17	12	11	5	3	2	9	1			1	2	2	2	2	2	1	1	2	1	1		1	1
化学	206	171	148	96	106	84	118	40	33	39	35	38	39	37	35	31	40	21	23	28	21	19	21	22
ゴム・窯業	59	43	37	13	26	19	30	13	13	10	8	11	9	5	9	6	11	12	5	4	7	6	5	4
鉄鋼諸機械	482	376	368	228	292	265	290	155	81	119	114	130	132	96	74	103	126	72	85	83	98	103	78	65
その他製造業	62	52	42	32	31	27	34	18	13	17	17	16	18	19	19	15	16	11	13	15	12	13	11	13
商	244	183	172	98	124	101	144	75	37	45	47	55	50	55	52	37	46	36	39	34	39	42	24	25
サービス	122	97	97	58	73	61	80	56	40	44	39	43	37	47	42	35	35	25	29	30	32	24	27	28
金融・信託	111	79	51	32	36	31	42	31	18	31	20	20	19	26	30	27	24	22	21	19	23	17	11	15
証券	19	16	12	5	6	8	9	8	6	5	5	4	4	9	5	6	4	3	4	3	2	3	3	4
保険	6	6	6	6	6	5	6	5	5	5	5	5	5	5	5	6	5	5	5	5	5	5	5	5
運輸・倉庫	37	30	25	17	16	13	21	17	6	7	3	5	5	9	11	5	3	3	3	4	4	4	3	4
情報・通信	79	65	47	17	24	18	29	37	16	10	14	11	10	17	40	15	8	17	6	8	7	15	9	10
不動産	111	97	79	46	46	37	61	28	11	17	14	13	18	15	15	12	14	10	9	9	8	11	7	9
電力・ガス	17	4	4	4	3	3	4	3	2	2	3	4	1	2	3	2	3	4	3	2	3	1	3	2
計	1,844	1,448	1,298	809	963	819	1,057	600	359	433	418	442	430	405	419	374	426	282	301	307	320	293	249	255
製造業	961	756	695	442	528	456	564	258	154	209	203	228	228	178	162	186	226	123	137	155	156	146	121	115
	52.1	52.2	53.5	54.6	54.8	55.7	53.4	43.0	42.9	48.3	48.6	51.6	53.0	44.0	38.7	49.7	53.1	43.6	45.5	50.5	48.8	49.8	48.6	45.1
非製造業	883	692	603	367	435	363	493	342	205	224	215	214	202	227	257	188	200	159	164	152	164	147	128	140
	47.9	47.8	46.5	45.2	45.2	44.3	46.6	57.0	57.1	51.7	51.4	48.4	47.0	56.0	61.3	50.3	46.9	56.4	54.5	49.5	51.2	50.2	51.4	54.9

い間「鉄鋼諸機械」の支所数は大阪の方が名古屋より多かったが，1990 年以降この業種では名古屋が大阪を上回るという状態が続いている（阿部　2004）．この背景には中京地区，広く東海北陸地方の工業活動の活発さがあることは間違いない．

金沢と高松の製造業の支所機能数が多いのは，北陸と四国というまとまった範囲を担当する支所機能が多く置かれているからである．なお，金沢の場合，そのテリトリーは名古屋のテリトリーの傘の中にある，いわばサブ的なものであるということを指摘しておかなくてはいけない．それは次項で述べる支所の上下関係とも関係している．

横浜・千葉・さいたま・京都・神戸などにおいては非製造業の方が多い．神奈川県・千葉県・埼玉県・京都府・兵庫県はいずれも工業をはじめとして経済活動が活発な府県であるが，それには多くの企業において，東京と大阪の支所機能が対応しているからである．

北九州の支所機能も非製造業の方が多いことが注目される．同市はいわゆる北九州工業地帯そのものであり，製造業の支所機能が多いというイメージがあるが，実際はそうではない．北九州の工業活動に対応しているのは多くが福岡の支所機能なのである．

3．支所の上下関係

企業の組織は一般的には図 1 のように表記されよう．本社と支所が上下関係にあることは当然であるが，支所にもそういう関係がある．たとえば，名古屋支店の管轄下としての金沢営業所，福岡支店の管轄下の北九州営業所・熊本営業所というような関係である．これまでの分析では，この点は考慮しなかったが，言うまでもなくこれは重要である．支所の上下関係が都市の上下関係を表すことになるからである．この観点から都市の格付けを行うことが可能とも言えよう．

各企業の HP のデータから支所の上下関係を整理したものが表 4 である．この表において重要なポイントは「本社の管轄下にはあるが，他のどの都市の管轄下にもない（第一ランク）」の支所数と「どこかの都市の管轄下にある」という支所の問題である．

東京・大阪・名古屋と広域中心都市は「第一ランクの支所」が多いことがわかる．確かに札幌と仙台の支所のいくつかは東京の管轄下にあり，広島の 27 支所は大阪の管轄下にあるが，独立性は高いと言えよう．札幌と仙台を比べると前者が後者の下という事例が 15 認められるが，その反対はみられないということも指摘しておきたい．

「第一ランク」より「他都市の管轄下にある」支所の方が多い都市として，千葉（東京の下），宇都宮（さいたまの下）静岡・金沢・浜松・富山（名古屋の下），京都・神戸（大阪の下），岡山（広島の下），松山（高松の下），北九州・熊本・鹿児島（福岡の下）を指摘できる．

「他都市の管轄下」が一番多いわけではないが，それが「第一ランクの支所」の半分以上の事例として，横浜・さいたま（東京の下），新潟（東京とさいたまの下），高松（広島の下）を指摘できる．

さいたまの支所は多くが東京の管轄下にあるが，新潟と宇都宮を下に持つという構造である．類似した事例として金沢の支所の多くが名古屋の下にあるものの，富山を下に持つという構造になっていることを指摘しておきたい．以上の関係を示したものが図 4 である．なお，表 4 には示していないが，その他の多くの，例えば東北地方や九州地方の県庁所在都市（北海道の場合はそれに匹敵する旭川などの都市）は各地方の中核都市の下に位置づけられることを付記しておきたい．

図 4　都市の上下関係

Ⅳ　主要都市の経済的中枢管理機能量

ここまでは，基本的に本社数，支所（機能）数を中心に分析してきた．続いて，従業者数を考慮に入れてみていこう．オフィスの従業者数は言うまでもなく重要である．従業者数 100 人の支店と 5 人の営業所の重要度が同じではないことは明らかである．

また，本社と支所は企業組織において果たしている役割は同じではない．本社は組織の中心，いわば頭脳としての機能をもつが，支所の主たる役割は営業である．この役割が異なる 2 つの機能を従業者数を使用することによって統合する．もちろん，それは十分な策ではないが，次善の策としての手段である．一般に本社は支所よりも規模が大きいので，規模の大きさを重要度の強さと考えて両者を統一することを試みるということでもある．

表4　支所の上下関係（2015年）

	東京	大阪	名古屋	札幌	仙台	広島	福岡	横浜	千葉	さいたま	新潟	静岡	金沢	京都	神戸	岡山	高松	北九州	熊本	鹿児島	宇都宮	浜松	富山	松山
支所機能数（Ⅲ・Ⅵパターン）	1,844	1,448	1,298	809	963	819	1,057	600	359	433	418	442	430	405	419	374	426	282	301	307	320	293	249	255
支所数（Ⅱ・Ⅴパターン）	1,426	1,299	1,253	801	959	815	1,042	578	348	424	409	432	420	370	382	366	421	271	294	300	314	281	240	244
サンプル企業数	159	160	182	155	172	168	170	132	107	106	126	136	125	101	108	124	130	66	102	109	83	66	72	92
第1ランクの支所	158	159	174	129	157	133	162	78	39	67	45	32	36	34	34	22	62	5	11	10	17	9	20	20
東京　支所の管轄下			1	10	12			54	60	36	31	7	2								26	1	1	
大阪　〃			4			27	4					1	9	56	64	17	18		2				2	10
名古屋　〃											3	81	58									39	21	
札幌　〃																								
仙台　〃				15							3													
広島　〃							2									78	35							15
福岡　〃						2										1	1	58	83	90				1
横浜　〃	1		1		1				4	3	2	11										1		
千葉　〃											1													
さいたま　〃				1	2				3		29										32		1	
新潟　〃													9								1		10	
静岡　〃																						16		
金沢　〃											2												16	
京都　〃		1	1										4										1	
神戸　〃						1										1	1							1
岡山　〃						1											2							2
高松　〃																								37
北九州　〃							1												1	1				
熊本　〃																				3				
鹿児島　〃																			2					
宇都宮　〃																								
浜松　〃																								
富山　〃											2		3											
松山　〃																	3							
その他の都市　〃			1			4	1		1		8	4	4	11	10	5	8	3	3	5	7		2	6

表５　主要都市の経済的中枢管理機能量（2015年）

	登記上本社数 (A)	本社の平均従業者数 (B)	(C)＝(A)×(B)	東京のCを100.0とする	支所数 (D)	支所の平均従業者数 (E)	(F)=(D)×(E)	東京のFを100.0とする	(G)=(C)+(F)	東京のGを100.0とする (H)	第２本社を本社とした本社数 (I)	(J)=(I)×(B)	Ⅲ・Ⅵパターンによる支所機能数 (K)	(L)=(K)×(E)	(M)=(J)＋(L)	東京のMを100.0とする (N)
東京	1,138	382.1	434,829.8	100.0	1,426	162.4	231,582.4	100.0	666,412.2	100.0	1,299	496,347.9	1,844	299,465.6	795,813.5	100.0
大阪	300	181.1	54,330.0	12.5	1,299	100.7	130,809.3	56.5	185,139.3	27.8	246	44,550.6	1,448	145,813.6	190,364.2	23.9
名古屋	108	178.6	19,288.8	4.4	1,253	74.2	92,972.6	40.1	112,261.4	16.9	101	18,038.6	1,298	96,311.6	114,350.2	14.4
札幌	27	163.1	4,403.7	1.0	801	34.4	27,554.4	11.9	31,958.1	4.8	28	4,566.8	809	27,829.6	32,396.4	4.1
仙台	10	206.5	2,065.0	0.5	959	64.6	61,951.4	26.8	64,016.4	9.6	9	1,858.5	963	62,209.8	64,068.3	8.1
広島	17	269.4	4,579.8	1.1	815	53.9	43,928.5	19.0	48,508.3	7.3	15	4,041.0	819	44,144.1	48,185.1	6.1
福岡	36	170.6	6,141.6	1.4	1,042	60.7	63,249.4	27.3	69,391.0	10.4	33	5,629.8	1,057	64,159.9	69,789.7	8.8
横浜	68	373.4	25,391.2	5.8	579	90.6	52,457.4	22.7	77,848.6	11.7	71	26,511.4	600	54,360.0	80,871.4	10.2
千葉	13	306.8	3,988.4	0.9	348	53.9	18,757.2	8.1	22,745.6	3.4	14	4,295.2	359	19,350.1	23,645.3	3.0
さいたま	14	162.0	2,268.0	0.5	424	100.3	42,527.2	18.4	44,795.2	6.7	15	2,430.0	433	43,429.9	45,859.9	5.8
新潟	13	161.7	2,102.1	0.5	409	45.3	18,527.7	8.0	20,629.8	3.1	12	1,940.4	418	18,935.4	20,875.8	2.6
静岡	9	109.4	984.6	0.2	432	44.6	19,267.2	8.3	20,251.8	3.0	8	875.2	442	19,713.2	20,588.4	2.6
金沢	10	124.5	1,245.0	0.3	420	35.3	14,826.0	6.4	16,071.0	2.4	9	1,120.5	430	15,179.0	16,299.5	2.0
京都	50	195.9	9,795.0	2.3	370	44.0	16,280.0	7.0	26,075.0	3.9	44	8,619.6	405	17,820.0	26,439.6	3.3
神戸	47	186.2	8,751.4	2.0	382	67.7	25,861.4	11.2	34,612.8	5.2	42	7,820.4	419	28,366.3	36,186.7	4.5
岡山	11	95.3	1,048.3	0.2	366	55.9	20,459.4	8.8	21,507.7	3.2	11	1,048.3	374	20,906.6	21,954.9	2.8
高松	9	148.8	1,339.2	0.3	421	50.8	21,386.8	9.2	22,726.0	3.4	9	1,339.2	426	21,640.8	22,980.0	2.9
北九州	14	269.1	3,767.4	0.9	271	85.9	23,278.9	10.1	27,046.3	4.1	14	3,767.4	282	24,223.8	27,991.2	3.5
熊本	2	214.5	429.0	0.1	294	63.6	18,698.4	8.1	19,127.4	2.9	2	429.0	301	19,143.6	19,572.6	2.5
鹿児島	6	162.5	975.0	0.2	299	65.4	19,554.6	8.4	20,529.6	3.1	5	812.5	307	20,077.8	20,890.3	2.6
宇都宮	8	392.3	3,138.4	0.7	314	35.1	11,021.4	4.8	14,159.8	2.1	7	2,746.1	320	11,232.0	13,978.1	1.8
浜松	12	540.8	6,489.6	1.5	281	47.4	13,319.4	5.8	19,809.0	3.0	11	5,948.8	293	13,888.2	19,837.0	2.5
富山	8	112.3	898.4	0.2	240	31.6	7,584.0	3.3	8,482.4	1.3	7	786.1	249	7,868.4	8,654.5	1.1
松山	7	167.0	1,169.0	0.3	244	88.6	21,618.4	9.3	22,787.4	3.4	5	835.0	255	22,593.0	23,428.0	2.9

表6　本社多数都市から支所機能多数都市への支所機能配置の状況（2015 年）

from		to	東京	大阪	名古屋	福岡	仙台	広島	札幌	横浜	静岡	さいたま	高松	金沢	新潟	神戸	京都	岡山	千葉	宇都宮	鹿児島	熊本	浜松	北九州	松山	富山
東京	本社数	1,138		694	670	549	520	416	461	325	241	233	228	218	226	190	198	185	208	169	158	156	141	127	132	129
		(100.0)		61.0	58.9	48.2	45.7	36.6	40.5	28.6	21.2	20.5	20.0	19.2	19.9	16.7	17.4	16.3	18.3	14.9	13.9	13.7	12.4	11.2	11.0	11.3
大阪	本社数	300	261		181	139	123	128	107	84	60	52	55	68	48	65	61	43	34	34	31	35	27	26	24	26
		(100.0)	87.0		60.3	46.3	41.0	42.7	35.7	28.0	20.0	17.3	18.3	22.7	16.0	21.7	20.3	14.3	11.3	11.3	10.3	11.7	9.0	8.7	8.0	8.7
名古屋	本社数	108	73	55		38	34	29	21	22	26	11	15	20	16	14	16	13	14	13	9	6	23	11	6	7
		(100.0)	67.6	50.9		35.2	31.5	26.9	19.4	20.4	24.1	10.2	13.9	18.5	14.8	13.0	14.8	12.0	13.0	12.0	8.3	5.6	21.3	10.2	5.6	6.5
横浜	本社数	68	20	29	26	24	21	18	16		7	12	9	8	10	4	6	6	8	6	9	6	8	4	5	3
		(100.0)	29.4	42.6	38.2	35.3	30.9	26.5	23.5		10.3	17.6	13.2	11.8	14.7	5.9	8.8	8.8	11.8	8.8	13.2	8.8	11.8	5.9	7.4	4.4
京都	本社数	50	41	24	24	20	14	11	12	12	3	5	6	6	5	8		6	5	3	1	4	5	2	5	3
		(100.0)	82.0	48.0	48.0	40.0	28.0	22.0	24.0	24.0	6.0	10.0	12.0	12.0	10.0	16.0		12.0	10.0	6.0	2.0	8.0	10.0	4.0	10.0	6.0
神戸	本社数	47	39	19	19	19	14	10	14	7	5	3	6	6	5		4	5	4	4	4	2	1	4	4	2
		(100.0)	83.0	40.4	40.4	40.4	29.8	21.3	29.8	14.9	10.6	6.4	12.8	12.8	10.6		8.5	10.6	8.5	8.5	8.5	4.3	2.1	8.5	8.5	4.3
福岡	本社数	36	24	16	16		9	13	5	7	5	5	7	5	2	6	5	7	3	3	11	12	2	17	4	
		(100.0)	66.7	44.4	44.4		25.0	36.1	13.9	19.4	13.9	13.9	19.4	13.9	5.6	16.7	13.9	19.4	8.3	8.3	30.6	33.3	5.6	47.2	11.1	
札幌	本社数	27	12	6	1	3	6	1		3		1							2	1						
		(100.0)	44.4	22.2	3.7	11.1	22.2	3.7		11.1		3.7							7.4	3.7						
川崎	本社数	23	9	10	13	9	10	6	9	7	4	7	7	6	5	4	3	4	5	5	6	4	2	2	5	4
		(100.0)	39.1	43.5	56.5	39.1	43.5	26.1	39.1	30.4	17.4	30.4	30.4	26.1	21.7	17.4	13.0	17.4	21.7	21.7	26.1	17.4	8.7	8.7	21.7	17.4
広島	本社数	17	11	9	5	6	2		1	3	1	1	4	1	2	2		7	1	2	2	2	1	2	3	
		(100.0)	64.7	52.9	29.4	35.3	11.8		5.9	17.6	5.9	5.9	23.5	5.9	11.8	11.8		41.2	5.9	11.8	11.8	11.8	5.9	11.8	17.6	
尼崎	本社数	16	11	3	10	8	4	4	3	1	1	1	1	3	1	1	1	1					1			
		(100.0)	68.8	18.8	62.5	50.0	25.0	25.0	18.8	6.3	6.3	6.3	6.3	18.8	6.3	6.3	6.3	6.3					6.3			
さいたま	本社数	14	2	4	3	3	2	3	2											1			1			
		(100.0)	14.3	28.6	21.4	21.4	14.3	21.4	14.3											7.1			7.1			
北九州	本社数	14	10	8	3	6	4	4	3	4	2	3	3	3	4	1	2	1	5	1	3	2	2		2	1
		(100.0)	71.4	57.1	21.4	42.9	28.6	28.6	21.4	28.6	14.3	21.4	21.4	21.4	28.6	7.1	14.3	7.1	35.7	7.1	21.4	14.3	14.3		14.3	7.1
千葉	本社数	13	4	5	3	3	4	2	1				1													
		(100.0)	30.8	38.5	23.1	23.1	30.8	15.4	7.7				7.7													
新潟	本社数	13	8	4	5	3	4	4	3	1	3	4	1	2				1	1	1		1	1			1
		(100.0)	61.5	30.8	38.5	23.1	30.8	30.8	23.1	7.7	23.1	30.8	7.7	15.4				7.7	7.7	7.7		7.7	7.7			7.7
浜松	本社数	12	9	6	2	3	2	1	2																	
		(100.0)	75.0	50.0	16.7	25.0	16.7	8.3	16.7																	
堺	本社数	12	8	1	1	2	2	1	1	1	1	1	1	1	1	1	1	1	1	1	1	1	1	1	2	1
		(100.0)	66.7	8.3	8.3	16.7	16.7	8.3	8.3	8.3	8.3	8.3	8.3	8.3	8.3	8.3	8.3	8.3	8.3	8.3	8.3	8.3	8.3	8.3	16.7	8.3

本社と支所の従業者数については『有価証券報告書』の記載資料を使用することができる．しかし，『有価証券報告書』も全企業の全事業所について従業者数が掲載されているわけではない．この点では支所の上下関係の場合と同様，悉皆データではない．

表５は主要都市の本社数・支所（機能）数と従業者数を考慮に入れた経済的中枢管理機能の状況である．AとCは本社数（登記上）である．Dは表２の左列のII・Vパターンの数である．Bは『有価証券報告書』から計算された各都市の本社の平均従業者数である．使用可能なサンプル企業のデータに基づいた平均値である．Cは登記上の本社数（A）にこの平均従業者数（B）を乗じたものである．全企業のデータではないので，推計値である．つまり，東京の本社で働いている従業者数は42万人強と推測されることになる．大阪のそれは54千人と推測されることになり，それは東京の12.7%である．

支所数（D），支所の平均従業者数（E），支所の平均従業者数（F）の意味も本社のそれと同様である．支所の平均従業者数を見ると支所数以上に東京との差が開く．大阪と名古屋の支所数はそれぞれ東京の91.1%，87.9%であったが，従業者数を考慮すると，それぞれ東京の56.5%，40.1%にまで低下する．

（G）は（C）＋（F）で，本社と支所の従業者数の合計である．この値を都市の経済的中枢管理機能量と名付けることにする．（H）は東京の（G）値を100.0とした各都市の値である．大阪は東京の28.1，名古屋は同17.0，横浜は同11.8，福岡は同10.5であり，10.0以上はこの４都市である．支所数では８位の横浜が名古屋に次ぐ11.8にもなるのは，本社数が多く，その従業者数も多いからである．

IIで指摘したように，本社については登記上の本社と第２本社の問題がある．さらに，上述したように支所機能数（K）で経済的中枢管理機能量を計算すると（M），東京の地位は一段と高くなり，大阪ですら東京の24.1%でしかない．名古屋は14.5%，横浜は10.2%である（N）．

V　支所機能配置からみた都市システム

ここでは，支所配置からみた日本の2015年時点における都市システムを提示する．都市システムについては多様な考え方があるが（阿部　2003），ここでは，大企業の主要都市の支所配置で都市システムを考えたい．これは支所配置を指標とした都市間の相互結合関係ということでもある．

表６は主要都市に登記上の本社を置く企業の他の主要都市への支所配置を示したものである．図５はその

表７　本社多数都市（第２本社を本社，登記上本社を支所）から支所機能多数都市への支所機能配置の状況（2015）

from ＼ to		東京	大阪	名古屋	福岡	仙台	広島	札幌	横浜	静岡	さいたま	高松	金沢	新潟	神戸	京都	岡山	千葉	宇都宮	鹿児島	熊本	浜松	北九州	松山	富山
東京	本社数 1,299		816	770	623	593	483	522	373	275	263	265	258	251	225	223	209	241	183	179	180	155	146	152	155
	(100.0)		62.8	59.3	48.0	45.7	37.2	40.2	28.7	21.2	20.2	20.4	19.9	19.3	17.3	17.2	16.1	18.6	14.1	13.8	13.9	11.9	11.2	11.7	11.9
大阪	本社数 246	205		144	114	95	107	81	71	46	43	47	53	39	51	51	34	25	32	29	27	24	21	19	17
	(100.0)	83.3		58.5	46.3	38.6	43.5	32.9	28.9	18.7	17.5	19.1	21.5	15.9	20.7	20.7	13.8	10.2	13.0	11.8	11.0	9.8	8.5	7.7	6.9
名古屋	本社数 101	69	52		37	32	26	21	23	26	12	15	21	14	14	17	14	13	12	10	6	21	11	6	6
	(100.0)	68.3	51.5		36.6	31.7	25.7	20.8	22.8	25.7	11.9	14.9	20.8	13.9	13.9	16.8	13.9	12.9	11.9	9.9	5.9	20.8	10.9	5.9	5.9

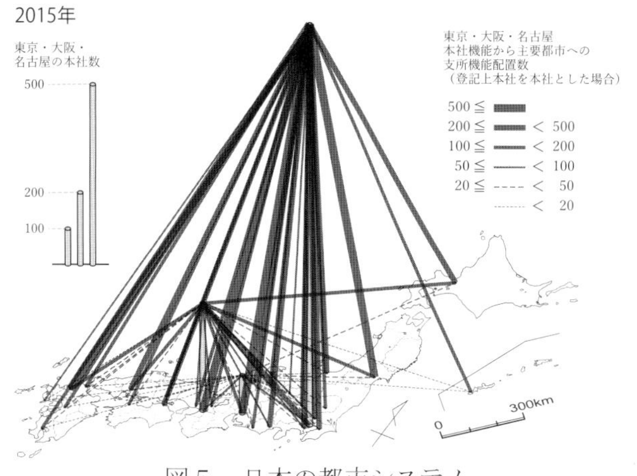

図５　日本の都市システム

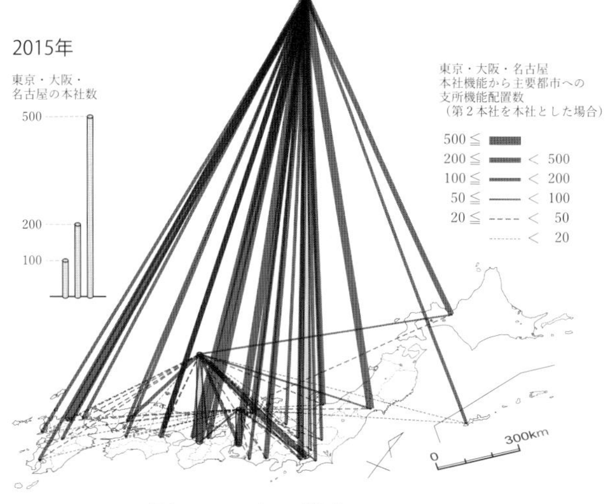

図６　日本の都市システム

東京・大阪・名古屋の登記上本社機能から主要都市への支所配置を図化したものである．表７は，第２本社を本社とした場合の東京・大阪・名古屋の本社機能から主要都市への支所配置を示したものであり，図６はそれを図化したものである．東京の卓越性は著しい．言うまでもなく，このような分析においては歴史的な検討が必要であるが，それについては稿を改めたい．

Ⅵ　おわりに

以上，経済的中枢管理機能を指標として2015年時点における本社機能，支所機能の状況を整理し，日本の主要都市について分析してきた．そして，その支所配置の状況から日本の都市システムを提示した．ここでは分析結果を繰り返さないが，このような分析においては言うまでもなく歴史的な検討が必要である．筆者はこれまでも出来る限り，それに取り組んできたが，今後も今回の結果を踏まえて総合的な研究を進めていく所存である．

引用文献

阿部和俊　2003a『20世紀の日本の都市地理学』古今書院．

阿部和俊　2003b　経済的中枢管理機能からみた日本の主要都市の最近の動向について―大阪・広域中心都市・大宮・吹田を中心に―　地理学報告（愛知教育大学）Vol.97　pp1～21.

阿部和俊　2004　　都市の盛衰と都市システムの変容　阿部和俊・山﨑朗『変貌する日本のすがた－地域構造と地域政策－』第３章　古今書院．

阿部和俊　2015　　経済的中枢管理機能からみた日本の主要都市と都市システム（2010年）季刊地理学　第67巻　第３号　pp155-175.

阿部和俊　2017　　経済的中枢管理機能からみた日本の主要都市（2015）－支所の集計方法に注目して　地理学報告（愛知教育大学）Vol.119　pp15-20

佐藤英人　2016　『東京大都市圏郊外の変化とオフィス立地　－オフィス転移からみた業務核都市のすがた』古今書院．

日本の主要都市における2010年代の支店集積量の動向―減少それとも回復―

日野　正輝

Ⅰ　はじめに

札幌，仙台，広島，福岡の4地方中枢都市は「支店経済のまち」と形容されてきた．「支店経済」の認識は1960年代はじめには福岡などではすでにあった（九州経済調査会，1960）．それは，戦後の当該都市の急成長の姿は製造業や地元企業の成長に依存するよりも，東京や大阪に本社を置く様々な業種の大企業の支店集積に特徴づけられるところが大きかったからである．この点は，県庁所在都市においても，地方中枢都市ほど顕著な姿ではなかったもののやはり認められた．

こうした現象が，1960年代半ばの国土計画において提起された中枢管理機能説のなかで支店が中枢管理機能の一つに位置づけられたこともあって，主要都市における支店集積が都市発展との関連で注目されることになった（経済企画庁地域問題調査室，1964）．事実，戦後全国スケールで進展した都市の階層的分化の形態は全国企業の本社・支店配置のパターンから説明できた（阿部，1990；日野，1996）．また，地方中枢都市などに出現したオフィスビルが連坦する都心景観の出現なども支店集積との関連から理解できた．

しかし，主要都市における支店集積量の増大はバブル経済後の1990年代前半に停滞し，後半になって縮小に転じた．しかも，その減少は2000年代に入っても継続した．第五次全国総合開発計画は，バブル経済後の日本社会を大転換期にあると指摘した（国土庁計画・調整局編，1998）．そこに示された社会の構造変化からすると，主要都市の支店集積量の減少は一過性のものではなく，今後も継続する構造的なものと考えられた．その理由は，支店集積の増大を導いた社会的条件が，少子高齢化（国内市場の縮小），グローバリゼーション（生産拠点の海外移転），高度情報化（流通経路の短縮化）などによって薄らぎつつあるとみなさざるを得なかったからである（日野，2007）．

ところが，2009年に，それまでの産業統計調査を統合して実施された経済センサス（基礎調査）の結果をみると，大半の主要都市において，支店従業者数は2006年事業所・企業統計調査の結果に比べて大きく増加していた．これは上記の予想に反する結果であった．しかし，僅か3年間にバブル経済期と変わらないほどの大幅な増加がみられたことに対して，それは果たし実体を表したものか疑わしかった．

そこで，筆者は，経済センサスの統計について検討したところ，2006年事業所・企業統計の全国の総従業者数は直近の国勢調査の総就業者数に比べて95％程度であったが，2009年経済センサスではそれが105％になっていた．明らかに経済センサスの従業者把握が事業所・企業統計のそれに比べて相当程度高くなったと推察された．これには後述する通り調査方法の変更が影響していると判断された．したがって，上記した主要都市の支店従業者数の結果をもって，支店従業者が大幅な増加に転じたとは判定できないと結論づけられた（日野，2013）．2009年経済センサス自体も，調査結果の利用上の注意事項として，「事業所・企業統計調査（平成18年まで実施）と調査の対象は同様ですが，調査手法が以下の点において異なることから，平成18年事業所・企業統計調査との差数が全て増加・減少を示すものではありません．・・・・・よって，国においては統計表の時系列比較を行っていません．」（2009年経済センサス（基礎調査）における利用上の注意）と断っていた．

しかし，経済センサスの調査は，その後基礎調査および活動調査を併せると3回（2012年，2014年，2016年）実施され，結果が公表されている．したがって，経済センサスのデータによって，主要都市の支店集積量の縮小あるいは回復について検証できる状況にある．本稿は，そうした状況を踏まえて，再度主要都市の支店集積量の動向を分析し，支店集積量が依然として減少を続けているのか，それとも回復を見せているのかを検討することにした．

Ⅱ　支店集積量の指標

1.　経済センサスの調査結果の時系列比較に際しての留意点

上記した経済センサスの事業所の捕捉率が事業所・企業統計調査に比べて高くなっている理由として，経済センサスが事業所調査において新たに導入した次の2つの措置を挙げることができる．

①商業・法人登記等の行政記録の活用．

②会社（外国の会社を除く），会社以外の法人及び個人経営の事業所の本社等において，当該本社等の事業主が当該支所等の分も一括して報告する「本社等一括調査」の導入．

上記２点の措置により，複数事業所企業の事業所，とくに支所の捕捉率が高まったとみてよい．しかし，各経済センサスの総従業者数が各年次直近の国勢調査における総就業者数に対する比率を比べると，大きな開きがある（表 1）．事業所・企業統計調査の場合，直近の年次間の当該比率の差は 4％の範囲に収まっていたが，経済センサスの場合，2009 年と 2012 年で約 9％の差がある．この点を考慮して，本稿では各年次の数値の比較に際して，数値に補正を施すことにした．

補正方法は，上記の総従業者数の対総就業者数の比率を算出し，経済センサスの従業者数に当該比率の逆数（以下，補正係数と言う）を掛けることで，各年次の従業者数を国勢調査の就業者数と同数になるようにした．なお，2012 年と 2016 年の経済センサスは活動調査であり，調査対象は民営事業所に限定されている．このことから，対照する国勢調査の就業者総数は全就業者から公務従事者を除いた数値を利用した．

2. 支店従業者の把握と対象都市

筆者はかつて 1978 年の事業所統計調査にあった産業中分類別事業所形態の統計を用いて，支所のなかで事務所，営業所の形態にある支所の比率を算出し，当該比率が 60％以上の産業の支所を支店とみなして，支店従業者数を集計した（日野，1995）．ただし，自都市本社の支店従業者は除いて集計した．

その後，産業分類の変更や産業大分類で集計しても問題ないと判断される業種もあったことから，建設業，運輸・通信業，卸売業，金融業・保険業，不動産業などは大分類で支所を支店として集計することにした．サービス業については，中分類に基づき，対事業所サービス業に位置づけられる次の 9 業種の支所だけを支店として集計した．情報サービス業，インターネット附随サービス業，放送業，映像・音声・文字情報制作業，専門サービス業（他に分類されないもの），広告業，技術サービス業（他に分類されないもの），職業紹介・労働者派遣業，その他の事業サービス業．

日本標準産業分類はサービス経済化の進展や国際比較の観点から 2002 年と 2007 年に改訂され，かつてサービス業に分類されていた情報サービス業は新たに設けられた大分類，情報通信業に位置づけられ，物品賃貸業は大分類，不動産・物品賃貸業に組み入れられた．しかし，ここではサービス業の分類として，対事業所，対個人，公共の 3 分類が有効と考え，対事業所サービス業の範疇を踏襲している．

次に，本稿で対象とする都市は県庁所在都市と人口 30 万人以上で中心性が高いと判断される全国の 57 都市である．札幌，旭川，青森，盛岡，仙台，秋田，山形，福島，郡山，水戸，宇都宮，前橋，さいたま，千葉，東京都特別区，横浜，川崎，新潟，富山，金沢，福井，甲府，長野，岐阜，静岡，浜松，名古屋，豊橋，津，大津，京都，大阪，堺，神戸，姫路，奈良，和歌山，鳥取，松江，岡山，倉敷，広島，福山，山口，徳島，高松，松山，高知，福岡，北九州，佐賀，長崎，熊本，大分，宮崎，鹿児島，那覇．

図 1 は，上記 57 都市の 2016 年経済センサスに基づいて集計した支店従業者の順位規模分布を表したものである．大阪が支店従業者数最大の都市である．2006 年までは東京が支店従業者数第 1 位の都市であったが，2009 年の経済センサス以降は大阪が第 1 位となっている．大阪が第 1 位になったことについては，統計調査が経済センサスになって，支店の捕捉率が高まったことが影響している可能性がある．大阪・東京に次ぐ都市は，名古屋，横浜，福岡，仙台，札幌である．この順位は 2009 年以降変化していないが，横浜の支店従業者数が相対的に大きくなっている．その結果，横浜は名古屋との間にあった格差を縮め，福岡との差を広げている．なお，仙台が札幌を上回ったのは 1991 年以降である．

その後に続く都市は，さいたま，千葉，神戸，広島，川崎，京都，北九州の 7 都市である．広島は，支店従業者がピークを迎えた 1996 年には札幌に次いで第 8 位にあったが，その後順位を下げて現在第 11 位となっ

表 1　経済センサスと国勢調査の従業者数（就業者数）の対比

年次	経済センサス A：総従業者数（人）	年次	国勢調査 B：総就業者数（人）	A / B (%)
2009	62, 860, 514	2010	59, 611, 311	105. 5
2012[1)]	55, 837, 252	2010	57, 595, 183[2)]	96. 9
2014	61, 788, 853	2015	58, 140, 600	106. 3
2016[1)]	56, 672, 826	2015	56, 143, 200[2)]	101. 3

1）民営事業所のみを調査対象にした活動調査の年次．
2）総就業者数から公務従事者数を除いた数値
（資料：各年次の経済センサスおよび国勢調査）

ている．さいたま市の支店従業者数が千葉に比べて大きいが，これには，さいたま市に北関東をテリトリーとした支店の集積が見られ，そのことが影響していると推察される（日野，1983；埴淵，2002）．なお，57 都市の支店従業者数の順位は全体的には安定していると言ってよい．ただ，那覇市だけは 1996 年 57 位から 2016 年 36 位に大きく順位を上昇させている．

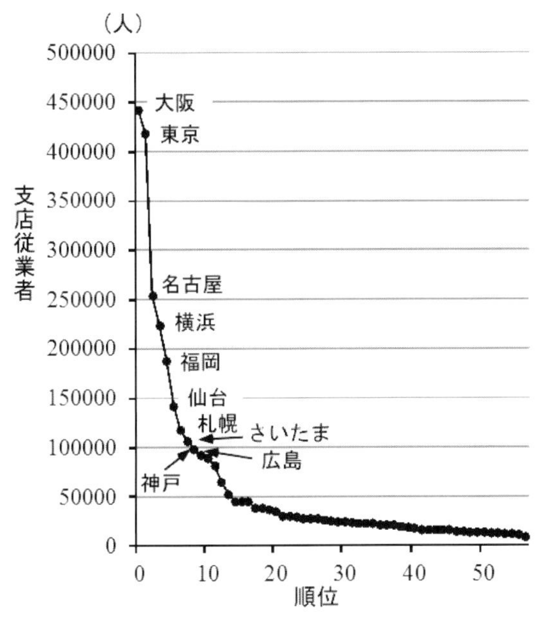

図 1　主要 57 都市の支店従業者数の順位規模分（2016 年）
資料：2016 年経済センサス

なお，図 2 は 57 都市の 2016 年支店従業者数の規模を描いたものである．この図から，地方都市のなかでは

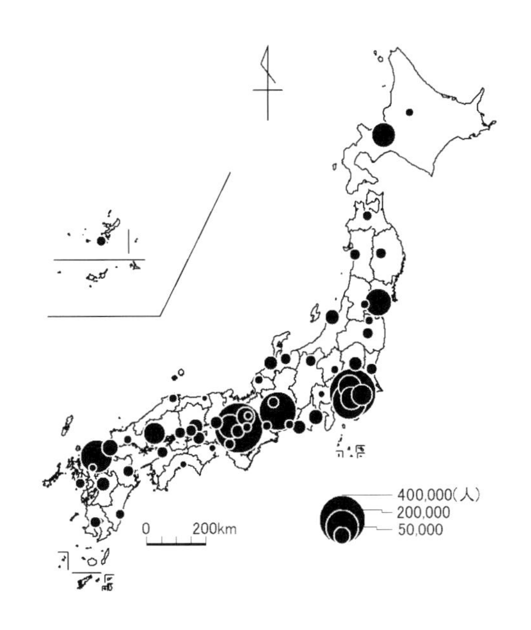

図 2　主要都市の支店従業者数（2016 年）
資料：2016 年経済センサス

人口規模の大きな政令指定都市である静岡，新潟，岡山，浜松，熊本と北陸および四国の支店配置において立地場所に選択されている金沢および高松の支店従業者数が大きいことが見て取れる．

Ⅲ　主要都市における 2010 年代の支店従業者数の変化

1.　2009 － 2012 年の変化

図 3 は，57 都市の支店従業者数を補正しないまま，2009-12 年間に支店従業者数が増加した都市と減少した都市を表したものである．支店従業者数を増加させた

図 3　2009-12 年における主要都市の支店従業数の増減
資料：2009 年，2012 年経済センサス

都市は3都市であるのに対して，減少させた都市は54都市であった．この図からすると，当該期間，多くの都市が支店従業者を減少させていたと判断させる．しかも，57都市の支店従業者数の増加率の平均は-9.8%と，減少の幅が大きい．それに対して，上述した補正係数によって両年次の支店従業者数を補正した上で，同様の図を描くと図4となり，支店従業者数を増加させた都市が20都市を数える．また，57都市の支店従業者数の増加率の平均は-1.8%であった．2006－09年の補正後のデータに基づく同比率は-6.5%であった．したがって，補正を施した数値で2009-12年間の変化を読み取ると，支店従業者の減少の動きは収まる方向にあったと見ることができる．

次に，補正した数値に基づいて，この時期顕著な増加を示した都市をみると，那覇の増加率が16.9%と際立って大きかった（表2）．次いで，仙台，川崎の増加率が9.5%と高かった．それに続く都市は宇都宮（8.6%），宮崎（8.3%），熊本（7.7%）であった．上記6都市の支店従業者の増加に共通する点は対事業所サービス業の寄与が大かったことである．ただし，支店従業者の増加に寄与した対事業所サービス業のなかの業種は都市によって異なっていた．那覇の場合は，情報サービス業の寄与が大きかった．仙台では，その他の事業サービス業，川崎では技術サービス業の寄与が大きかった．なお，仙台の場合は，対事業所サービス業のほかに，建設業，卸売業における支店従業者の増加が見られた．建設業および卸売業の支店従業者数は多くの都市で減少していたことからして，東日本大震災後の復興事業に関連して仙台に立地する当該業種の支店において増員が図られたことが推察され，特別な事情によるとみてよい．

一方，本社所在地別支店従業者の増減をみると，この時期の支店従業者の減少は主に東京都本社企業の支店従業者の減少によるものであった．57都市の支店従業者全体の減少率は先に紹介したように-1.8%であったが，東京都本社企業の支店従業者の増加率は-7.8%と減少の幅が大きい（表3）．また，東京都本社企業の支店従業者がこの期間に増加させた都市は13都市と少数であるのに対して，減少させた都市は44都市であった．なお，前者の13都市は，川崎，熊本，宇都宮，那覇，仙台，高松，名古屋，福岡，富山，大阪，横浜，新潟，札幌（増加率の大きな順）であった．このように東京都本社の支店従業者を増加させた都市は地方ブロックの中

表2　2009-12年における支店従業者増加率の高かった都市（補正後のデータ）

都市	2009-12年増加率（%）	業種別寄与率（%）					
		建設業	運輸・通信業	卸売業	金融業・保険業	不動産業	対事業所サービス業
那覇	16.9	-5.3	11.5	3.7	14.2	59	23.8
仙台	9.5	12.1	5.2	5.3	7.0	19.9	14.9
川崎	9.5	43.7	0.3	-11.5	6.5	36.7	14.1
宇都宮	8.6	8.8	1.6	-12.8	8.1	25.0	30.6
宮崎	8.3	-31.4	24.1	-5.3	-2.7	-8.5	42.8
熊本	7.7	-28.4	31.7	-4.8	4.5	19.7	22.1

資料：2009年，2012年経済センサス

表3　2009－12年における支店従業者の増加率と本社所在地別増加率（補正後のデータ）[1)]

地方（都市数）	支店従業者増加率（%）	本社所在地別増加率（%）		
		東京都本社	大阪府本社	地方中枢都市所在道県本社
北海道（2）	-2.4	-5.7	32.9	-3.1
東北（7）	-5.4	-10.8	9.2	-6.7
関東・甲信越（11）	0.2	-0.6	-7.4	-
中部（9）	-0.8	-9.9	1.4	4
近畿（8）	-4.7	-11.9	3.9	-
中・四国（11）	-2.6	-9.8	-4.3	6
九州・沖縄（9）	1.5	-3.7	16.3	3.2
57都市計	-1.8	-7.4	3.4	-

1）表中の数値は，それぞれの地方に含まれる各都市の増加率の平均値である．
「57都市計」の欄の数値は，57都市の合計値の増加率を算出した結果である．
資料：2009年，2012年経済センサス

心都市と首都圏の主要都市からなる．したがって，この時期，東京都本社企業の支店は全体的には縮小を続けていたと言えるが，地方ブロックの中心都市などにおいてはすでに縮小を止めていたと考えられる．

大阪本社企業の支店従業者は，57 都市の増加率の平均は 3.4%となり，増加を示す（表 3）．大阪本社企業の支店従業者を増加させた都市は 29 都市を数え，減少させた都市 28 を上回る．しかし，支店従業者を増加させた都市には，地方の人口規模が相対的に小さい都市が多く含まれている．それらの都市の分布も全国に散在している．なお，那覇の大阪本社従業者の増加率が 103％と際立って大きかった．一方，大阪本社支店従業者を減少させた都市には，東京都本社の支店従業者を増加させた札幌，川崎，高松などが含まれるなど，全体的な傾向を特定できない．

次に，東北地方，中国地方，九州地方の都市における地方中枢都市所在県本社の支店従業者の動向をみると，東北地方 5 都市（仙台除く）の宮城県本社支店従業者はいずれも減少している．これは東日本大震災の影響によるものと判断され，特殊な状況と考えられる．中国地方 6 都市（広島除く）における広島県本社従業者数は，鳥取は減少しているが，他の 5 都市では増加している．九州地方の 7 都市（福岡除く）の場合は，長崎以外は増加を示す．このことからすれば，中国，九州地方では地方中枢都市所在県本社の支店従業者は微増傾向にあったとみられる．

2. 2012 − 2009 年の変化

2012-16 年の主要 57 都市の支店従業者は，補正前のデータでは津市のみで減少し，他のすべての都市では増加している．補正後のデータでみると，従業者数を減少させた都市は 6 都市（旭川，新潟，福井，津，広島，高松，鹿児島）に増えるが，51 都市は増加を示し，明らかにこの時期には，多くの都市において支店従業者数が増加していたことが分かる．増加率も相対的に高く，57 都市の増加率の平均は 6.9%であった．

図 5 は補正後の各都市の支店従業者の増減数を表したものである．大都市における支店従業者が大きく増加していることがみてとれる．この時期の大都市は，増加率においても相対的に高い値を示す．政令指定都市 8 都市の増加率は 57 都市の増加率の平均よりも高かった（川崎，神戸，横浜，岡山，大阪，さいたま，千葉，京都）．

次に，支店従業者の増加に対する業種別寄与率をみると（表 4），この時期の支店従業者の増加は対事業所サー

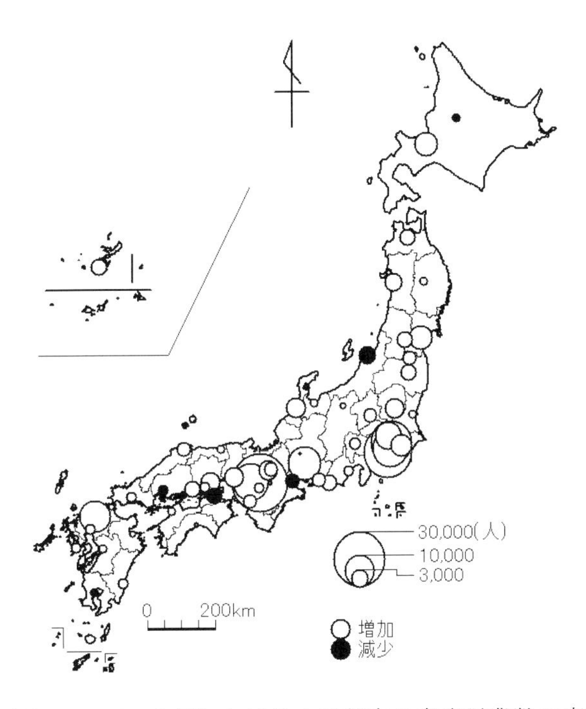

図 5　2012-16 年における主要都市の支店従業数の変化
資料：2012 年，2016 年経済センサス

表 4　2012-16 年における主要都市の支店従業者の増加率と業種別寄与率（補正後のデータ）[1)]

都市	2012 − 24 年 増加率（%）	業種別寄与率（%）					
		建設業	運輸・通信業	卸売業	金融業・保険業	不動産業	対事業所サービス業
三大都市（3）	6.4	-1.4	-6.6	-10.2	2.7	9.7	105.8
旧六大都市（3）	13.1	-4.5	-2.1	-1.1	4.6	9.1	94.0
地方中枢都市（3）[2)]	3.7	11.8	-33.9	-9.6	8.5	9.8	113.4
東京圏都市（3）	11.6	2.9	10.0	14.9	-5.6	11.0	66.8
その他の都市（33）[2)]	6.5	-2.9	-34.8	30.1	9.7	7.6	66.1
57 都市計	6.9	-2.0	-12.8	6.1	5.2	7.4	96.1

1) 表 3 の注 1）と同じ．
2) 都市の支店従業者の増減数が小さいために，業種別寄与率の算出に際して，200%以上の寄与率を示す業種がある場合は，グループ全体の数値に与える影響が大きいことから，当該都市を除外して計算した．該当都市：広島，富山，　福井，岐阜，浜松，奈良，徳島，高知，北九州，熊本，大分，鹿児島
資料：2012 年，2016 年経済センサス

ビス業における支店従業者の増加に依存したものであったことが分かる．

三大都市および旧六大都市では，建設業，運輸・通信業，卸売業の従来の主要業種が依然として減少傾向にあるが，それを補って支店従業者全体の増加をもたらしたのが対事業所サービス業であった．金融業・保険業および不動産業の寄与率もプラスの値を示すが，対事業所サービス業に比べると，それらの寄与率ははるかに小さい．地方中枢都市に場合も，基本的に同様の傾向を示す．なお，地方中枢都市の建設業の寄与率の平均がプラスになっているが，これは仙台における当該業種の寄与率が大きかったことによる．これは先述したように震災復興事業に対応したものである．東京圏の３都市(さいたま，千葉，川崎）の場合は，建設業，運輸・通信業，卸売業の３業種が増加を示すなど，上記の都市グループと違った動きを見せるが，支店従業者全体の増加に対して，対事業所サービス業が最も大きく寄与している点では同じである．他の地方都市の場合も，対事業所サービス業の寄与率が群を抜いて大きい．ただ，当該都市グループでは，卸売業の寄与率が相対的に大きくなっている．これはグループ内に当該業種の寄与率が大きかった都市（盛岡，長野，水戸，静岡）があったことによるもので，当該グループの都市全体が卸売業の支店従業者の増加を見せたわけではない．当該グループのうち８都市では卸売業の寄与率はマイナスであった．

当該期間の支店従業者の増加に対事業所サービス業が最も大きく貢献していたことが確認できたが，さらに当該業種の中でどのような業種の寄与が大きかったかを確認するために，対事業所サービス業のなかで支店従業者数が大きい主要４業種に限って寄与率をみたのが第５表である．この表から，対事業所サービス業のなかでも，支店従業者の増加に寄与した業種がおもに職業紹介・労働者派遣業，その他の事業サービス業，技術サービス業であったとみてよい．

ここで，上記３業種の実体を理解するために，2016年経済センサスにおける全国統計にある細分類統計に基づいて，各中分類に含まれる主要業種を確認すると，職業紹介・労働者派遣業の全従業者の92％が労働者派遣業の従業者からなる．当該業種は労働市場の流動化に対応して，今後も拡大するとみてよい産業である．その他の事業サービス業では，建物サービス業と警備業が主な業種である．両業種がその他の事業サービス業従業者全体のそれぞれ40％と17％と占める．技術サービス業では，土木建築サービス業，機械設計業が主要業種で，技術サービス業の全従業者のそれぞれ42％と17％を占める．

上記３業種の支店配置が従来の支店の主要業種の配置と類似したものであるかどうかを確かめるために，卸売業と対事業所サービス業の上記３業種（以下，単に「対事業所サービス業」という）における支店従業者の序列を対比してみると（表6），全体的には両序列は対応していると言えるが，注目される差異が認められる．第１位都市は卸売業の場合は東京であるが，「対事業所サービス業」では大阪が第１位である．第３位の都市は，卸売業では名古屋であるが，「対事業所サービス業」では横浜となり，名古屋は第４位となっている．仙台と札幌の順位も両業種間で入れ替わる．広島は卸売業では第８位であるが，「対事業所サービス」では第11位に後退している．さいたま，神戸，川崎，京都は，「対事業所サービス業」では卸売業の場合に比べて順位を上げている．那覇は卸売業では第54位であるが，「対事業所サービス業」では第23位まで上昇する．北九州，浜松，姫路などの産業都市も，卸売業よりも「対事業所サービス業」において順位を上げている．それに対して，地方の県庁所在都市には「対事業所サービス業」で順位を下げる都市が多い．なかでも，高松は卸売業では第17位であるが，「事業所サービス業」では第30位となり，その結果，高松は四国のなかでも松山よりも後位となっている．以上のように，「対事業所サービス業」の立地は，全国を階層的にテリトリー区分して支店配置する卸売業

表５　2012-16年における対事業所サービス業の主要業種の寄与率（補正後のデータ）[1]

都市	寄与率（%）			
	情報サービス業	技術サービス業	職業紹介・労働者派遣業	その他の事業サービス業
三大都市（3）	7.6	6.8	26.9	45.9
旧六大都市（3）	5.1	20.5	36.2	25.7
地方中枢都市（3）＊	4.5	20.8	53.7	17.9
東京圏都市（3）	13.4	25.5	18.5	9.4
その他の都市（33）＊	-5.2	18.5	27.9	14.8
57都市計	4.4	20.0	33.1	25.8

1）表４の注1）および注2）と同じ．
資料：2012年，2016年経済センサス

表 6　主要都市の卸売業および「対事業所サービス業」における支店従業者の順位 1)

東京	大阪	名古屋	福岡	仙台	横浜	札幌	広島	さいたま	神戸	千葉	川崎
1	2	3	4	5	6	7	8	9	10	11	12
2	1	4	5	7	3	6	11	8	9	12	10
岡山	静岡	京都	新潟	高松	宇都宮	金沢	北九州	鹿児島	熊本	浜松	堺
13	14	15	16	17	18	19	20	21	22	23	24
17	16	13	20	30	15	19	14	31	18	17	34
大分	郡山	盛岡	松山	富山	秋田	長野	宮崎	水戸	姫路	青森	福山
25	26	27	28	29	30	31	32	33	34	35	36
37	24	42	27	32	26	33	39	25	22	50	28
岐阜	旭川	山形	山口	長崎	倉敷	前橋	福井	津	和歌山	徳島	高知
37	38	39	40	41	42	43	44	45	46	47	48
43	40	41	47	35	29	53	57	46	51	52	56
松江	豊橋	甲府	福島	佐賀	那覇	鳥取	奈良	大津			
49	50	51	52	53	54	55	56	57			
44	36	54	38	45	23	55	49	48			

1) 上段の数値は卸売業における順位．下段の数値は「対事業所サービス業主要 3 業種」における順位．
資料：2016 年経済センサス

表 7　2012 － 16 年における支店従業者の増加率と本社所在地別増加率 1)

地方（都市数）	支店従業者増加率（%）	本社所在地別増加率（%）		
		東京都本社	大阪府本社	地方中枢都市所在道県本社
北海道（2）	0.4	-2.9	-31.6	11.2
東北（7）	12.3	11.0	4.2	27.0
関東・甲信越（11）	8.3	7.3	3.7	-
中部（9）	3.3	5.7	-2.4	-1.8
近畿（8）	10.5	16.2	4	-
中・四国（11）	5.1	15.9	2.8	-1.2
九州・沖縄（9）	4.7	19.7	-6.1	-12.1
57 都市計	6.9	10.3	-4.4	-

1) 表 3 の注 1) と同じ．
資料：2012 年，2016 年経済センサス

とは違って，需要の集積地をより指向する傾向にある．

次に，2012-16 年における支店従業者の変化を本社所在地別にみると（表 7），2009-12 年には全国的に支店従業者の減少を見せていた東京都本社企業の支店従業者は一転して増加に転じている．全国の主要都市における 2012 － 16 年の支店従業者の増加は主に「対事業所サービス業」の支店従業者の増加によるものであったことからすると，この時期の東京都本社企業の支店従業者の増加は，東京都本社企業の中でも当該業種の企業支店従業者の増加であったと推察される．そこで，2016 年における当該業種の 57 都市合計の支店従業数を算出して，その本社所在地構成をみると，従来の支店の主要 4 業種（建設業，運輸鵜・通信業，卸売業，金融業・保険業）の支店従業者の東京都本社比率が 56％であるのに対して，「対事業所サービス業」の同比率が 63％と高い．さらに，2012 － 16 年の 57 都市合計における支店従業者の増加に対する当該業種の東京都本社企業の支店従業者の寄与率を求めると，それは 79％と極めて高く，上記の推察を裏付ける．

次に，大阪府本社企業の支店従業者の増加率をみると，東京都本社企業と逆のパターンを示す．大阪府本社企業の支店従業者は 2009-12 年に増加していたが，20012-16 年には減少を示す都市が増加し，57 都市合計の増加率も -4.4％となっている．「対事業所サービス業」における大阪府本社企業の支店従業者のシェアが他の業種の場合に比べて小さく，当該業種が拡大傾向にあるものの，その効果が東京都本社企業の場合のように支店従業者全体の動向となって現れるまでに至っていなかったと理解できる．地方中枢都市所在道県の企業支店従業者の動向も，大阪府本社企業の支店従業者の動きに似たパターンを示す．2009-12 年に増加した後，2012-16 年には減少に転じている．その理由も，大阪府本社企業の場合と

同様に，地方中枢都市には，支店従業者が増大基調にある「対事業所サービス業」の企業集積が小さいために，当該都市所在の企業が地方ブロック内で展開する支店従業者は増加しなかったと考えられる．

Ⅳ　おわりに

本稿は，経済センサスの従業者データを利用して主要都市の支店集積量が縮小を続けているのか，それとも回復しているのかを確認することを目的とした．以上の検討結果から，全体的には，主要都市の支店集積量は2012年代まで縮小傾向にあったが，それ以降は支店従業者は増加に転じたと結論づけられる．ただし，その内容は，従来支店の主要業種であった卸売業，建設業，運輸・通信業の支店従業者が減少から増加に転じたものではなかった．たしかに，減少に歯止めがかかったと見ることができるが，増加に転じたとは言い難い．その意味では，当該業種の支店従業者は今後も1990年代の集積規模に回復するとは到底見込めない．

2012年以降の主要都市の支店従業者の増加は主に対事業所サービス業に支店従業者の増加によるものであった．なかでも，労働者派遣業，建築サービス，警備業，技術サービス業などにおける支店従業者の増加が当時期の支店従業者の増加に貢献していた．当該業種は労働集約的産業であり，企業のアウトソーシングに支えられて今後も拡大が期待される産業であり，この分野の支店従業者の増大が見込まれる．ただし，かつての高度経済成長期に従来の主要業種が見せたような増加は期待できないとみておくのが適当であろう．また，当該業種の企業は他業種以上に東京への集中を特徴にしており，地方都市の支店従業者の本社所在地構成において，東京の比重が高まると推察される．

引用文献

阿部和俊　1991『日本の都市体系研究』地人書房.
九州経済調査会　1960　進行する支店型経済―戦後の福岡―. 九州経済統計月報，14-5，2-15.
経済企画庁地域問題調査室　1964『中枢管理機能に関する調査』.
国土庁計画・調整局編　1998『全国総合開発計画 21世紀の国土のグランドデザイン』大蔵省印刷局.
埴淵知哉　2002　企業の空間組織からみた日本の都市システム．人文地理，54，389-404.
日野正輝　1983　複写機メーカーの販売網の空間的形態．経済地理学年報，29，69-83.
日野正輝　1995　わが国主要都市における支店の集積と動向．経済地理学年報，41，192-207.
日野正輝　1996『都市発展と支店立地』古今書院.
日野正輝　2007　日本における支店集積による都市成長の限界と今後の方向性．長谷川典夫先生喜寿記念事業実行委員会編『地域システム・都市システム―長谷川典夫先生喜寿記念論文集―』古今書院，197-215.
日野正輝　2013　経済センサスによる主要都市の支店集積量の把握と問題点．商学論集（福島大学経済学会）81-4，149-161.

北海道における都市の発達過程と都市機能の変化
－滝川市を事例として－

寺谷　亮司

Ⅰ　はじめに

1．本稿の目的

明治以前の北海道は，わずかに渡島半島南部の函館，江差，松前の「蝦夷三湊」が都市的集落として存在した．北海道の開拓が本格化したのは明治以降であり，入植者の増加とともに都市群が成立し，急速に都市システムが形成された．北海道の都市システムは，都市群の順位規模曲線と連担戸数成長率からみて，形成期の明治期，発展期の大正～第二次世界大戦直後期，再編成期の1950年代以降の三つの時期に区別され，上記３時期における都市発展の特徴は，①人口流動性の高い道東・道北地域と低い北海道南西部の地域的差異，②内陸都市の成長と沿岸都市の停滞に示される都市類型による差異，③大規模都市の成長と小規模都市の衰退に示される規模別差異と要約できる（寺谷 2002：53-55）．

都市の機能には，製造業に代表される生産機能および鉱業や観光業などの特殊機能のほか，基本的機能として，周辺地域への財・サービスを供給する中心地機能がある．中心地機能は，財・サービスの供給範囲の広狭によって階層性が認められる．さらに，新開地の都市形成において注目される機能にゲートウェイ機能がある．ゲートウェイ機能は，新開地の都市的集落において，中心地機能に先立って立地し，広大な開拓地域と旧開地との遠距離地域間結合を生じさせる．つまり，本稿の分析の重点は，ゲートウェイ機能の立地を起点とする地域中心小都市の機能の変容にある．すなわち，本稿では，文献，古地図，統計資料，聞き取り調査によって，滝川市を研究対象地域として，ゲートウェイ機能から中心地機能さらに管理機能への変化系列が想定される各時期の卓越都市機能，および市街地の状況の復元を試みる．

北海道の諸都市は，その立地位置および形成要因からみて，内陸都市，沿岸都市，鉱工業都市，その他の都市に類型化される（寺谷 2003：39-40）．このうち後３者は，鉱工業，観光，港湾，空港，基地などの特殊な立地要因に基づいて成立した都市であり，これら特殊機能が当該都市の盛衰を規定してきた．これに対して内陸都市は，数の上で最多数を占め，計画性をもって設定された地域中心都市である．上記した卓越都市機能の変化系列が想定されるのは，地域中心都市である．とりわけ滝川市は，後述するように，上川地方を含む広大な北海道内陸部の開拓拠点として成立し，現在は中空知地域の中心都市として位置づけられるなど，卓越都市機能の変化を考察するのにふさわしい研究対象都市であると考えられる．

2．滝川市の地域概観

滝川市は，北海道石狩平野の東北部に位置する中空知地域の中心都市である（図１）．中空知地域は，滝川市を中心に，西部は石狩川河谷平野の農村地域，東部は鉱山都市群から構成される．滝川市街地は，石狩川とその支流空知川の合流地点にあり，当初は空知太[1]と呼ば

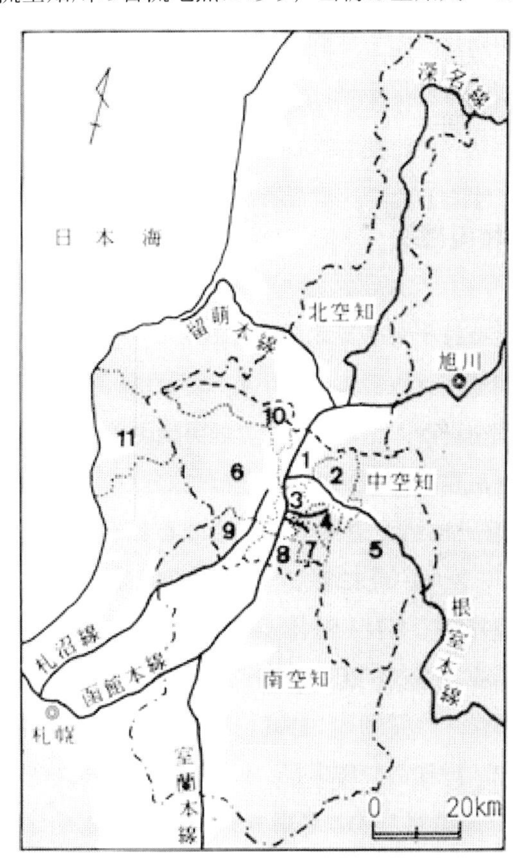

図１　滝川市の位置と周辺市町村

1：滝川市，2；赤平市，3：砂川市，4：歌志内市，
5：芦別市，6：新十津川町，7：上砂川町，8：奈井江町，
9：浦臼町，10：雨竜町，11：旧浜益村
（歌志内線は1988年４月，函館本線上砂川支線は94年５月，深名線は95年９月に廃止，旧浜益村は2005年10月に石狩市へ編入）

れた．この位置的特徴のため，滝川市は札幌などの道央地域と道東・道北地域を結合させる回廊地帯（Corridor）の要衝となってきた．現在でも，函館本線と国道12号線が中心市街地を縦断し，空知川河谷に沿っては根室本線と国道38号線が分岐している．

滝川を含む石狩川中流域は道内内陸部では最も早く開発が進んだ地域である．滝川の開拓は1890年の滝川屯田兵440戸の入植によって本格化し，1890年代には役場，小学校，郵便局，警察署，鉄道駅などの都市施設が立地した（寺谷2002：61）．戸長役場の設置は1890年であり，当初の管轄地域は中空知地域の石狩川左岸全域および北空知地域の一部にまで及んだ．滝川から分村した鉱山都市群は，明治末期以降の人口増加が著しく，人口数では滝川を上回ってきた[2)]．ただし，これら特殊機能に特化した都市の中心地機能は乏しく，その不足を補うため滝川には商業・サービス業や諸官庁の集積がみられた．高度経済成長期以後になると，鉱山都市群の人口は急減し，滝川の中空知地域における卓越性を一層強めてきた．

II　明治中期における市街地の形成とその機能

1．開拓以前の状況と空知太，新波止場地区の集落形成

明治以前，北海道内陸部にはアイヌが居住していた．1853年の松浦武四郎の北海道内陸部探検によれば，石狩川と空知川の合流地点に5，6戸のトックアイヌのコタンがあり，この地方を支配していた乙名[3)]が居住していた．同様の状況は，1872年の高畑利宜の上川探検や1884年に樺戸集治監典獄の月形潔が巡回した際も報告されており，和人入植以前の滝川はわずか数戸のアイヌコタンが立地するだけであった．

滝川への和人移住の契機は，1886年，樺戸集治監囚人による市来知（現三笠市）－忠別太（現旭川市神居）間の上川仮道路開削工事の根拠地に，滝川が選定されたことによる．この工事に先立ち同年，上述の高畑利宜と三浦米蔵が空知川河岸の空知太地区（図2）に来居し，両名が滝川に住居を定めた初の和人といわれる（滝川市史編纂委員会1981a：483）．高畑は道路測量のため空知川右岸の樺戸集治監事務所に，三浦は空知川渡船による工事物資の運搬のため空知川左岸に仮住いした．

さらに，1887年に滝川屯田兵村設置が決定され，滝川は空知での開発の中心となった．兵屋440戸の建設は樺戸集治監と大倉組に請け負われ，1890年7月に終了した．工事の従事者数は，樺戸集治監関係が一日平均囚人638人，看守60人の計700名，また大倉組も数百人の人夫を雇用したため，兵村内は非常に活気に満ちた状態であった（滝川市史編纂委員会1981a：221）．上記の集治監事務所は兵屋建設の事務所となり，高畑は官給物の運搬を行った．1889年になると，高畑は官設駅逓所と酒造店およびそれらに付随する日用品販売業，三浦は旅人宿を開業した．同年8月の高畑による「滝川市草創図」[4)]をみると，空知太地区は家屋25戸の集落として描かれている．

一方，上川仮道路の起工以来，月形からの囚人と荷物の輸送が多くなり，1888年4月，石狩川河岸の新波止場地区（図2）に「樺戸集治監新波止場出張所」が開設された．同出張所は，上川道路の改修工事現場や滝川，永山，東旭川屯田兵村の建設現場と月形本庁との中継地として，囚人護送やその宿泊および荷物の搬送の拠点となり，新波止場地区は空知太地区と並ぶ滝川のもう一つのゲートウェイとなった．さらに，1890年5月には石狩川汽船会社が「新波止場出張所」を開設し，江別－月形－新波止場間の物資輸送を行った．樺戸集治監看守の上田文助が1890年頃に描いた略図[5)]によれば，当時新波止場地区は，上記両出張所事務所に加え，汽船会社支配人らの住宅3戸と倉庫数軒からなる集落を形成していた．このように，新波止場地区は，空知太のような商店の集積はなかったものの，渡船場として滝川への物資や人員の出入りがあり，石狩川支流の尾白利加川などから流送される木材の集積地でもあった[6)]．

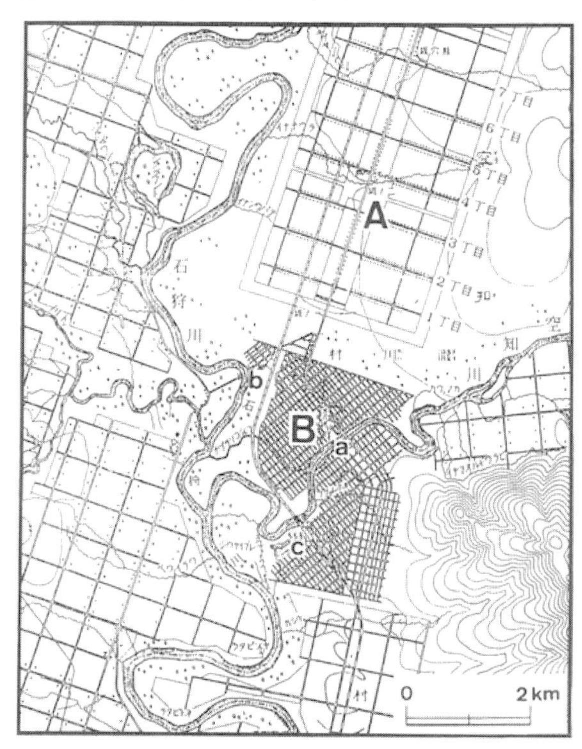

図2　明治中期の滝川付近図
（明治30年北海道庁仮製1／5万地形図）
A：滝川屯田兵村，B：番外地（滝川市街地）
a：空知太，b：新波止場，c：空知太鉄道駅

2．屯田兵の入植と滝川市街地の形成

滝川への本格的な移民は，1890年の滝川屯田兵440戸を嚆矢とする．ただし，その前年11月に奈良県十津川郷の洪水罹災民600戸，2,691人が滝川に到着し，屯田兵屋に仮住いして越冬した．十津川移民団は，翌年6月に新十津川村徳富原野（図2の石狩川右岸地区）に移住したが，92戸は滝川屯田兵に応募し滝川に残留した．残りの滝川屯田兵348戸[7]は，同年6，7月に来住し，兵村戸口は440戸，1,931人となった．兵村内は，上川道路を基準として320間ごとにこれを横断する東西道路が設定され，各戸の給与地はこれらの道路に沿って5千坪の土地[8]に区画された．兵屋は道路に面して建設されたため，兵村は地図上では街村形態をなす（図2）が，兵屋間距離は上記土地区画に従って50～100mもあり，実質的には散村の形態であった．

一方，兵村の南側には，商人用居住地として市街地地割がなされた番外地[9]が存在した．これが現在の滝川市街地の始まりであり，間口5間，奥行27間の市街地区画の貸し下げは，当初屯田兵隊長への申し出が必要とされた．滝川戸長役場の設置は1890年1月である．各年12月31日調べの公簿調査に基づき，総戸口より兵村戸口を差し引いた市街地戸口を算出すると，1889年18戸137人，90年120戸643人，91年288戸1,228人となる．滝川の総人口はその後も着実に増加し，1894年には江部乙屯田兵400戸の移住によって前年に比べ倍増の8,621人，1896年には1万人を超えた．

3．市街地商人の機能

滝川における商業の創始は，上述したように1889年の高畑利宜による日用雑貨販売業の兼業である．同年12月には，十津川移民団への日用品供給の命を受けた杉本勇治が奈良より移住し，兵村内で物資の販売を行った．杉本は，翌年の移民団の新十津川移住に伴い，滝川市街地の本通（図3）に移って日用雑貨の販売を開始し，これが市街地商家の始まりといわれる（滝川市史編纂委員会1981b：240）．同じ1890年には，官命により呉服太物業の丸井今井支店も開店するなど，次第に市街地への商家の集積が進行した．『北海道実業人名録』(1894)[10]によれば，滝川の27事業家のうち，少なくとも20事業家は本通に立地しており，滝川における最初の商店街は本通に形成されたといえる．これら事業家の業種を検討すると，米穀荒物商質営業など複数の業種を兼ね，荒物商と称する万屋が多い．　さらに，滝川のゲートウェイとしての発展を決定づけたのは1892年2月の鉄道開通である．北海道炭砿鉄道会社線の砂川－空知太間の開通により，滝川は日本最北の鉄道終着駅となった（図2）．当時，滝川から上川地方への物資輸送は，神居古譚付近の難所のため石狩川は使えず，上川道路が唯一の交通路だった．このため，上川方面への物資は，小樽から空知太駅まで鉄道輸送されるか，石狩川を遡って新波止場に荷揚げされ，滝川で積み替えられた後，馬で運ばれた．上川地方の開発は，1891年の永山屯田兵400戸の移住に始まり，東旭川，当麻両屯田兵の移住，そして旭川も次第に発展してきていた．「当地（滝川）ノ商業区域ハ近傍各村ハ勿論上川郡全部殆ント其商圏内ニ属シ卸売小売共ニ頗ル盛ナリ[11]」の記載から知られるように，滝川の商人は上川方面への物資を一手に取扱い，その商勢力は上川地方にまで及んだ．すなわち，当時の滝川の商圏は，旭川，永山，東旭川，当麻，鷹栖，神楽，神居の上川郡7村，深川，秩父別，雨竜，北竜の雨竜郡4村，滝川，上富良野の空知郡2村，樺戸郡新十津川村の計14村に及んだ（板東1913：139)．この範域は，現在の地域呼称では上川・富良野盆地，北・中空知地方に相当する．

滝川における1896年末の運送使用馬匹数は219頭であり，その大部分が上川地方へ貨物を運び，運賃収入は1ヶ年およそ30万円に達した（北海道1937：415)．1891～94年の滝川－旭川間の移出品目をみると，上川地方の移入品は米，雑貨などの生活品，移出品は豆類などの農産品である．しかし，数量的には前者が後者に比べ圧倒的に多く，開拓初期における開拓地域の基盤（basic）活動の少なさをよく示している[12]．

以上，本章で述べてきた明治20年代の滝川市街地の成立過程は，次のよう要約できる．①石狩川，空知川河岸の交通要地である空知太，新波止場地区に，上川道路および滝川屯田兵村建設のための物資，工事人夫に対する必需品やサービスの供給のため,小市街地が成立した．②工事終了後は，本通を中心とする番外地に，屯田兵村への財・サービスを供給する商人が集積し，市街地を形成した（滝川市街地の始まり)．③さらに，鉄道の開通によって，滝川以北の開拓地域への物資供給の積替地となった滝川は，その商圏を上川地方一円にまで拡大し，より一層の商人の集積をみた．このため，この時期の滝川市街地の機能は，新開拓地域へのゲートウェイ機能が卓越していたと指摘できる．

Ⅲ　明治後期以降の市街地概況とその機能

1．ゲートウェイ機能の喪失

開基以来着実に発展していた滝川にとって，1898年は試練の年となった．すなわち，7月16日の滝川－旭

川間の上川鉄道の開通によって上川地方などへの中継地としての地位を失い，さらに9月7日の空知川，石狩川の大氾濫[13]によって市街地は大きな被害を被った．この様子を板東（1913：40）は次のように記している．「上川鉄道の開通に依りて，数年の間滝川の擅にしたる特権は全く自滅に帰し，上川の商人は小樽札幌，或は内地より直輸入を企て，是迄享受したる滝川商人の商権を呪ふに至り，（中略）加ふるに此年未曽有の洪水あり，（中略）．市況更に沈み以前の繁栄今将に夢物語たらんとす．」

実際，鉄道開通の影響を1898年の旭川の移出入金額についてみると，7月15日の開通日以前が移入23万円，移出6万円，開通の後半年は移入38.9万円，移出36.3万円（旭川市史編集委員会1959：.309）となり，鉄道開通によって移出入金額が急増し，とりわけ移出入のバランスがとれてきたことがわかる．また，旭川駅の降客数も1898年64,218人，1899年87,800人，1900年185,655人（旭川市史編集委員会1959：.308）と急増している．このことは，鉄道終着駅におけるゲートウェイ機能の卓越性，および交通手段の改善が新開地の発展（基盤活動の活発化）に果たす役割の大きさを示す証左といえよう．そして，上記引用記事から知られるように，滝川の商人は一部の商人を除き[14]急増した上川地方での商取引に介入できなくなった．

さらに，鉄道延長と洪水は滝川の市街地計画を幻のものとした．図2に示されるように，滝川市街地の市街見込宅地地域は空知川左岸域を含む248.8千坪が指定されていた（北海道庁1937：414）．一戸分宅地は上述のように135坪であるから，市街地計画地域は18,430戸分に相当し，計画はおよそ10万人規模の市街地を想定していたといえる．

2．農村中心都市としての確立

ゲートウェイ機能の喪失によって，明治30年代の滝川の商圏は，下記引用記事から知られるように，現在のほぼ中空知地域に縮小した(図1)．「當村（滝川）の商人は割合に根據堅く其商業區域は本村全部及新十津川，雨龍，音江，蘆別，砂川，歌志内諸村の各一部にして其各地の産物は概ね當村商人の手に纏めて之を小樽其他に輸出し，又右諸村の需要品は之を小樽其他より輸入して之を配給せり（北海道庁1905：69)」．後述するように，現在の滝川の商圏も中空知地域であることを考慮すれば，滝川の商圏の広がりは明治30年代以後今日まで大きな変化がないといえる．

一方，滝川商人は，上記引用記事から理解されるように，農産品の周辺農村からの集荷と小樽などへの販売，日用雑貨の小樽などからの仕入と周辺農村への分荷を行った．また，「雑穀ノ仲買ヲ主トセル商家十餘戸アリテ盛ニ競争ヲ為セリ．（中略）雑貨商ニテ仕込ヲナス者十餘戸アリ．」（滝川市教育委員会1981：72）との記載より，農産物集荷専門業者および仕込取引[15]の存在が知れ，滝川商人と周辺農民との結び付きは緊密であったことがわかる．1904年7月から翌年6月までの滝川駅からの農産物移出量は，「小豆64,809俵，菜種35,739俵，蕎麦20,725俵，小麦18,954俵，他の雑穀14,264俵，澱粉130,000斤，林檎370,000斤，生繭38,000斤（北海道庁1905：.69)」であり，中空知農村地域の農業生産力も相当規模に達していた．以上から，明治30年代後半には，滝川市街地は，中空知の農村地域を後背地とする地域中心都市としての地位を確立したといえる．

3．中心商店街の変遷

明治20年代，本通に商店の集積がみられ，滝川における最初の商店街を形成したことは上述した通りである．1902年の発行になる『滝川村明細地図』[16]（図略）によれば，明治30年代の市街地状況として，次の諸点を指摘できる．

①商家など事業家の連担地区は，本通，広小路などであった．とりわけ大通は，地図中に示される65事業家の約半数の32店舗が立地し，市街地第一の商店街を形成していた．②空知太，新波止場地区には運送業事業所があり，石狩川水運がなお健在で，両地区はゲートウェイ機能を維持していた．③停車場通には店舗がほとんど立地しておらず，この時期には鉄道駅が商店街形成に果たす役割は認められない．④事業家の業種構成をみると，24業種が確認され，しかも前期の商店の多くが万屋の雑貨的商業であったのに対し，かなり専門化したことがわかる．また，仕込商人とみなし得る米穀荒物農産物商が11業者で商家の約3分の1を占め，上述した農村地域を背景とする滝川商人の中心地機能の性格を裏付ける．

また，『草稿石狩国状況報文』の市街及部落の項に「空知太市街地ハ（中略）其中最モ繁華ナルハ本通トナス．廣小路，筋違通之ニ次ク．（滝川市教育委員会1981：56-57)」とあり，明治後期には新波止場と屯田兵村を結ぶ本通，広小路，筋違通が主要商店街であったことがわかる．

次に，1930年発行の『滝川町明細案内地図』[17]（図3）をみると，中心商店街の状況に変化が認められる．すなわち，筋違通の衰退，停車場通の商店街形成がそれである．筋違通は，元来新波止場と屯田兵村を結ぶ最短ルー

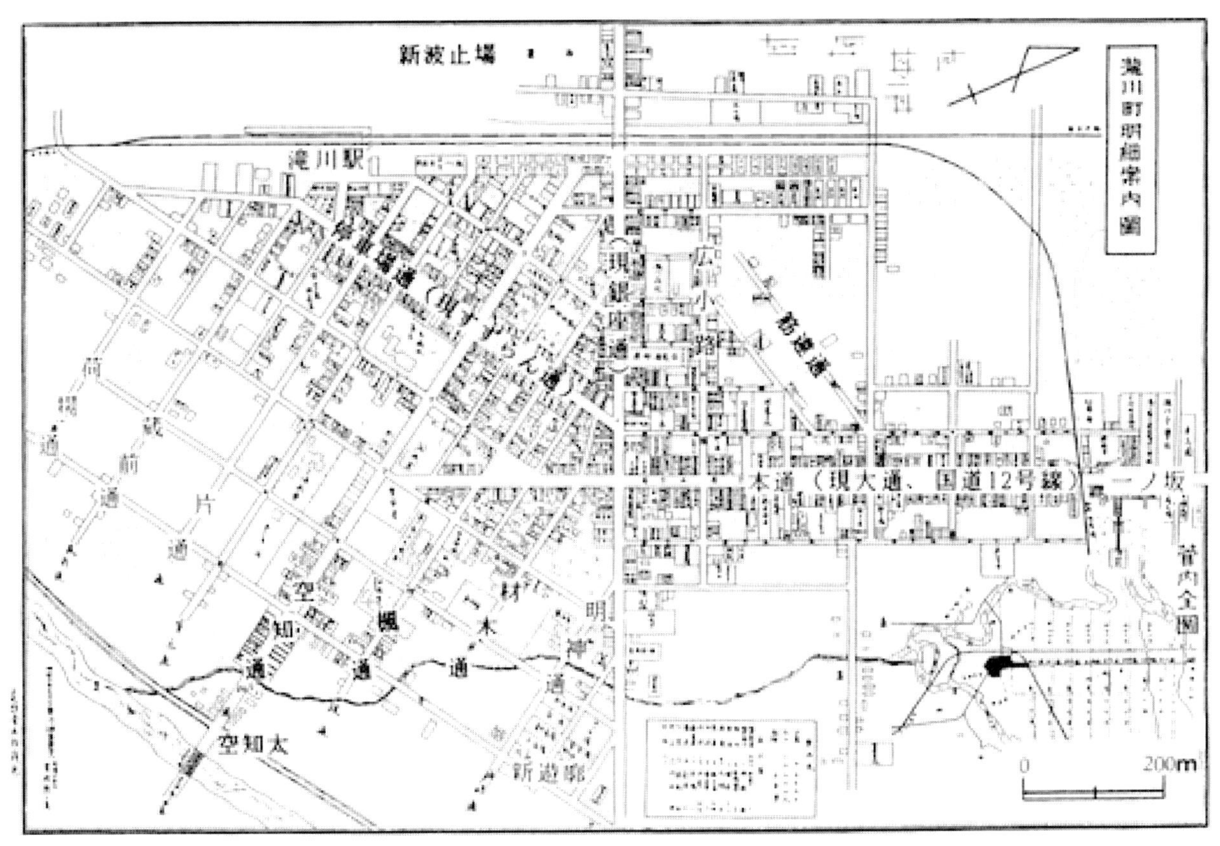

図３　「滝川市明細案内図」（1930 年）

トとして栄えたが，整備されてきた周辺の直交道路形態とは明らかに整合せず，地図上では袋小路として示され，1940 年発行の同地図では完全に消失する．これに対し停車場通は，間口が狭く奥行が広い短冊状の土地割が進行し，多くの商店の立地をみた．このように，昭和初期になると，すずらん通，銀座通，大通を中核とする現在の滝川の中心商店街パターンの原型ができあがる．

４．大正・昭和初期の滝川と中空知地域

ここでは，大正・昭和初期の滝川および中空知地域の概況について述べ，本章の締めくくりとしたい．まず，滝川の中心性を高めた大正初期の事項として，滝川－富良野間の下富良野線（現根室本線）の鉄道開通がある．下富良野線は，砂川との分岐点争いの末，1910 年に滝川を分岐点とする決定がなされ，11 年竣工，13 年 11 月に開通した．滝川への影響としては，以下の諸点を指摘できる．①旭川－富良野間の鉄道がすでに 1900 年に開通しており，上川鉄道開通時のような商圏拡大はなかったが，滝川は，北海道の２大動脈である函館本線，根室本線の分岐点となり，道東地域の物資と乗客は滝川を経由することとなった．②鉄道沿線の赤平，芦別など炭鉱地域を中心として，商圏である中空知地域に対する滝川の影響力は強まった．③人口，とりわけ市街地人口および商・工・サービス業人口を急増させた．すなわち，鉄道分岐点となることが決定した 1910 年に 238 戸であった滝川市街地の商工業家数は，1901 年 401 戸，1902 年 496 戸に急増した（板東 1913：41－43）．これは，ゴールドラッシュなどと同様，人々が発展の契機となることが予想される事件に対して敏感に反応し，ドラスチックな人口増加がみられるという新開地特有の現象である．

次に，滝川における諸官庁，諸施設の立地状況とその管轄地域を検討する．明治期の滝川には，警察署など中空知地域を管轄するいくつかの官庁が存在したのみであった．大正期になると，かなり高次の経済，文化機能を示す税務署，北海道農産物検査所支所，北海道拓殖銀行支店，庁立中学校などが立地する．さらに，昭和期に入ると，北海道林産物検査所駐在所，札幌開発建設部道路事務所，函館地方専売局駐在所，森林事務所，保健所など中空知地域を管轄地域とする諸官庁が立地しており，北空知全域を管轄地域に含める公共職業安定所，石狩炭田に加え留萌炭田の諸炭鉱を管轄する札幌鉱山監督局支所の立地もみた．このように，大正期から昭和初期にかけての滝川には，農・林・鉱・商業など周辺地域の産業を管理監督する多くの諸官庁が立地した．

以上本章で述べてきたように，明治後期から第二次世界大戦以前の中空知地域は，滝川を中心都市にした一つの完結的な機能地域を構成するに至ったといえる．

Ⅳ　第二次世界大戦以後の都市機能と地域の変容

1．1980 年代までの中空知地域の人口動態と滝川市の商業機能

中空知地域を三分し[19)]，大正～昭和初期（1920-35 年）の人口構成比をみると，滝川市が 15.1 ～ 19.0%，鉱業地域が 57.2 ～ 58.8%，農村地域が 23.2 ～ 27.0% を占め，人口増加率はこれら 3 地域間でほぼ同等であった．しかし，戦時体制期の昭和 10 年代，そして戦後の昭和 20 年代になると，石炭産業が国策によって発展，復興をとげ[20)]，鉱業都市の人口増加が顕著となった（図 4）．このため，1950 年における鉱業地域の人口は，中空知全人口の 4 分の 3 以上を占めるに至った．他方，滝川と農村地域の人口は，戦前に比べ絶対増加をみたものの，域内人口構成比では滝川は微減，農村地域は大幅減を示した．

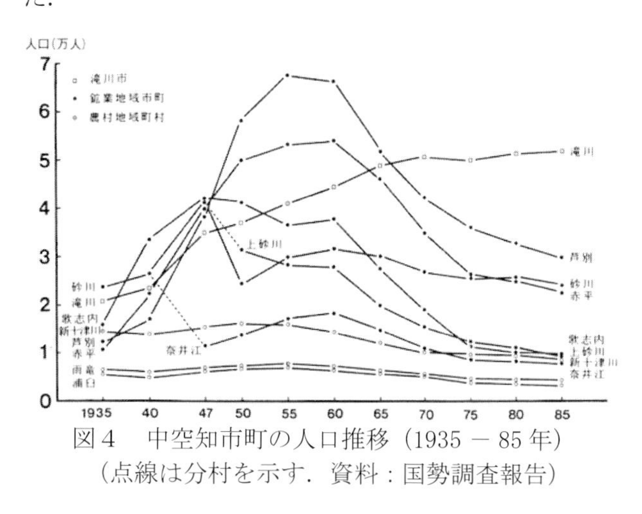

図 4　中空知市町の人口推移（1935 － 85 年）
（点線は分村を示す．資料：国勢調査報告）

鉱業都市群の人口は，1950 年代後半になると停滞し，エネルギー革命の進展によって石炭産業が衰退する[21)]につれて，60 年代以降は急減した（図 4）．鉱業地域の人口減少率は，1960 ～ 65 年が -19.7%，65 ～ 70 年が -21.2%，70 ～ 75 年が -19.0% を示し，この 15 年で人口は半減した．また，農村地域の人口減少は，1950 年代後半に始まり，わが国の経済の高度成長とともに加速して，1960 ～ 75 年の各 5 年間は約 -15%（-14.5%→-14.6%→-15.4%）の人口減少率を示すに至った．

一方，滝川の人口は，1963 年に 5 万人を超え，以後はほぼ横ばいである．このため，1985 年現在の中空知地域の人口構成比は，鉱業地域 6 割，農村地域 1 割，滝川 3 割の構成となった．以上の人口推移は，商業・サービス業と石炭産業という都市の経済基盤を異にする地域中心都市と特殊機能都市の盛衰動向の差異を示している．

1985 年の商業統計調査によれば，滝川市の年間販売額は，小売業が 590 億円，卸売業が 911 億円である．この数値は，中空知地域総販売額のそれぞれ 36.3%，58.2% に相当し，中空知地域における中心地としての滝川の地位は卓越している．同調査によれば，市外企業支店（以下，支店と略）は卸売事業所 137 社，小売事業所 336 社を数え，それぞれ法人事業所[22)]総数の 39.4%，23.2% を占める（表 1）．

これら支店の開設時期をみると，事業所の開設が急増するのはオイルショック以後であり，市外企業支店の過半が 1973 年以降の開設である．昭和 20，30，40，50 年代と 10 年ごとの開設事業所数をみても，市内企業は 11，14，20，30，市外企業支店は 9，8，11，26

表 1　滝川市における開設時期別卸売・小売事業所数（1985 年）

開設時期	～ 1944	1945-54	1955-64	1965-72	1973-79	1980-	合計	(%)
卸売事業所								
市内企業	8	11	14	13	19	18	83	(60.6)
(%)	(9.6)	(13.3)	(16.9)	(15.6)	(22.9)	(21.7)	(100.0)	
市外企業	0	9	8	8	14	15	54	(39.4)
(%)	(0.0)	(16.6)	(14.8)	(14.8)	(25.9)	(27.7)	(100.0)	
合計	8	20	22	21	33	33	137	(100.0)
(%)	(5.8)	(14.6)	(16.1)	(15.3)	(24.1)	(24.1)	(100.0)	
小売事業所								
市内企業本店・単独店	45	28	44	23	25	25	190	(56.5)
(%)	(23.7)	(14.7)	(23.2)	(12.1)	(13.2)	(13.2)	(100.0)	
市内企業支店	1	4	5	19	26	13	68	(20.2)
(%)	(1.5)	(5.9)	(7.4)	(27.9)	(38.2)	(19.1)	(100.0)	
市外企業支店	2	3	10	23	22	18	78	(23.2)
(%)	(2.5)	(3.8)	(12.8)	(29.5)	(28.2)	(23.1)	(100.0)	
合計	48	35	59	65	73	56	336	(100.0)
(%)	(14.3)	(10.4)	(17.6)	(19.3)	(21.7)	(16.7)	(100.0)	

資料：1985 年商業統計調査・個票

と推移する．このように，事業所の開設時期は，時期が新しくなるにつれて強まる傾向にあり，とりわけ市外企業支店は昭和 50 年代に急増した．札幌市の卸売業支店の開設時期をみると，昭和 30 年代がピークで全体の 32.4％であり，1970 年以前の開設企業が 69.2％に達しており（札幌商工会議所 1988：63），滝川市の卸売業支店と比べると支店の進出時期は早い．

一方，小売業事業所の場合は，開設時期の古い市内企業本店・単独店と新しい市内企業・市外企業支店の対照性が顕著である．すなわち，市内企業本店・単独店では，1964 年以前に開設された事業所が約 6 割を占めるのに対し，市内企業・市外企業支店では，1965 年以降に開設された事業所が 8 割を超える．このように，小売業支店の場合は 1965 年以降に開設急増時期を迎えており，卸売業支店の開設急増時期に比べ，早くしかもより明瞭である．

これら卸売業支店の本社所在地をみると，札幌本社企業が 34 社と圧倒的に多く，全体の 63％を占める．次いで，旭川本社企業 7 社，小樽本社企業 3 社である．このような本社所在地構成については，滝川市が，卸売商圏の上では，札幌圏の北端，旭川圏のすぐ南側に位置すること，また大正期までは小樽圏であったこと（川口 1935：1523）が指摘できる．一方，道外企業はわずかに 4 社である．ただし，家電，自動車部品，建築材料関係企業を中心に，札幌本社企業の中には道外企業の北海道担当の「地区販売会社」が含まれており，これらを道外企業の支店として数えると 22 社となる．このため，滝川市において札幌本社企業の卸売業支店が多く立地するからと言って，それが札幌を中心とする道内地場企業の自立的発展に伴う事業活動の拡大とは言い難い．むしろ，滝川市における卸売業支店の増加は，道外企業の管理系列の最末端に位置する事業所の立地とみることが可能であろう．実際，卸売業の 54 支店の事業所呼称をみると，支店または支社はわずか 7 社で，営業所（43 社）と出張所（4 社）が大半を占める．小売業支店の場合は，札幌企業が 27 社とやはり最多であるものの，深川 7 社，砂川 5 社など空知支庁企業が 27 社を占めるなど，近隣市町村の企業支店が多い．

さらに年間販売額をみると，支店のシェアは卸売事業所 43.7％，小売事業所 39.7％と高まり，都市商業活動に占める比重は大きい．1 企業平均の従業者数と販売額を算出すると，市内企業が 10.0 人，6.1 億円であるのに対し，支店は 8.5 人，7.3 億円である．すなわち，支店の方が雇用規模が小さいのに販売額は多く，経営効率が良いことがわかる．

以上のように，高度経済成長期以降の滝川市の都市機能の大きな変化としては，周辺地域の人口減少に伴う中心地機能の縮小，急増した市外企業支店による管理機能の増大を指摘することができる．

2．1990 年代以降における滝川市の商業機能の変貌

滝川市の国勢調査人口は，1990 年に 1965 年以来の 4 万人台（49,591 人）となり[23]，2010 年は 43,170 人と，当該期間に人口は 12.9％減少した[24]．商業統計表によれば，ほぼ同期間（1991 ～ 2007 年）の滝川市の商業年間販売額とその変化率は，卸売業（873.1 → 391.6 億円，55.2％減），小売業（705.7 → 524.9 億円，25.6％減），両者合計の商業販売額 (1,578.8 → 916.5 億円，42.0％減) である．全国，全道，北海道都市部，札幌市の同期間の商業年間販売額の減少率を順に示せば，卸売業 27.9％，34.4％，34.7％，37.5％，小売業 4.2％，12.0％，12.2％，8.1％となり，滝川市の商業販売額の減退傾向の深刻さが伺える．なお，同期間の滝川市の商業販売額減少率 42.0％をさらに上回る減少率を示す道内都市は，根室，深川，芦別，赤平，夕張の 5 都市のみである．このように，中空知地域の中心都市としての滝川市の商業機能は，卸売業を中心に大きく縮小した．

北海道庁による全道規模の消費者買物行動調査 (1991・2009) データ[25] に基づき，滝川市の小売商圏動向を検討する．中空知市町の滝川市への平均買物流出率は，1991 年の 37.1％から 2009 年には 45.6％に高まった（表 2，図 1）．なかでも，滝川市から最遠の芦別市やより遠くの北・南空知市町村の同比率が高まっており，滝川市の商圏や商勢力の拡大と中空知地域での深化が認められる．これは，道内市町村の平均自市町村内買物比率が 1991 年の 47.9％から 2009 年には 32.6％に低下し，近隣他市町村の大型小売店舗へ買物に出かける行動が増えたことの反映であろう．滝川市への買物流出率に当該市町村人口を乗じて滝川市の買物流入人口を算出すると，2009 年では 7,260 人の砂川市を最高に，総流入人口は 35,639 人に達する．この人口に対する小売活動を滝川の基盤活動とみなせば，その比率は 50.8％となる（表 2）．1991 年の同比率は 45.7％であり，滝川市の人口減少や他都市への買物流出によって，基盤活動比率は高まった．今後，滝川市の活性化のためには，中空知人口が減少するなか，滝川市の事業所の活動が，インバウンドの取り込み，札幌方面への活動強化など，活動範域のさらなる広域化が望まれる．

現在，市外からの流入消費者などが訪れ，滝川市の主たる商業機能を担っているのは，中心商店街ではなく，

表２　空知市町村などの滝川への買物流出率と流入人口（1991・2009年）

	滝川への買物流出率 (%)		滝川への買物流入人口	
	1991	2009	1991	2009
Ａ．中空知市町				
芦別市	4.9	30.0	1,229	4,988
赤平市	29.0	54.2	5,629	6,849
砂川市	37.4	38.1	8,659	7,260
歌志内市	36.8	39.5	3,047	1,733
奈井江町	30.3	39.4	2,447	2,440
上砂川町	33.5	32.8	2,157	1,340
浦臼町	46.0	49.9	1,407	1,101
新十津川町	63.1	67.3	5,545	4,879
雨竜町	52.8	59.0	2,102	1,799
中空知（平均・計）	37.1	45.6	32,220	32,390
Ｂ．北・南空知市町村など				
浜益村	27.8	27.8	773	460
北竜町	5.7	26.7	172	586
深川市	1.6	2.7	491	640
妹背牛町	7.9	14.0	395	485
秩父別町	0.0	11.0	0	300
沼田町	2.1	8.5	109	307
幌加内町	0.0	2.4	0	41
美唄市	0.4	1.5	141	391
長沼町	0.0	0.3	0	35
月形町	0.0	0.1	0	5
北・南空知（平均・計）	4.6	9.5	2,081	3,249
滝川への買物流入人口計（A＋B）	20.0	25.5	34,301	35,639
滝川市民の市内買物人口（C）	82.1	79.8	40,714	34,450
買物人口合計（A＋B＋C）			75,015	70,089
Basic 比率（%）			45.7	50.8

注）ただし，浜益村は2005年に石狩市に編入されたため，2009年の買物流出率は1991年と同率として計算

滝川への買物流入人口＝当該市町村人口×滝川への買物流出率

Basic 比率＝滝川市への買物流入人口合計／買物人口計×100

資料：北海道商工労働観光部（1992），北海道経済部（2010）

表３　滝川市の大型小売店一覧（2014.8. 現在）

大型店名称	開設年月	店舗面積（㎡）	業態・業種
ベスト電機滝川店	1967.11.	1,488	家電専門店
西沢家具店	1969. 9.	1,254	家具専門店
ジョイ滝川栄町店	1970. 7.	1,112	食品スーパー
高林デパート	1973.11.	5,525	百貨店
コープさっぽろ滝川店	1976. 8.	2,112	食品スーパー
リビングナカジマ	1977.10.	1,457	家具専門店
JAM 滝川Ⅰ	1996. 9.	5,402	紳士服・スポーツ専門店
ダイソー滝川バイパス店	1996. 9.	1,429	100円ショップ
ゲオ滝川東町店	1997.11.	1,344	音楽・ゲーム専門店
TSUTAYA 滝川店	1998. 4.	2,697	音楽・ゲーム専門店
滝川東ショッピングセンター	1999. 4.	1,666	食品スーパー
ダイエー滝川店	1999.12.	10,020	食品スーパー
しまむら滝川店	2003. 6.	1,280	衣料品専門店
ビッグハウスイーストタウン	2004. 1.	4,246	食品スーパー
ケーズデンキ滝川店	2006. 4.	3,048	家電専門店
アクロスプラザたきかわ	2007.11.	17,835	食品スーパー，DIY，家具
ヤマダ電機テックランド滝川店	2007.11.	3,541	家電専門店
マックスバリュ滝川本町店	2012.11.	1,815	食品スーパー

資料：『全国大型小売店総覧 2015』

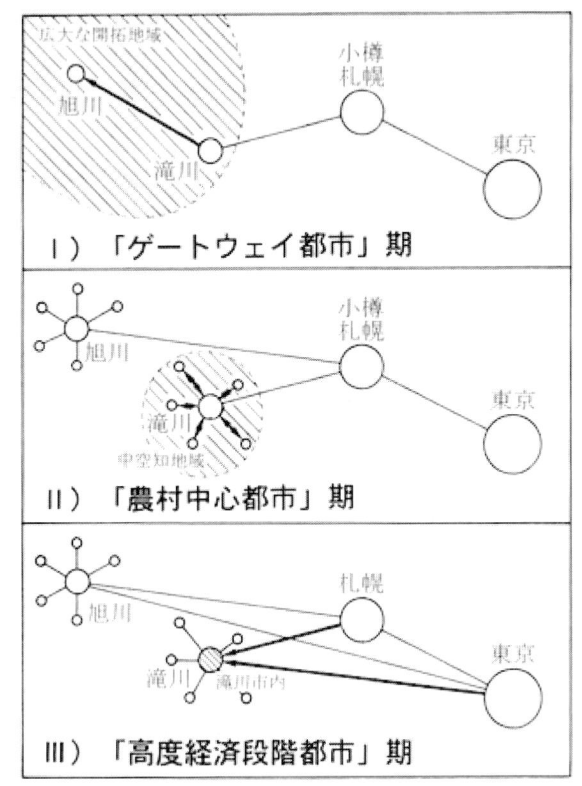

図５　滝川市の主要都市機能の空間構造
（矢印太線が卓越都市機能，斜線部が都市機能の主要到達地域）

市外資本による郊外型大型小売店である．滝川市では，1990年代後半以降，郊外型大型小売店が市街中心部より東方約1.5ｋｍの国道12号線バイパス沿いに立地・集積した（表３）．いま，中心商店街と郊外型大型小売店の年間販売額，売場面積，従業員数（1994～2005年）を比較すると，2002年に郊外型大型小売店は前２者において，中心市街地を上回った．道内35都市の人口１人当たり大型小売店面積（2014年）を算出すると，滝川市の1.6㎡／人は，三笠市（同2.2），北広島市（同2.1），帯広市（同1.6）に次ぐ第４位の地位にあり，滝川市の大型小売店の集積度は高い．

中心市街地の状況をみると，鈴蘭通り（駅前通り），銀座通り，大通商店街の中心３商店街の商店街振興組合員数は，1994年の257店から2014年には164店に減少し，2014年６月現在，うち36店舗が空き店舗とされる[26]．中心３商店街が交差する結節地点に立地する名店ビル（売場面積7,311㎡，1991年キーテナントの「金市館」撤退）や高林デパート（同6,921㎡，1997年「国井」，2014年「三番館」撤退）は閉鎖ビルとなった．JR駅前の駅前再開発ビル（同16,072㎡）は，キーテナントの「西友」が撤退時の約束であった後継テナントを紹介せずに2003年に撤退し，閉鎖された．同ビルは，翌年に飲食店，塾，NPO，観光協会などの中小テナントが複合出店し，スマイルビルとして再開されたが，2014年時でも４割ほどが空スペースである．このように，滝川市の中心商店街は，他の地方都市と同様，廃ビル・空きビルとシャッター通りと化し，中心市街地の空洞化や衰退が深刻である[27]．

Ｖ　おわりに

本稿では，都市機能の変化に重点を置いて，北海道滝川市の都市発達過程を叙述した．分析と考察の結果，滝川市街地の発達過程は３時期に大別され，各時期の特徴は以下のように要約される．

(1)「ゲートウェイ都市」期（明治中期）：滝川における最初の集落は，船着場の存在した空知川河岸の空知太，石狩川河岸の新波止場地区に形成された．両地区には，樺戸集治監などの行政施設に加え，駅逓所，旅館，渡船業者，日用雑貨取次業者などが立地し，これらは上川道路や滝川屯田兵屋建設に従事した工事人夫を顧客とした．さらに，1892年の鉄道開通によって鉄道終着駅となった滝川は，旭川方面への物資の積替地となり，ゲートウェイとしての発展が決定づけられた．滝川の商人はこれら上川方面への物資を一手に取扱い，その商圏は上川地方一円にまで拡大した．

(2)「農村中心都市」期（明治後期～第二次世界大戦直後期）：1898年，鉄道は旭川まで延長され，滝川は前期のゲートウェイ機能を喪失し，その商圏は中空知地域へと縮小した．商人は，荒物商と称する万屋から専門店化し，小樽などからの移入物品の分荷および農産物の集荷を行った．また，中空知地域を管轄する諸官庁が立地したのもこの時期の特徴である．中心商店街は，まず本通に形成され，広小路と筋違通がこれに続いた．しかし，昭和初期には広小路と筋違通は衰退し，替わって停車場通と銀座通に商店街が形成された．　(3)「高度経済段階都市」期（昭和30年代以降）：昭和30年代以降，炭鉱都市群と農村地域の人口減少が顕著となり，中空知総人口に占める滝川の人口構成比は，1955年の13.4％から1985年には29.9％へと高まった．この間，滝川の商業機能を担う卸売業，小売業において，市外企業支店の立地が数多くみられた．これら支店の立地は，進出企業の性格からみて，道外大企業の全国的市場支配網の末端に地方都市が組み込まれる過程である．1990年代後半以降は，郊外型大型小売店舗が国道12号線バイパス沿いに集積する一方，中心商店街は，廃ビルや空き店舗が目立ち，衰退が深刻である．

以上のように，滝川の都市機能とそのサービス地域はおおむね，①広大な新開拓地域(上川地方など)と旧開地を結合させるゲートウェイ機能，②周辺地域(中空知地域)へ財・サービスを供給する中心地機能，③周辺地域の人口減少のため，非基盤活動(滝川市内)のウェイトが高まり，進出市外企業支店の管理機能へと変化した．これを模式図として示したのが図5である．すなわち，滝川に代表される北海道の模式的市街地は，①開拓前線の進展に伴い開拓地域のゲートウェイとして成立し，②周辺農村の開発によって中心性を獲得した後，③大企業支店の立地によって中心地としての地位とその補完地域が明確化，固定化されたといえる．今後，滝川市のような地方中小都市においては，魅力ある財・サービスの全道・全国への提供，インバウンドの取り込みなど，地域の個性を発揮した地産外商的な取り組みを強化し，ゲートウェイ機能のような広域的都市機能を発揮できるかが，都市活性化の鍵の一つとなろう．

付記

本稿は，拙稿（寺谷，2002：第6章）をベースに，商業環境の最新状況を加えて再構成したものです．

注

1) 太(put)は，アイヌ語で川・沼などの口を意味し，空知　太は空知川の川口の意である．北海道では，川の合流地点に集落が立地し，忠別太(旭川の旧名)など，支流名に太を合わせた地名が多い．

2) 国勢調査によれば，すでに1920年には，歌志内(人口数24,745)，砂川(17,119)，芦別(15,013)は，滝川(14,858)を上回っていた．滝川は，1955年に歌志内，1965年に赤平，1970　年に芦別を追い抜き，ようやく中空知地域で最多人口を有するようになった．

3) アイヌの酋長に和人が与えた名称である．

4)「高畑利宜記録」（滝川市史編纂委員会1981a：494）による．

5)「上田文助御用荷物運搬帳」（滝川市史編纂委員会1981b：544）による．

6) 滝川商工会議所1984：20）および滝川商工会議所・小笠原正巳氏の説明．

7) 348戸の出身県別構成は，山形101戸，山口100戸，福岡40戸，佐賀58戸，熊本27戸，鹿児島19戸，奈良3戸である．

8) 上川道路沿いは間口40間，奥行125間，東西道路沿いは間口31.25間，奥行160間に区画された．

9) 番外地は，原義には屯田兵村への物資を販売する商人を配置した兵村近傍の土地を指すが，兵村とは無関係に市街形態を呈する市街地の意で用いられる場合もある．

10) 松井十郎編集，北海道事業所実業人名録編纂所発行になる資料であり，実業家の氏名，住所，事業内容，屋号，商標などが記載される．滝川関係分では，呉服太物商・杉本勇治，丸井今井支店，貨物運送業兼高畑旅館などの名がみられる．

11) 滝川市教育委員会（1981：72）による（原資料は山形県鶴岡市郷土資料館所蔵の未刊 草稿，北海道庁植民部拓殖課1901『草稿　石狩国状況報文空知郡滝川村』)．

12) 1896年7月から97年6月までの滝川－旭川間の荷運搬駄数，馬車数，馬車馬数についてみると，下りは147,651駄，49,217台，5,126頭，上りは64,490駄，21,163台，2,204　頭であり，下りの数量は上りの数量の2倍以上に達している（旭川市史編集委員会1959　：306）．

13) 旭川地方気象台の観測によれば，1898年9月7日の日降水量は128mmに達し，9月の観測史上最多記録である(気象庁1982：712)．その被害状況は，市街地全部が浸水し，特に空知太地区はほとんどの民家が流失し，空知太大橋や三浦旅館も流された（滝川市史編纂委員会1981b：679）．

14) 商況を察知し，滝川に本店を置きながら旭川に支店を設置する商人もいた．高畑宜一1899『小樽港史』巻末の商店広告にはこうした事例が少なくとも2店確認できる．

15) 農家が仕込商人から生産資材，食料，雑貨などを前借りし，収穫物をその商人に託し，売上金によって清算する方法である．小漁家対象のものもあり，銀行など正規の金融機関のない北海道の農漁村において明治期には広くみられた．農家対象のものは大正末期には衰え，1928年には約1割に過ぎなかったが，漁村では昭和初期まで広くみられた（紋別市史編さん委員会1979：846）．

16) 小樽の田尻與吉氏の出版発行になる地図で，裏面には，地図中に示される商・工・サ　ービス業事業家の屋号，営業内容，住所を示した「滝川有名家紹介表」の記載がある．

17) 札幌の富樫隆二良氏の調査発行になる地図である．当該地図には，滝川の横山善作氏 による1940年版も存在する．

18) 北海道産業部商工課1930『北海道商工名録』に記載される各市街地の商工人数を集　計すると，滝川町98，砂川町（砂川40・上砂川27・奈井江23），歌

志内村（歌志内 32・神　威 14・中村 3・西山 3），芦別村（下芦別 19・上芦別 4・下パンケ 3・野花南 2），赤平村（茂　尻 9・上赤平 5・平岸 2），江部乙村 20，浦臼村（浦臼 7・於札内 3），新十津川村（橋本 11・上徳富 5・吉野 4・菊水 2・花月 2），雨竜村 10 である．

19) 農村地域（浦臼，新十津川，雨竜），鉱業地域（砂川，歌志内，芦別，赤平，上砂川，　奈井江），および滝川である．奈井江 (1944 年成立)，上砂川 (1949 年同) を分村した戦後の砂川は鉱業都市ではなくなったが，戦前データとの整合性を考慮して鉱業地域に含めた．

20) 道内石炭産出量は，1948 年には 874 万トンとなり，戦前 1935 年の 832 万トンと同水準に達し，1949 年には 1000 万トンを越えた．また，石炭産業従業者数をみると，1948 年には早くも 10 万人を越え，1949 年の 109, 551 人が北海道史上最高人数である．

21) 各都市の主要炭鉱の閉山史を示せば，奈井江：住友奈井江炭鉱 1963 年閉山，上砂川：三井砂川炭鉱 1987 年閉山，芦別：三井芦別炭鉱 1992 年閉山，赤平：住友赤平炭砿 19　94 年閉山，歌志内：空知炭砿 1995 年閉山である．

22) 1985 年商業統計調査によれば，法人事業所が滝川市総販売額に占める割合は，卸売業で 98.4％，小売業でも 92.5％に達する．このため，法人事業所の分析によって滝川市の商業活動のほぼ全容が把握できると考えられる．

23) 滝川市の住民基本台帳人口のピークは 1983 年の 53,121 人である．

24) 1990 ～ 2010 年の北海道の人口変化率は，全道 2.4％減，都市部 1.4％増であり，人口増加都市は，札幌市，帯広市，苫小牧市，江別市，千歳市，恵庭市，石狩市，北広島市，北斗市の 9 都市と，札幌都市圏の都市群がほとんどである．

25）当該調査の有効回答回収率は，1991 年 31.3％（25,058 回収／ 79,943 配布），2009 年 41.0％（同 24,378 ／ 59,424）であり，調査対象品目は最寄品 5 種，買回品 10 種，その他 2 種（ガソリン，ビデオレンタル）である．北海道商工労働観光部 (1992)，北海道経済部 (2010) が両調査の報告書である．

26）滝川市駅周辺整備課の説明によれば，商店街振興組合員数は閉店し住宅のみでも会員のままというケースがあり，空き店舗は貸し主が物件を店舗として貸出をする意思のあ　る店舗のみの数字であり，空き店舗比率 22.0％（36 ／ 128）に対し，景観的に確認できる空き店舗比率はさらに高い．

27）今後，地方都市の中心市街地には商業以外の都市機能の集積が期待される．滝川市においては，①スマイルビルに市内文化団体の集結，②中心市街地活動センター（図書館移設，観光協会・国際交流協会などのオフィス，観光イベント情報発信）設置，③中心商店街連合会では，空き店舗を活用し，農業生産者と連携したレストラン・カフェ事業の展開などが予定されている．

引用文献

旭川市史編集委員会編 1959『旭川市史　第二巻』．

気象庁 1982『日本気候表その 3　おもな気象要素についての局値と順位 (観測開始から 1980 年まで)』．

川口丈夫 1935「北海道地方都市経済圏の研究 (二)」，地理学，3：1515-1525.

札幌商工会議所 1988『ソフト化社会における札幌市の支店企業の活動実態』．

滝川市教育委員会編 1981『滝川江部乙屯田兵屋』．

滝川市史編纂委員会 1981a『滝川市史　上巻』．

滝川市史編纂委員会 1981b『滝川市史　下巻』．

滝川商工会議所編 1984『滝川商工会議所 35 年のあゆみ』．

寺谷亮司 2002『都市の形成と階層分化－新開地北海道・アフリカの都市システム－』，古今書院．

坂東幸太郎 1913『滝川町発展史』, 富良野線鉄道開通祝賀会．

北海道 1905「滝川村の概況」．殖民公報，24：67 ～ 69.

北海道 1937『新撰北海道史　第四巻通説三』．

北海道経済部 2010『平成 21 年度北海道広域商圏動向調査報告書』．

北海道商工労働観光部 1992『北海道広域商圏動向調査報告書』．

紋別市史編さん委員会 1979『新紋別市史上巻』．

上海・陸家嘴CBDの形成と課題

山崎　健

Ⅰ　はじめに

現在の中国のCBDは，西側諸都市のCBDとはややその形成特性が異なる．西側諸都市のCBDは基本的に自然発生的であるのに対して，中国のCBDは戦前の上海外灘CBD，香港中環CBDを除いては，新中国成立以降の社会主義計画経済下において，国・市政府主導で計画的にCBDが建設されたという形成特性をもつといえよう．ただし，中国において，本格的にCBDが計画建設されるようになったのは，改革開放政策実施以降の1980年代からであり，多くの都市において，CBDが計画的に建設され，2014年現在で，上海・北京・広州・天津・武漢・深圳・大連・重慶・成都・長沙・瀋陽・西安・南京・杭州・銀川等の都市においてCBDが計画建設されている[1)]．このように1980年代以降，計画的に建設された中国のCBDであるが，基本的には西側諸都市のCBDをモデルとして計画されたものであり，中国諸都市のCBDの構造的・機能的特性は，先行して形成された西側諸都市のCBDのそれと大きく異なるものではない．

西側諸都市のCBDの多くは，1920年代以来，百年近い歴史を有する．その背景には，近代的都市化の古い歴史をもつことがあげられる．それに対して，中国での近代的都市化は，19世紀中葉に一部の都市において始まったとはいえ，新中国成立以降は計画経済体制下で都市建設が進められ，そこでは，都市の機能を消費機能から生産機能へと転換政策が実施され，文化大革命期の都市機能は麻痺状態の時期を経て，1980年代以降の改革政策実施後，再び近代的都市化の段階に回帰し，北京・上海・広州等の多くの都市において，CBDの計画・建設が実施されるようになった．その意味では，CBDの概念は中国では，都市発展戦略的な意味内容を強くもっている．

CBDの概念は，その機能的側面からの概念として，以下の2つに大きく分けられよう．

①CBDを中心業務地区に限定する考え方（狭義のCBD）
CBDを単に業務機能（オフィス）に特化した業務地区とする考え方であり，これは都心空間が業務・商業・娯楽・歓楽劇場などの各地区によって形成され，業務地区（CBD）はその1つであるとする見方である．

②CBDを業務に限定せず，多様な中枢的機能の立地地区とする考え方（広義のCBD）
CBDの機能を広くとらえ，業務機能に限定せず，加えて行政・商業・文化・娯楽などの機能を担う施設，地区が，一体的に立地している空間とする考え方で，これは都心空間がほぼCBDに等しいとする見方である．

中国のCBD計画・建設においても多くの場合，CBDは業務機能に特化するものではなく，多様な機能を有する1つの複合地域として考えられている．また，西側諸都市のCBDは1つの地理的概念であるが，中国においてはCBD計画・建設は1つの都市発展戦略として位置付けられている．西側諸都市のCBDの概念は20世紀80年代に中国へ移入され，多くの都市においてCBD計画・建設ブームとなった．このようなCBD計画・建設ブームの背後にあるのは，それに関与する国・市政府がCBD建設を都市建設・経済発展を推動する重要な意義をもつものとみなしているからに他ならない．

本稿では，まず中国全体でのCBD計画・建設の動向とその特性・問題点について論じ，次いで現在，CBD建設が最も先行している上海市の陸家嘴CBDをとりあげ，その形成過程と特性・課題について検討を加える．

Ⅱ　中国におけるCBD計画・建設の展開と特性

1．CBDの計画・建設の概況

改革開放政策実施以降，1980年代に入り，急速に都市化が進展し，第三次産業の成長により，都市機能も流通中心から商貿・金融・専門的サービス業等が都市の産業構成の中でその比率が上昇し，業務機能が都市の中心地区に集積し，いくつかの大都市においてCBDの雛型地区の萌芽がみられるようになった．また，1980年代には西側諸都市におけるCBDの概念が中国に移入され，都市全体のより効果的な発展戦略として，雛型地区を核にしたCBDの計画・建設が多くの都市において，本格的に実践される状況となった．

2003年の中国建設部の調査によれば，全国で人口20万以上の36都市がCBD建設計画を国務院に提議しており，そのうちのいくつかの都市では，すでにCBDの建設が実践されている．それらは，北京・上海・天津・

重慶・長沙・鄭州・済南・長春・成都・西安・ハルビン・南京・瀋陽・広州・武漢・太原・昆明・石家庄・貴陽・杭州・福州・海口・青島・大連・厦門・深圳・寧波・無錫・淮南・温州・晋江．儀長・黄石・紹興・仏山であり，このうち上海・北京．広州・瀋陽・南京・鄭州・深圳・海口の８都市では，すでに，進展の程度に差はあるものの，CBD の開発建設が実施されている．

このような 1980 年代以降の CBD の建設ブームは，それに伴う都市空間構造の変容や都市の社会経済的発展と大きく関係しており，CBD の計画・建設はそのための都市発展戦略として位置付けられている．すなわち，CBD の建設は都市発展のための更なる新しい機会を提供し，国・市政府の大きな関心と関与をもたらすこととなったために CBD 建設ブームが生じたのである．

２．CBD 計画・建設の諸特性

１）分布上の特性

CBD 計画・建設を提議，実践している 36 都市の分布をみると，経済発展水準の高い東部に多く，中部，西部には少なく，特に環渤海湾，長江三角州，珠江三角州の３つの大都市群地区において分布密度が高い．CBD のマクロな空間分布は比較的強い経済指向性をもっており，地域経済の発展水準が一定程度関係していることが指摘できよう（図１）．

２）都市階層・経済規模・人口規模との関係

中央直轄市（４市）と 27 の省会都市（省級都市），

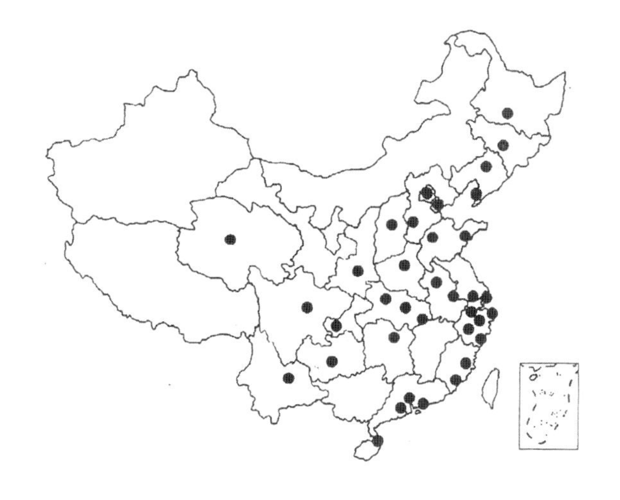

図１　中国の CBD の計画・建設都市の分布（2002 年）
出典：楊・呉（2008）より引用

５つの地級都市が CBD 計画を提議するか，建設実践している状況にあるが，これらの都市の大半は中国の都市体系において，比較的上位に位置するものである．これは都市の階層性が CBD の計画・建設と少なからず関係していることを示すものである．都市階層において上位にある中央直轄市や省会都市は，いずれも国家レベルや当該地方レベルにおいて，都市発展の長い歴史をもち，その中心性は行政的機能だけではなく，経済的な機能においても高く，CBD を計画・建設のための一定の基盤を保持してきた都市であり，それらの都市が CBD の建設・計画を提議，実践していることは，CBD 建設が都市全体の経済発展のより効果的な戦略であると考えているからである．

しかしながら，一方で，CBD 計画・建設を提議・実践している都市間の経済発展の水準の差異は極めて大きい．36 市のうち，2001 年のＧＤＰ総額が 1,000 億元以上は北京・上海・天津・武漢・広州・深圳の６都市であり，500 ～ 1,000 億元であるのは太原・昆明・鄭州・石家庄・長沙・福州などの 16 市であり，淮南・襄樊のＧＤＰは 100 億元以下であり，14 の都市が，2001 年のＧＤＰ総額が 500 億元以下であり，そのうち半数が 100 憶元以下である（楊・呉 ,2008）．また，各都市間の人口規模の差異も大きい．人口 100 万以上の都市が圧倒的に多く，100 万未満の都市は少ない．人口規模が都市の CBD 発展を背景にあることがわかる．

３）CBD 計画・建設の実践状況

建設部によれば，2003 年の時点において，８つの都市（北京・上海・広州・瀋陽・南京・鄭州・深圳・海口）が CBD の建設を実践しており，これは CBD 計画・建設を提議している都市総数の 22％を占め，それら以外の都市では政策計画が再検討段階にあったことがわかる．このことは，多くの都市が計画を提議したにもかかわらず，国の指導や，建設資金・経済効果などの各種の条件の制約により実践的な段階に入れないことを示すものである．

3．CBD の計画・建設をめぐる問題点

ここでは，楊・呉（2008）による考察をもとに，中国における CBD 計画・建設に関する問題点について概観する．

１）CBD 概念の解釈の混乱

西側諸都市の CBD 概念は 1980 年代以降，中国に移入されたが，国内大都市の CBD 建設において，その概念の捉え方に混乱が生じている状況がある．すなわち，計画において，CBD 概念を広義のものとして捉えているものと狭義のものとして捉えているものの２つがあることである．大半の都市では広義の概念としての CBD を建設目標とする計画を策定しているが，経済規模・人口規模が小さく，中国の都市体系の中でも低位階

層に位置する都市の場合には，狭義の概念として CBD を設定しているものがみられる．また，いくつかの都市の計画では CBD 建設を単なる商業中心地区建設と同義に考えているものもある．

２）CBD の設定位置に関する問題

各都市において CBD を建設する位置設定に関して，一部の都市では多様な角度から客観的科学的な検討をふまえず，市政府の政策決定者が関心をもつ投資効率性（採算性）を主体に位置設定が決定される傾向が認められる．そこでは CBD 建設による環境や交通等への影響が十分に検討されず，その都市自身の発展能力をはるかに超えた実現不可能な建設目標が掲げられている状況がみられる．また，多くの計画では，CBD のシンボルとなる超高層建築物，超大広場，大規模な開発軸が提案されているが，インフラの整備費用も合わせて，莫大な投資の浪費となる可能性があり，その財政負担が大きな問題となる場合もある．

さらに，CBD 計画を提議した都市の中には，歴史的悠久な文化をもつ古都も多く，CBD 建設の対象地域内に歴史的街区が含まれている場合が少なくない．CBD の開発にあたり「新時代の都市形態の創造」を目標に掲げる事例が多いが，歴史的街区の破壊は避けるべきであり，歴史文化名城の保護に重大な影響を与えている．CBD 建設によって，歴史文化的中心城区は大きな破壊の圧力を受けることとなり，歴史的街区の保護と CBD 建設の間の協調的な関係について考える必要がある．

３）CBD 建設と市政府の移転

CBD の建設過程において，いくつかの都市では，市政府をそこに位置付け，CBD 建設をより促進させようとする事例がみられる．市政府の CBD への移転は，新たな市政府施設の建設のための莫大な費用や移転費用だけはなく，その業務環境の更新拡大をもたらし，その費用の増大をももたらす．また，市政府の CBD への移転はそのシンボル性を利用した新しい都市空間の展開であり，土地の先行的な投機的売買の大きな原因となり，その結果として，市政府には大きな財政負担となる可能性も大きい．

そのような CBD 建設のための政府の移転行動が都市の開発建設について究極的にどのような影響をもたらすのかについては，各都市ごとに様々であろうが，都市の経済発展水準と財政力をふまえる時，経済力・財政力の小さい都市の場合，CBD への市政府の移転は CBD の発展という利益よりも，むしろ大きな経済負担が発生し，CBD 建設が失敗に終わる可能性が高いと考えられる．

４）住宅建設の先行による CBD 機能の変容

CBD 計画において，多くの都市では CBD は複合機能の展開を目標としているが，いくつかの都市では，住宅建設の短期投資が先行して進行し，居住用地の開発が過熱し，業務機能予定地区が居住区に替わってしまう状況がみられる．これは郊区において新たな CBD を建設する場合によくみられ，特に広州の広州新城－珠江新城 CBD はその典型例である．

５）建設計画の変更と重複開発

CBD 建設中の都市の中には，建設計画の変更が決して少なくない．たとえば，現在の都市政策決定者はその任期内に，CBD 建設に関する収益と実績をあげるため，また前任者が失敗した建設項目からの責任を逃れるために，随意に計画を変更・改変することはよくあることである．このため CBD のある開発項目の中止・変更や開発項目の重複開発が起こり，当初の建設計画が混乱し，その結果，多くの投資が分散化し，その効果が発揮されることが困難となり，CBD 建設は無秩序な状態となる．この種の朝令暮改的な CBD 建設の変更・中止は，都市建設において多くの開発休止区（未開発地区）を発生させ，都市の限られた空間資源を浪費することにつながり，投資者の建設への積極性と経済収益に大きなダメージを与えることになり，政府の権威や威信を損なうことにもなる．

６）CBD 管理体制の不統一性

CBD には多様な都市機能・経済機能が立地する都市業務複合体であるために，その管理体制上で２つの問題が生じている．１つは，多くの CBD の管理組織が市政府の行政管理機構の各部門の管理下にあり，またそれらの管理部門は臨時的に管理責任を負う状態であり，一貫した総合的な管理機能が行使されていない場合が多いことである．そのために市の各部門の管理機構が，それぞれに CBD の建設計画の関連開発項目に関与・干渉するという分割的な管理方式となり，CBD 内の多くの都市機能・企業の間に協調的な機能補完関係を形成することが困難となり，CBD 開発の順調な発展に影響がでることである．２つめは，いくつかの都市において，CBD 開発の対象地域の地理上の分属が，同一行政区ではなく，複数以上の行政区に跨っていることである．そのために，CBD が全体として均衡のとれた統一的な建設が損なわれ，各区政府は自己の利益のみを考慮して，自己の行政区内の CBD の建設に熱心となり，建設項目の重複や各区政府間において CBD の資源分配をめぐって競合が生じ，統一的な CBD の発展が阻害されることになる．

Ⅲ　上海・外灘-陸家嘴 CBD の形成過程とその特性

ここでは，上海の外灘－陸家嘴 CBD の形成過程とその特性に関して，寧・劉（2006）と包・唐・曽（2016）をふまえて，検討を加える．

1．外灘CBDの形成と衰退

1843年の開港後，上海は近代的都市化の段階に入り，金融・商工業の発展につれて1930年代までには中国最大の経済中心都市，極東地域の国際金融中心となり，西は西蔵中路から東は外灘まで，北は蘇州河から南は金陵東路までの約4㎢の範域に中国で最も早いCBDが形成された．このCBDには，28の外資系銀行の支店，58の国内資本銀行の本店・証券取引所・信託会社等の金融機関が集中するだけではなく，現在の南京東路を中心とした商業地区が形成され，全国最大級の4つの百貨店も立地していた[2]．

解放後，1980年代に至るまで，中国では計画経済体制が実施され，市場経済下で形成された外灘CBDは，上海の経済的な地位の低下とともに衰退することとなった．加えて，国内資本銀行等は国有化され，北京へ転出し，外資銀行・民営銀行・証券取引所などは廃止され，外灘の金融地区はほぼ消滅することとなった．この時期，外灘の多くの大楼（ビル）のうち，中国銀行大楼がわずかに金融機関に利用されたことを除けば，その他の金融・商業大楼は市政府・工場などに転用された．また南京東路の中心商業地区も衰退し，その規模は縮小し，大百貨店も半減した．1980年代の初期までに，大規模な都市建設や再開発も行われず，外灘CBDは約40年にわたって停滞することとなった．

2．復興段階（九十五時代[3]，1990～2005年）

1990年に上海市政府は浦東新区の具体的な開発政策を策定し，その中で，陸家嘴金融貿易区（陸家嘴CBD）を浦東新区開発の重点区域と位置付けた．陸家嘴金融貿易区の計画目標は国際的な金融中心を目指すことである．

陸家嘴金融貿易区の開発は，直接的に上海のCBDの復興過程を推し進めるものであった．『上海市城市総体規画（1996～2020年）』によれば，上海CBDとは浦東の小陸家嘴（浦東南路から東昌路の間の地区）と浦西外灘（河南路以東，虹口港から新開河の間の地区からなり，計画面積は約3㎢である．そのCBD計画は，金融・業務オフィス・貿易・情報・購買・文化・娯楽・旅游観光・居住機能が集積する一体的な多機能複合区の開発であり，また，この計画に描かれた上海CBDの発展方式は，黄浦江をはさんで，対岸の「万国建築博覧群」が悠久の歴史的景観を構成するかつてのCBDである外灘地区と，陸家嘴金融貿易区が相互に影響し，統合的なCBDを発展させせようとするものである．

計画では，外灘CBDは1.3㎢であり，この一帯は上海CBDの重要な構成地区と位置付けられ，歴史風貌保護区とされている．1993年に，陸家嘴金融貿易区の連動発展とともに，上海市政府は外灘金融街の機能を「東方華婁街（東方ウォール街）」として復活させることを決定した．

1995年から，外灘大楼に関して，置換工作[4]が実施され，上海市委員会および市政府の外灘12号大楼からの転出を嚆矢として，外灘大楼の実質的置換の歩みが始まった．1999年末までには，中山東一路沿線の19の大楼で置換が行われ，14棟が金融機関に利用されることとなった[5]．その中には，米国チャータード銀行，米国友邦保険公司，中国工商銀行，中国銀行，中国太平洋保険公司などの著名な外資銀行，外資保険業，国内金融機関が含まれている．2003年に黄浦区政府は「上海外灘金融貿易区総体規画」を画定し，2004年以降の外灘地区の総合的再開発において，従来からの金融機能の充実に加えて，特に高級娯楽休閑機能を位置付け，外灘CBDの多機能化を進めようとしたが，十分な成果はあがらなかった．

その背景として，外灘の歴史的大楼が現代のオフィス業務の要求に満足に対応できるものではなかったこと，再開発やインフラ施設整備の資金の不足により，その施設規模の拡大や駐車場施設の改善も制限されたこと，伝統的な金融大楼はその賃料が割高であったことなどが指摘されており，それらのことが外灘CBDの経済活力に大きく影響し，その発展と繁栄を制約することとなった．

一方で，陸家嘴金融貿易区の様相をより早く整えるために，浦東新区政府は国家中央，上海市委員会や市政府に対して，その先導的な試行，先行政策の実施を促し，金融等の五大集積区政策を進め，陸家嘴金融貿易区の急速な発展を企画した．その橋頭保は1.7㎢の陸家嘴中心区である．1993年に上海市政府は「上海陸家嘴中心区規画設計方案」を批准したが，その方案は陸家嘴中心区の用地・性質・空間形態について詳細に計画したものである．その建設計画の実践により，21世紀に至り，陸家嘴金融貿易区は以下の5つの機能地区に分化することとなった（図2）．

①中国人民銀行，滙豊銀行，中銀大廈等の中心緑地周辺の国際銀行楼群機能地区
②金茂大廈を中心にした中外貿易金融機関要素市場集団地区
③東方明珠，シャングリラホテル，正大広場等を中

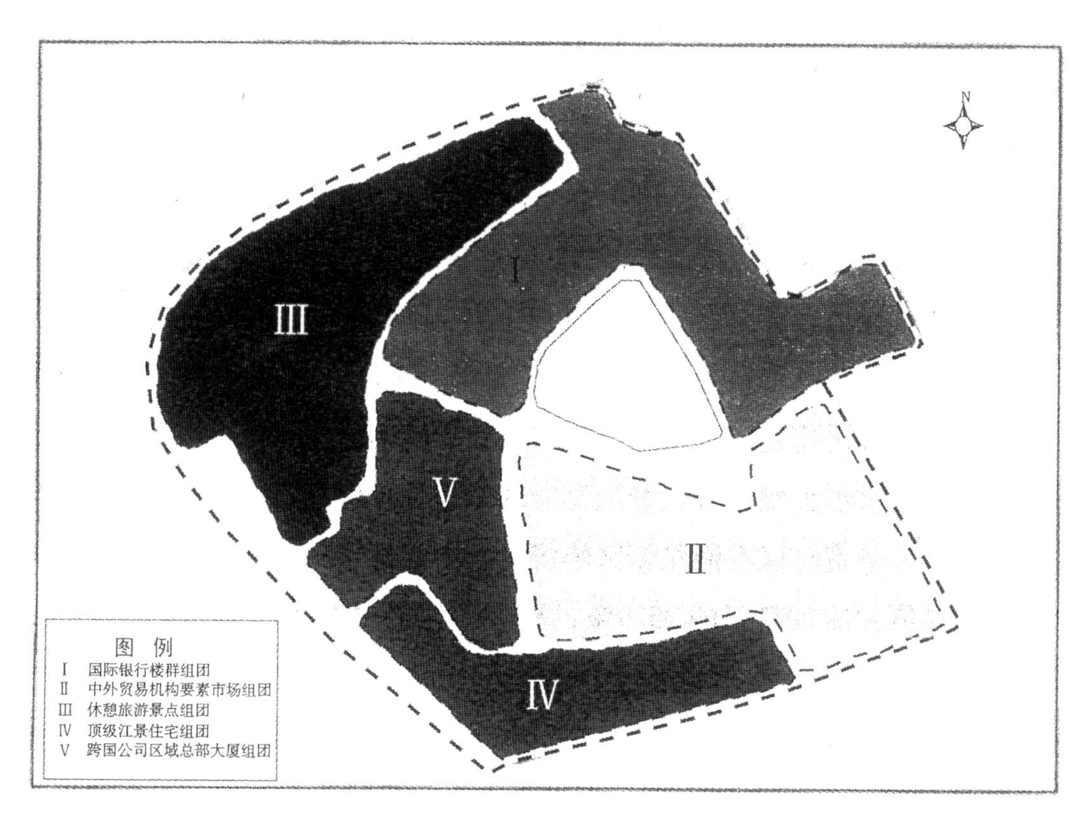

図２　陸家嘴 CBD の機能的地域分化（2004 年）
出典：陶（2004）より引用

心にした休閑旅游機能地区
④仁恒，世茂，湯臣鵬利等の高級住宅園区に代表される浜江地帯
⑤陸家嘴中心区の西に位置する多国籍企業の地域本部の大廈が集積する地区，

また，浦東開発開放の進展の速度が増すにつれて，中国のＷＴＯ加入後には金融市場の開放への要求が高まり，その背景の下で，陸家嘴金融貿易区は上海 CBD の核心地区となるべく，より一層の金融貿易機能の集積が進展した．2005 年には，地区内には約 360 余りの中外の金融機関が集積し，30 余りの多国籍企業の地域本部，4,000 を超える法律・会計・財務・コンサルタント・情報等の金融・業務機能を支える専門的サービス業が集積し[6]，陸家嘴 CBD の経済的な影響力は上海市，長江三角州，長江流域，さらには中国全土だけではなく，世界に及ぶ状況を呈することとなった．

３．機能集積の進展段階（十一五時代，2005 ～ 2010 年）

2009 年に国務院は「関輿推進上海加快発展現代服務業和先進製造業建設国際金融中心和国際航運中心意見」を発布し，まず，国家的レベルから上海国際金融中心建設の目標，任務，措置，その進行方法を規定した．それは浦東新区全体を金融核心区として位置付け，国家金融管理部門の支援の下で，その建設を進めるものである．この条件下で陸家嘴金融貿易区はさらに発展し，上海 CBD の核心地区の地位を確立した．

陸家嘴金融貿易区は浦東新区全体の経済発展の中で，その重みを増し，2010 年には，浦東新区全体の経済生産額の 35.9％，その税収は 50.4％，市財政収入の 26.4％を占めることとなった．また，陸家嘴金融貿易区には浦東新区の多国籍企業の地域本部の 43.3％が，国内大企業集団の本社．地域本部の 54.9％が集中している[7]．

21 世紀初頭のこの期間に，中国人民銀行の上海総部，上海証監局，上海連合産権交易所などのいくつかの重要な機能をもつ金融機関が立地し，CBD 内の金融機関の集積度は不断に上昇した．2010 年において，陸家嘴金融貿易区に立地する各種の金融機関の総数は 592，（うち銀行系 191，証券系 252，保険系 149）であった．また，この期間の金融機関の集積には３つの特徴が認められる．１つは機能的な金融機関の持続的な増長であり，摩根士丹利中国総部，凱雷投資集団，ＴＰＧ等が進出し，非上場株式公司のための活動補助機関である上海株式託管交易中心も立地した．２つめの特徴は，外資系の金融機関の集積がより明瞭化したことである．豪州とニュージーランドの銀行が立地した後，外資銀行の数は 18 に達し，全国の 54％を占めるに至った[8] 第３の特徴は上海首家消費金融公司・中銀消費金融有限公司などの新し

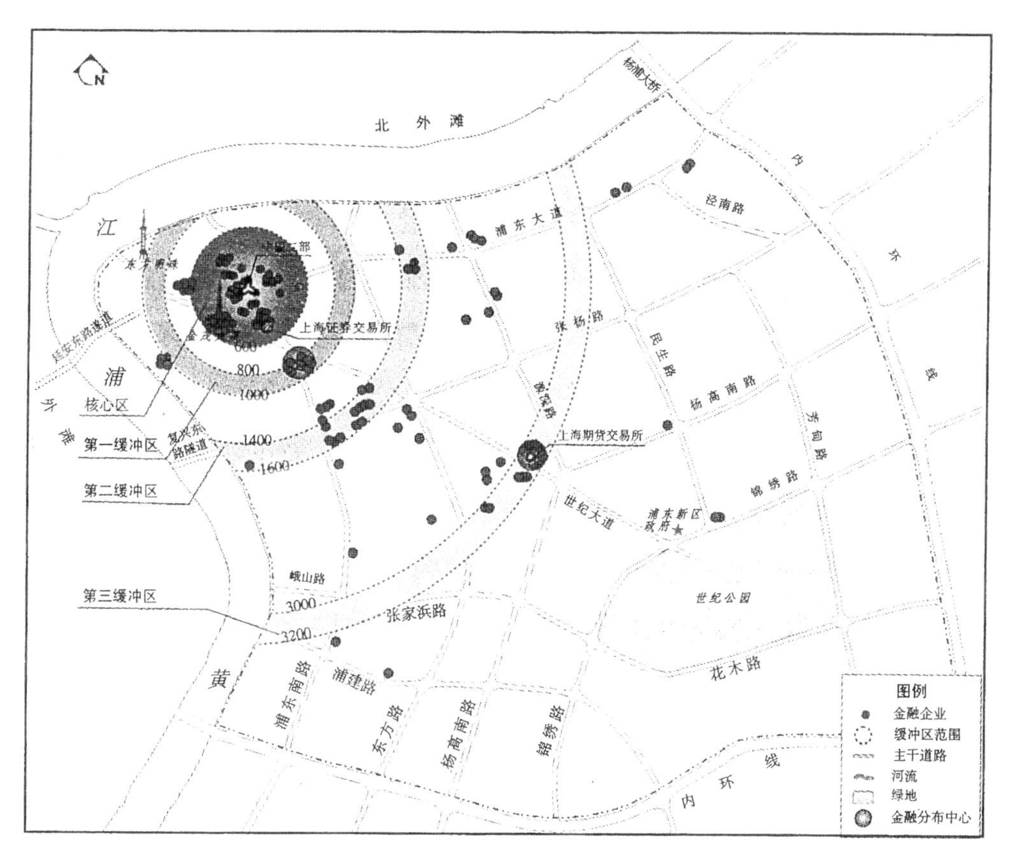

図３　陸家嘴 CBD における金融機関の分布（2007 年）
出典：曽・司（2008）より引用

い金融サービスを提供するタイプの金融機関が不断に増加したことである．このような金融機関の加速的な立地数の増加に伴い，陸家嘴 CBD は国内外の金融機関の一大集積地となり，銀行，証券，保険，基金，信託投資，財務，金融ローンなどの金融機関によって，１つの金融市場体系が形成されることになった（図 3）．

４．市内の展開段階（十二五時代，2010 ～ 2015 年）

2010 年以降，国内外の情勢に比較的大きな変化が生じ，上海 CBD の発展も大きな挑戦の段階に入った．2008 年の国際的な金融危機の影響を受けて，グローバルな経済構造の調整が行われ，中国の既存の経済発展方式の継続は困難となり，中国経済は下降停滞状況となる中で，上海の国際金融中心の建設継続は困難となり，上海 CBD の発展は「創新駆動，転型発展」という次のステップを目指す段階に入った．すなわち「空間集積の機構を拡大し，金融発展環境を改善し，金融改革創新の新たな試みを進め，金融およびその他の産業の融合的な発展を促進する」というのが，「十二五」の時期の上海 CBD 建設の指導思想であった．

この時期には上海 CBD に関しては「２つの中心すなわち国際金融中心と国際航運中心」建設が連動して進められ，陸家嘴金融貿易区は金融機関が加速的に集積し，2014 年には累計ですでに 728 の金融機関（そのうち，銀行系が 211，証券系が 318，保険系が 199）が立地した．この他，期貨（先物取引），石油，金融期貨，人材，不動産などが 11，株式投資機関が 578，融資賃貸機関が 53，各種の金融専門サービス機関が 397 ほど集積した[9]．また，この間，金融市場の規模はさらに拡大し，2014 年の陸家嘴 CBD における金融機関の資産増加額は 1288.05 億元と史上最高額となり，上海全市の 39.4％を占めるに至った．

一方で，陸家嘴 CBD は国際航運中心の建設の方針に従い，航運サービス業の集積も進んだ．2013 年には洋行陽光・永安・華泰・天安等の航運保険業機関が立地し，現在，全国の航運業機関の７分の５が陸家嘴 CBD にある．2014 年には，累計で 1,071 の航運機関（そのうち港湾運輸が 157，運輸サービス業が 858，基礎産業が 56 集積し[10]，１つの完全な金融航運市場体系が形成されている状況にある．

「十二五」の時期において，中国および上海の経済構造の転換が，陸家嘴金融貿易区（CBD）の変化発展を推動し，発展の度合いを高めた．CBD 内において金融，貿易，現代サービス業などの第三次産業機能の比重は

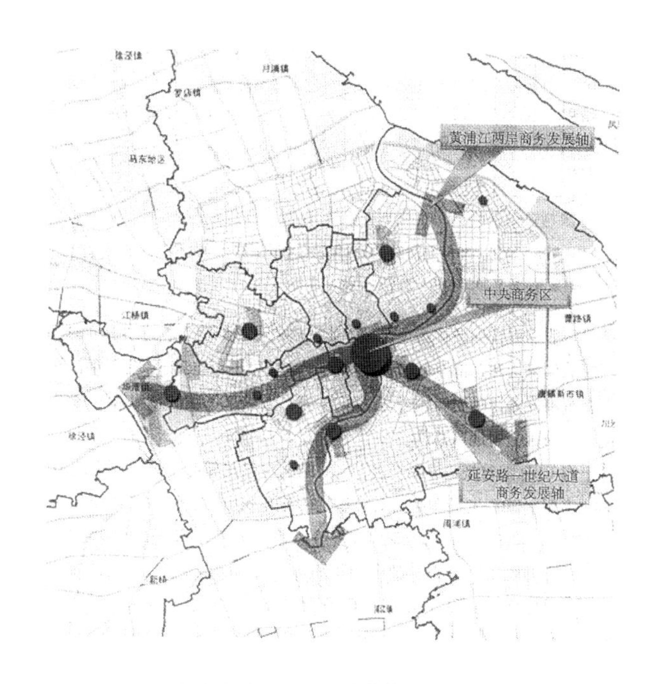

図4　上海主中心 CBD（陸家嘴 CBD）の展開
出典：包ら（2016）より引用

年々高まりつつあり，特に金融業の増加値は第三次産業全体の5分の4を占め，地域の転換発展の主力となっている．この他，陸家嘴金融貿易区内では企業の創新活動が活発化し，ソフトウェア，電子ビジネスサービス等の先端技術産業の研究機関が集積する産業園区も形成されている．科学技術の創新は現代サービス業発展のための重要な推動力であると同時に，それらの投資性・機能性の高い機関や本社機能など関連する多様な都市機能を持続的に吸引し，それが CBD 内の産業構造の転換をもたらしつつある．2013 年には，陸家嘴金融貿易区には多国籍企業の本部が 84，そのうち世界ランキング 500 位以上の企業，20 余りが CBD 内に地域本部を設置している[11]．

5．空間構造の変容

1980 年代以降，上海の CBD の規模は不断に拡大し，その空間構造にも変化がみられる．西側諸国における CBD の空間構造の一般的な変容プロセスは，「集中—分散—分散的集中」という傾向を示すものであるが，これを機能的な側面から見ると，「商業業務混合機能—単一業務機能—多機能混合」的な螺旋式上昇変容をたどるプロセスといえよう．CBD の発生と発展は，都市社会経済の発展の軌跡と一致する者であり，地域経済が比較的発展した段階で CBD は機能，空間上の展開を示すものであり，上海の CBD の変容もほぼそのプロセス，背景に従ったものであるといえよう．ただし，そのプロセスの進行の速さは，西側諸都市の CBD の形成変容に比べて非常に速いスピードである．その背景には，改革開放政策以降の急速な中国経済の成長，グローバル化への迅速的な対応などが根底にあると思われるが，国・市政府主導で CBD 計画・建設が強力に実行にされたことを指摘しておかねばならない．社会主義市場経済の時代であったことが大きな意味をもつものと考えられる．

陸睿嘴金融貿易区の発展は浦東新区だけではなく，上海経済全体を急速に発展させる．上海のサービス経済化が持続的に進展するに従い，陸家嘴金融中心区は上海 CBD の核心区となり，さらにその発展は，外灘，北外灘，南外灘，万博会場地区と西へ南京路，淮海路へと展開し，大規模な CBD が形成されつつある．空間形態上，延安路—世紀大道の東西方向の帯状地域，加えて黄浦江の南北沿いの河岸地域は「十字星状」の国際的影響力と景観魅力をもった CBD を形成している（図 4）．機能上は多元複合化し，各地区は相互に機能分化し，相互に関連し，浜水地区の景観，リクリエーション，文化機能も含めると，国際的レベル大都市の CBD となったといえよう．

6．上海 CBD の課題と展望

1）陸家嘴 CBD の都市問題と CBD 体系

CBD に多くの機能が集積した結果，混雑，交通渋滞，環境悪化，地価の高騰など集積の不経済による都市問題が深刻化している．このような状況に対しては，副中心 CBD への機能の分散を図ることが提起されている．これは副中心 CBD の建設を強化し，副中心 CBD に主中心である陸家嘴 CBD のもつ機能を分担させる考え方である．

すなわち，主中心 CBD に加えて，副中心 CBD を建設し，市中心への圧力を分散しようとするものである．「上海市城市総体規画（1999-2020 年）」のおいても，上海の中心城区の空間構造を「多心，開廠（開放）」式の構造とし，主中心 CBD 以外に，4つの副中心 CBD を計画

表1　上海市行政区別オフィス床面積（2006 年）

行政区	全市	浦東	黄埔	滬湾	徐滙	長寧	静安	普陀	閘北	虹口
床面積（万㎡）	3,420	910	494	200	243	253	218	146	130	122
比率（%）	100	26.6	14.4	5.8	7.1	7.4	6.4	4.3	3.8	3.6

出典：寧・劉（2006）による

し，CBD 機能を分担させようとしている．それらの副中心 CBD は，徐家滙，花木，江湾―五角場，真如であり，これらによって上海 CBD の体系が形成される．

1986 年の上海市城市総体規画において，徐家滙は総合性副中心として位置付けられていた．徐家滙は上海の都市発展の中軸線上に位置し，全国的にもその建設速度は最速であり，上海の最も成熟した副中心 CBD である．徐家滙 CBD はまず商業機能の集積から始まり，東方，太平洋，六百，滙金，港滙広場等の中高級の百貨大大楼や買物広場が建設され，1つの繁華な市商業中心を形成し，その規模は「中華第一街」の名称である南京路を超えるものとなっている．近年，徐家滙では業務オフィス機能の集積も進み，多国籍企業も立地している．

徐家滙 CBD と比較すると，他の3つの副中心 CBD である花木，五角場，真如は未だ発展途上であり，CBD の萌芽段階にある．いずれの副中心 CBD も，商業機能の集積が主体であり，業務機能の集積は弱い．

2）オフィス業務機能の集積の低さ

上海におけるオフィスビルの分布は分散的でありCBD のオフィス床面積は全市オフィス床面積に占める比重は明らかに低い水準にある．2006 年時点での陸家嘴金融貿易区内のオフィス建築床面積は約 300 万㎡であり，これに浦西の外灘一帯のオフィス，さらに南京西路，淮海東路のオフィスビルを加えると約 700 万㎡となるが，それでも中心城区のオフィス総床面積（約2800 万㎡）の4分の1程度である．ニューヨーク，ロンドン，東京，パリなどの世界都市では CBD のオフィス床面積は全市のオフィス床面積の 50％以上であり，それらと比較しても，オフィス機能の集積度は低い．実際，上海のオフィスビルの分布は比較的分散的な特徴を示している．浦東新区，黄浦区を除くと，長寧，静安，滬湾等の区のオフィス床面積は 200 万㎡を超え，全市的にみても一定の比重を占めている（表1）．その中で，静安区の南京西路では，高機能オフィスビルや高級買回品店，高級ホテル，会議展示場中心の諸機能が集積し，恒隆広場，中信泰富広場，梅隆鎮広場が南京西路「金三角（ゴールデントライアングル)」を中心に，静安 CBD が形成されつつある．また，滬湾区の淮海東路においても，瑞安広場，香港広場，中環広場などを注中心に，一定数以上のオフィスビルと高級ホテルが立地しており．今後も大規模なオフィスビルの建設計画が進められている．これらの副中心 CBD は主中心 CBD（陸家嘴 CBD）の東方向への展開とみることができよう．さらに，上海西部の長寧区のオフィス床面積は徐滙区を超えており，それは虹橋 CBD の形成によるものであり，オフィス床面積は 100 万㎡以上であり，上海の郊区に副中心 CBD の発展が認められる．

Ⅳ　おわりに

CBD は都市において最も繁華な場所であり，都市金融・商業・交易が最も集中するところである．1つの都市の CBD の機能と規模は，その地域と世界経済における地位と作用に反映される．経済のグローバル化が不断に進展するに従い，各都市はグローバル都市ネットワークの重要な結節点になろうとする．都市の中心的競争力はグローバルな資本によって掌握され，金融は経済活動をコントロールし，地域的さらにはグローバルな影響力さらに拡大し，CBD は都市のグローバル化の核心的複合空間である．このことは言い換えれば，1つの強大な CBD をもたない都市は世界都市とはなりえないことを示している．

1980 年代以降，上海の CBD はほぼ一貫して発展し，その空間構造にも変化がみられる．西側諸都市における CBD の空間構造の一般的な変容プロセスは，「集中―分散―分散的集中」，機能的には「商業業務混合機能―単一業務機能―多機能混合」的な螺旋式上昇変容するという類似のプロセスを辿ったといえよう．CBD の発生と発展は，都市社会経済の発展と軌跡を一にするものであり，地域経済が比較的発展した段階で CBD は機能的，空間的な展開を示すものであり，上海の CBD の変容もほぼそのプロセス，背景に従ったものであるといえる．ただし，そのプロセスの進行の速さは，西側諸都市の CBD の形成変容に比べて非常に速いスピードである．その背景には，改革開放政策以降の急速な中国経済の成長，グローバル化への迅速的な対応などが根底にあると思われるが，国・市政府主導で CBD 計画・建設が強力に実行にされたことを指摘しておかねばならない．社会主義市場経済の時代であったことが大きな意味をもつものと考えられる．

1990 年代以降，上海は国際的な世界都市になることを都市建設の大きな目標としているが，現在，上海 CBD の業務オフィス機能の集積規模は，ニューヨーク・ロンドン・東京などの他の先行する世界都市とは大きな差異がある．この差異は上海 CBD の未来には，比較的大きな発展の潜在力があるとみることもできるが，上海 CBD が世界都市の CBD の仲間入りをするには，以下のような努力が効果的であるように思われる．

それは，陸家嘴 CBD において，さらにオフィス機能の集積度を高めると同時に，虹橋 CBD を含めた副中心

CBDからなる上海CBD体系全体としてオフィス機能の集積を高めることが重要であり，それが新しいCBDの在り方の形成とも関連してくるものである．CBD体系は主中心CBDと副中心CBDが全体として，お互いに機能補完しあい，1つのシステムを形成するという一種の都市体系の考え方である．これらCBD体系を計画的に建設するところに中国上海のCBDの形成プロセスの特徴があり，これまでの建設の経緯を見る時，それもかなり短期間で完成させることが期待される．

都市のCBDの規模はその都市の発展の度合によって規定されるものであるが，国家の経済実力，都市の人口規模，社会の発展水準，地理的な環境などの要素によっても影響をうける．しかし，近年，最も重要な要因は世界都市体系の中でその中心的位置である．上海のCBDの建設が飛躍的に進展していることは世界的にも衆目の一致するところであり，今後は世界都市機能をCBDへの集積をCBD体系全体で進めることが，上海市の世界都市化をもたらすことにつながり，上海CBDの世界的地位もより高く重要なものとなると考えられる．

本稿を作成するにあたり，華東師範大学中国現代城市研究中心の寧越敏先生，同じく城市与区域科学学院の曽剛先生，資源与環境学院の谷人旭先生に多くのご教示を頂きました．記して御礼申し上げます．

注

1）北京・上海・広州などの大都市では複数以上のCBDが存在する．

2）これらの金融機関の立地数は寧•劉（2006）による．

3）九十五時代とは，第九•十次五カ年計画の時代をいう．以下，十一五時代・十二五時代も，それぞれ第十一次五カ年計画，第十二次五カ年計画の時代をさす．

4）置換工作とは，政策的に，ある施設建物に入居している機能を別の機能と置き換えることである．これは社会主義体制下の中国ではしばしば強制的に実施される．

5）これらの置換工作に関する数値は包ら（2016）による．

6）これらの諸機能の集積の数値は『2006陸家嘴年鑑』による．

7）これらの数値は『2010陸家嘴年鑑』による．

8）これらの数値は『2010陸家嘴年鑑』による．

9）2014年の金融機関の立地数の数値は包ら（2016）による．

10）2014年の航運業機関の立地数の数値は包ら（2016）による．

11）これらの多国籍企業の立地に関連する数値は『2014陸家嘴年鑑』による．

引用文献

野村総合研究所　1993『情報世紀の育都論』，野村総合研究所．

建設部　2003『当前国内大中城市中央商務区（CBD）規画建設調研報告』，

上海市浦東区陸家嘴功能区域党工委管委会弁公室主編　2006『2006陸家嘴年鑑』，上海三連書店．

上海市浦東区陸家嘴功能区域党工委管委会弁公室主編　2010『2010陸家嘴年鑑』，上海三連書店．

上海市浦東区陸家嘴功能区域党工委管委会弁公室主編　2014『2014陸家嘴年鑑』，上海三連書店．

曽剛・司月芳　2008　上海陸家嘴金融産業群発展研究，地域研究与開発，2008年，第6期

陶建強　2004　上海陸家嘴中央商務区規画開発回眸背景，城市管理，第6期

寧越敏・劉涛　2006　上海CBD的発展及趨勢展望，現代城市研究，2006年，第2期．

包暁霞・唐奇・曽剛　2016　上海CBD発展及対長三角区域経済発展的影響　李国紅・単菁菁主編『中国商務中心区発展報告2（2015）』，67－87．社会科学文献出版社．

楊俊宴・呉明偉　2008『中国城市CBD量化研究－形態・機能・産業－』，東南大学出版社．

李沛　1999『当代全球性城市中央商務区（CBD）規画理論初探』，中国建築出版社．

劉明編　2006『解読CBD』，中国経済出版社．

居住地選好からみた現代日本の都市と地域

若林　芳樹

Ⅰ　はじめに

20世紀終盤から，様々な指標によって都市や地域をランキングし比較する取り組みが活発化している．たとえば，行政機関によるものとして，QOL（生活の質）や幸福度の測定があげられ，民間でも一般雑誌である『東京ウォーカー』の「住みたい街ランキング」，Economist誌の「世界で最も住みやすい都市ランキング」などが定期的に掲載されており，話題を集めている．

そうした動きが盛んになった背景として，グローバル化や新自由主義的政策の進行によって都市・地域間競争が激化し，投資や人を呼び込むための地域の比較や政策評価の手段としてランキングの必要性が高まったことが考えられる．また，企業にとって地域のランキングは，地域特性に応じたビジネスやエリア・マーケティングのための資料としての用途がある．個人にとっても，移動の自由度が高まるにつれて，移住先の情報を得たいというニーズは増えていくであろう．こうした動きに対して田村（2012）は，一種の問題提起としての有用性は認めながらも，データリテラシーの観点から，その利用に当っての注意を喚起している．

一方，地域のランキングは学術的立場からも関心がもたれており，『都市計画』（313号, 2015年）の「都市の評価とランキング」，『地域開発』（599巻, 2014年）の「ランク付け・指標化される都市と地域」など特集記事も組まれている．その中で，亀谷ほか(2015)は，都市・地域のランキングが，経済競争力，環境・健康・福祉，安全・安心，観光，創造性・文化，都市の総合力といった様々な基準で行われてきたことを指摘している．

地理学分野でも，『地理』(61巻12号, 2016年)に「地域の魅力度アップ」という特集が組まれ，ランキングを地域活性化につなげていく可能性が議論されている．その特集に寄稿している田中（2017）は，ブランド総合研究所が実施した「地域ブランド調査」における市区町村の魅力度を構成する要素について定量的分析を試みている．

こうした地域のランキングに使われる指標には，統計データに基づく客観的なものと人間の主観的評価に基づくものがある．地理学でも，予め設定された評価基準に基づく対象地域の主観的評価が，QOLからみた住環境評価，消費者行動，自然災害に対する認識，景観や観光資源，など，さまざまな研究対象に適用され，主として客観指標による環境評価の妥当性を検証するのに用いられてきた．

とくにQOLからみた居住環境評価については，1960年代末に先進資本主義国の政策目標がGNP（国民総生産）に代表される経済成長の追求からQOLの改善へと移行したことにともない，QOLを測定するための社会指標や環境指標の開発が，各国の政府機関やOECD（経済協力開発機構）などの国際機関によって進められてきた．こうした動きについては，地理学でもCutter (1985)，関根 (1993)，Pacione (2003) などによって紹介されている．一般に，社会指標や環境指標は計量可能な客観指標から構成されるが，その妥当性を評価したり総合指標化するためには，人間の主観的評価に基づいて個別指標の重みを算出する必要がある．そのため，QOLの総合評価には客観指標と主観指標とが補完的に用いられることが多い．

たとえば日本政府は，国民生活選好度調査における60項目に対する充足度と満足度の評価結果に基づいて，客観指標を重みづけした新国民生活指標（PLI：「豊かさ指標」とも呼ばれる）を1992年から公表するようになった．しかし，低い順位にランキングされた自治体から不満が寄せられるなど物議を醸したことから，1999年以降，都道府県の順位は公表されなくなった．ところが，その後もマスコミや民間調査機関では，地域間競争をあおるかのように，さまざまな指標による地域のランキングが頻繁にとりあげられているのは前述の通りである．今世紀に入ってからは，新たに幸福度を指標化する取り組みも取り組まれているが，これはブータンのGNH（国民総幸福量）にならって考えられたものである．これを用いた例としては，OECD（2014），日本総合研究所（2014），荒川区の区民総幸福度 (GAH) などがある．

このような主観的側面から地域の環境を評価する取り組みは，地理学ではGouldの居住地選好地図（メンタルマップ）に一つにルーツがある．Gouldらによる居住地選好地図の作成（Gould and White, 1974）は，行動地理学の主要テーマでもあるが，彼らは世界各地の高校や大学で，学生に「全く自由に選べるとしたらどこに住みたいか」という質問をし，国内の諸地域を好みに従って順位づけさせた．そのデータに潜む選好パターンの共通成分を抽出して居住地選好地図を描いている．

Gould らがメンタルマップ研究の一環として取り組んだ居住地選好分析は，その後，地域間比較（Gould and White, 1974），評価主体による差異（Gould and Lafond,1979; Johnson and Brunn,1980），時系列比較（Gould, 1983），分析技法の改良（Thill and Sui, 1993）QOL との関連性（藤目 , 1993），といった多様な展開をみせている（伊藤・若林 , 2001）．その一つである時系列比較の事例として，Gould and White (1974) によるアメリカ合衆国の「南部のイメージが変わりつつある」という指摘を追跡調査で検証した Gould (1983) の研究は，この間の人口動態を反映して北東部のスノーベルトに属する諸州の評価が低下し，サンベルトの中でも南部の評価が高まったことを確かめている．一方，Heatwole (1993) は 1977 ～ 1991 年の 1 年おきに大学生に居住地選好を調査した結果を報告しているが，災害や天候，マスコミ報道の影響によって一時的な変化はあるものの，基本的な傾向は過去の研究事例と同様であった．

日本でも都道府県の居住地選好体系を分析した中村 (1979) をはじめとして，いくつかの事例研究はあるものの，多くの場合，調査時期の時代背景をふまえた考察はほとんどなされず，厳密な意味での時系列比較を行った例はない．しかし，メンタルマップの評価的側面は変化しやすく，対象時期の社会経済的状況による影響は小さくないと考えられる．本研究の第 1 のねらいは，日本の居住地選好パターンの変化を分析し，その要因について調査当時の社会経済的状況をふまえた考察を行うとともに，居住地選好の安定的成分と可変的成分を検討することにある．

本研究の第 2 のねらいは，居住地選好を構成する 2 つの成分を分けて捉えることである．Gould and White (1974) は，様々な地域に住む人たちの居住地選好地図を比較しながら，地元を高く評価する局地的傾向と，あらゆる地域に共通する全域的傾向があることを見い出した．このうち局地的傾向は，「住めば都」というように，住み慣れた場所に対する愛着や郷土愛を反映したもので，個人の体験に基づいて形成されたものである．一方，全域的傾向は，観光・リゾート地が高く評価されるような特徴があり，住んだことがなくてもマスメディアや旅行経験などによって形成される地域へのあこがれを反映している．これら 2 つの成分は，Gould の居住地選好分析では予め分離されておらず，結果を地図にして初めて明らかになる．しかし，これらの成分は前述のような形成過程をふまえると，最初から区別して扱うべきものと考えられる．

これら 2 成分を分けた上で，両者の関係を考える際に手がかりになるのが，居住地移動モデルにおける 2 段階意思決定過程である（若林 , 1998）．その古典的なモデルを提示した Brown and Moore (1970) によると，居住地選択過程は移動先の探索の決定と移動先の決定という 2 つの段階に大きく分けられる（図 1）．

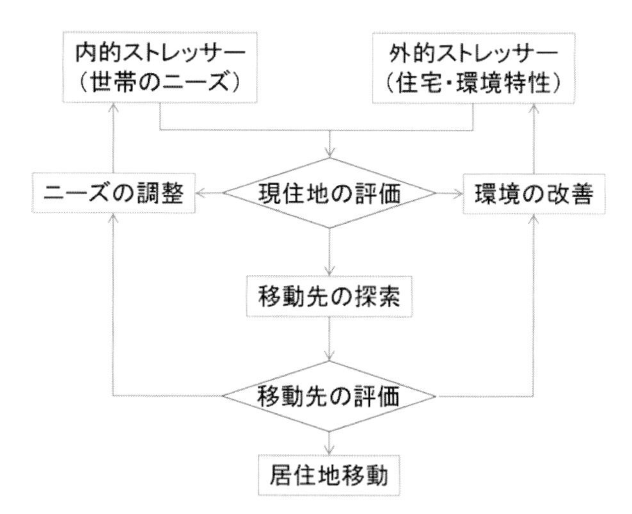

図 1　居住地選択の 2 段階モデル
Brown and Moore(1970) などに基づいて作成

新居の探索に至る引き金となるのは，個人や世帯のニーズに由来する内的ストレッサーと住宅や住環境に起因する外的ストレッサーである．このうち後者は，現住地に対する住み心地の評価に関係する．これらによってもたらされるストレスが許容範囲を超えると，移動先の探索という次の段階に進む．探索によって獲得される住宅情報には，情報源によって空間的な偏りがみられるが，現実にはこうした不完全な情報に基づいて，選択肢となる地域に対する居住環境評価が行われ，移動先が決定される．もし候補となる住宅が希望に合わない場合は，世帯の側でのニーズの調整，もしくは現住地の環境の改善という選択肢も残されている．つまり，居住地移動における第一段階の移動の決定を左右するのが現住地の居住環境評価であり，その後に続く選択肢の評価に関係するのが他地域に対する居住地選好である．Gould らの居住地選好調査では，これらが一緒になって調査されたため，選好局面に全域的傾向と局地的傾向という 2 つの成分が混在していたが，これらは形成過程や性質に違いがあり，行動への作用の仕方も異なると考えられる．

以上のことをふまえて，本研究は，(1) 同一地域に対する居住地選好の時系列比較を行い，居住地選好の安定性と可変性を検討すること，(2) 居住地選好からみたメンタルマップの 2 成分を分けて捉えた上で，両者の関係を検討することを目的とする.

II 研究方法

本研究では,居住地選好,居住環境評価に関する既存の調査結果を用いて分析を行う.

全国の都道府県に対する評価については,NHK県民意識調査をとりあげる(NHK放送世論調査所編1979a,b; NHK放送文化研究所,1997a,b).これは,1978年と1996年に実施され,その後は継続した調査は行われていないものの,各都道府県の16歳以上900人をランダム・サンプリングし,合計で1978年は32,421人,1996年は29,620人から回答を得た大規模なものである.調査内容には,郷土意識や道徳観といった県民性に関わる項目が大半を占めるが,その中に「住む場所を自由に変えることができるとしたら,どの都道府県に住みたいですか」という居住地選好を尋ねた項目がある.本研究で用いるのは,それを都道府県別に集計した結果である.

ただし,この調査は従前の居住地選好研究と比較すると,質問内容は類似しているものの,いくつかの点で違いがある.まず,最も住みたい都道府県を択一式で回答しているため,各回答者の2位以下の選好先は不明で,都道府県単位での集計データとしてしか利用できない.また,現住する都道府県は対象になっていないため,選好の局地的傾向は捉えられない可能性がある.その代わり,調査項目中に「今住んでいるところは,住み良いところだ」という自県の住み心地を尋ねた項目があるので,その肯定的回答の割合を現住地の住環境評価として使用することができる.調査対象者も,Gouldが対象にした学生だけではなく,年齢や職業を異にする多様な層にわたるため,サンプルの性格づけが難しいことは否めない.さらに,1978年の結果については各都道府県の上位3位までの選好先しか公表されていないため,年次比較は上位の選好先に限られる.こうした点をふまえて,本研究では回答者が居住する都道府県ごとに上位3位までの選好先を計算し,居住地選好の一般的傾向を集計的レベルで分析するとともに,その変化を定量的に検討する.

III 全国都道府県に対する評価

1.居住地選好の時系列比較

日本の居住地選好からみたメンタルマップ研究の先駆けとなった中村(1979)の研究は,全国の6都市の高校生による都道府県の居住地選好データを収集し,年次ごとに主成分分析を行った後,さらにその得点を用いた主成分分析を行い,主成分得点の分布を分析した.その結果,回答者の居住地を高く評価する地域的傾向,観光イメージの強い県を高く評価する全国的傾向,それに農村と都市の対比を見出した.調査時期が1970年代中頃でオイルショック後の景気後退期にあたり,大都市からの人口還流(Uターン移動)も顕在化した時期であったため,東京に対する選好は必ずしも高くなかった.ここでは,その後の変化を,全国県民意識調査の結果を用いて分析する.

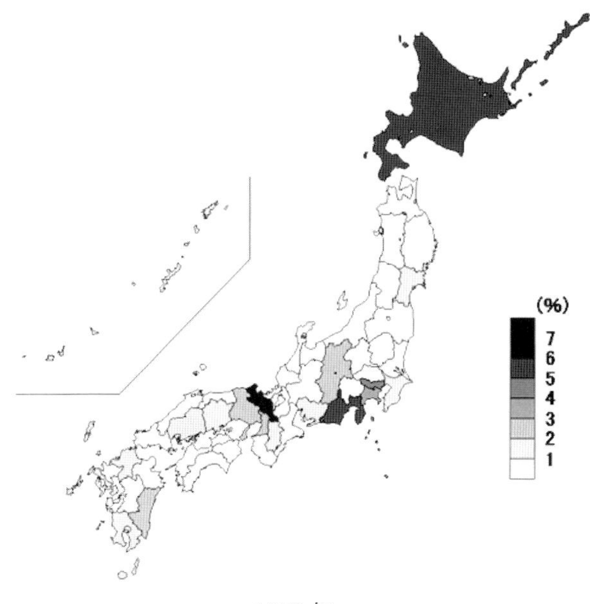

1978年

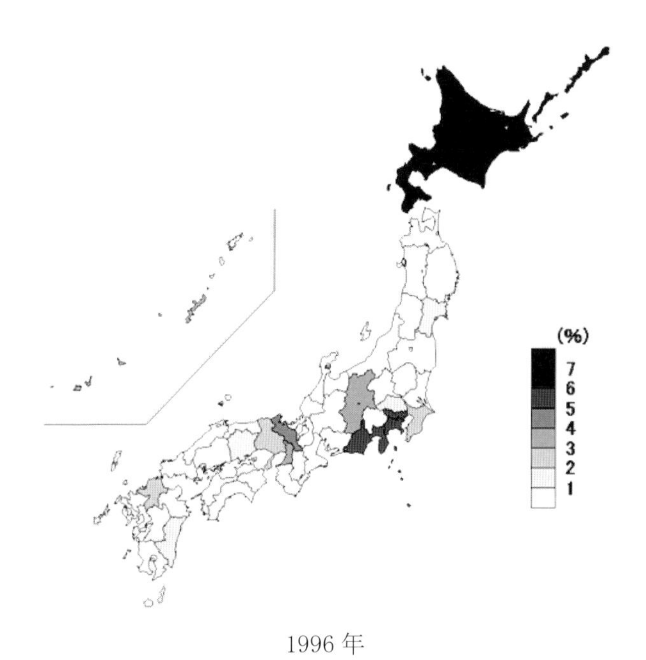

1996年

図2 全国の回答者による選好率の分布
全国県民意識調査の結果に基づき作成.

まず全国共通の選好パターンを抽出するために,全国の回答者が選好先に選んだ比率(選好率)を図2に地図化した.また,都道府県による選好先の違いをみるために,各都道府県から選好先上位3位以内でかつ5%以上の選好率の地域を線で結んだのが図 3 である．

1978 年における全国の選好率（図 2）を見ると，北海道，静岡，京都が主要な選好先になっている．図 3 によると，北海道は全国で，静岡は東日本で，京都は西日本の府県で，それぞれ上位の選好先に位置していたことがわかる．それに次ぐ選好先は，宮城，東京・神奈川，大阪，福岡などの大都市を含む都府県である．ただし，各県の上位の選好先をみると，図 3 のように，これらの大都市所在都府県を指向するのは近隣の府県にとどまることがわかる．

1996 年になると，主要な選好先の中で京都と静岡の選好率は低下し，北海道と沖縄の選好率が全国的に高まっている．一方，大都市を擁する都道府県のうち，宮城，東京，福岡に対する各地方ブロックでの選好率が上昇しているのが眼を引く．全体的にみると，北海道と沖縄を除いて選好先は多極化し，近隣の都府県への選好率が高まっているのがわかる．このように，両年次とも北海道・静岡・京都・沖縄といった著名な観光・リゾート地を含む府県で高い得点が現れているのは，中村 (1979) の研究結果と符合する．それに加えて，東京・大阪などの大都市や，宮城・福岡など地方の拠点都市の所在地でも比較的高い選好率がみられる．

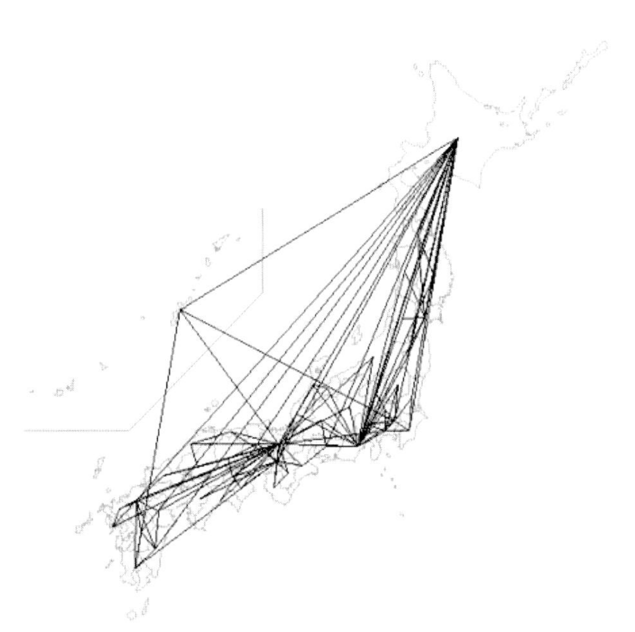

1978 年

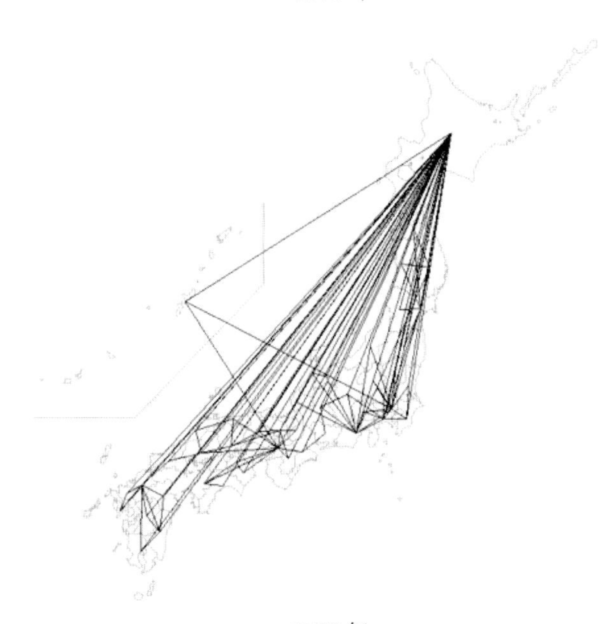

1996 年

図 3　各都道府県からの主要な選好先
全国県民意識調査の結果に基づき作成．

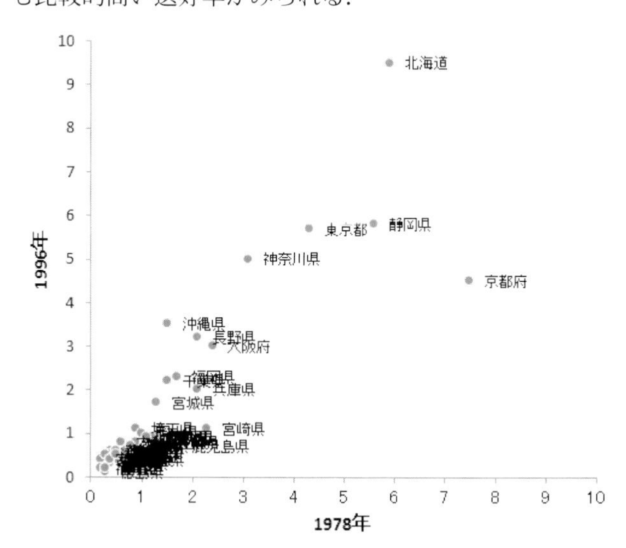

図 4　1978 年と 1996 年の選好率の相関
全国県民意識調査の結果に基づき作成

二つの年次での変化をより詳しく捉えるために，都道府県別選好率の散布図を作成した（図 4）．両年次の間で相関係数を求めると，R = 0.881 と強い相関がみられることから，基本的な選好パターンには変化がなかったといえる．しかし，グラフの対角線より上に位置する北海道や沖縄は，この期間に選好率が顕著に増加したことになる．各県の観光入込客数のデータをみると，1978 ～ 1996 年にかけて北海道は 1.67 倍（北海道経済部観光局のデータによる），沖縄県は 2.30 倍（沖縄県『観光要覧』による）と，1970 年代後半から両県の観光客は顕著に増加している．このことから，観光イメージの高まりが北海道と沖縄の選好率の高まりの背景にあるといえる．ただし，1996 年の選好先のパターン（図 3）では，北海道は広範囲から選好されているのがわかるが，沖縄が上位 3 位以内の選好先に含まれる地域は必ずしも多くないという違いがある．一方，京都や宮崎など従来からの観光・リゾート地をもつ府県の選好率が低下しているのは，観光の形態や指向先が変化してきたことも理由として考えられる．

ここで，調査時期の社会経済的状況から変化の要因を

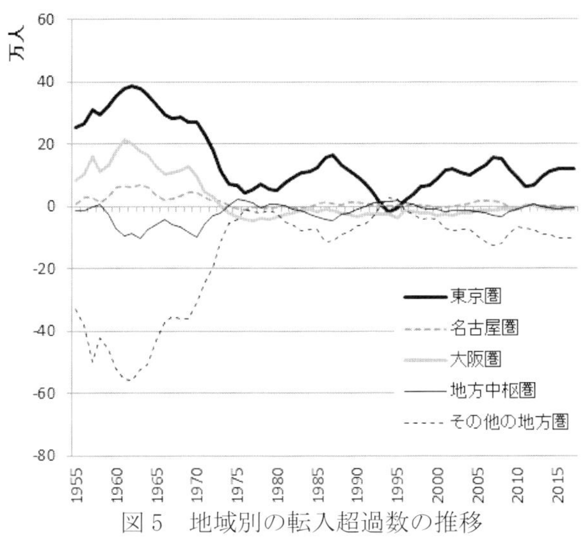

図 5　地域別の転入超過数の推移
東京圏は東京都，埼玉県，千葉県，神奈川県
名古屋圏は愛知県，三重県，岐阜県
大阪圏は大阪府，京都府，兵庫県，奈良県
地方中枢圏は北海道，宮城県，広島県，福岡県
資料：住民基本台帳人口移動報告（1972 年以前のデータに沖縄県は含まれない）

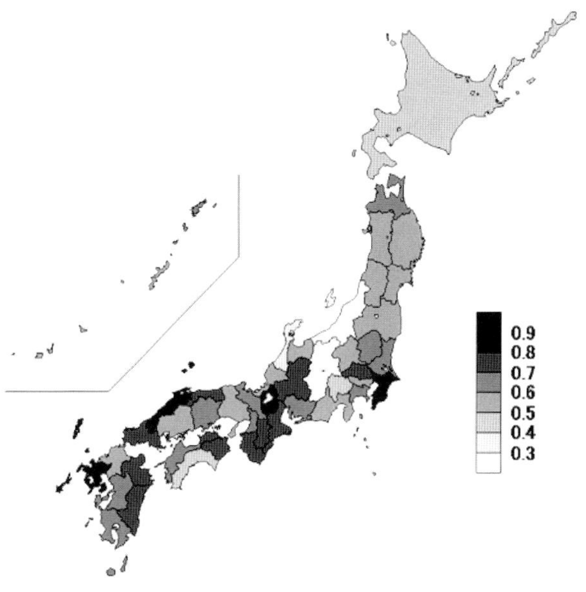

図 6　都道府県の人口移動率と選好率の相関係数
住民基本台帳人口移動報告，
全国県民意識調査の結果に基づき作成

考えてみたい．2 つの調査対象時期の人口移動の趨勢は，大都市圏と非大都市圏との間での移動が均衡化していた点で類似しており，とくに 1996 年頃は三大都市圏の人口移動が転出超過の状態にあった（図 5）．こうした人口移動パターンの変化は，居住地選好パターンの多極化傾向とも符合するが，東京・神奈川への選好率が高まったこととは相容れない．これについては，両年次にはさまれた 1980 年代後半のバブル経済期に生じた東京一極集中の余韻とみることもできるが，別の要因として，高度経済成長期に大都市に移動した地方出身者の第二世代が増えたことも考慮すべきであろう．いわゆる団塊ジュニア世代が含まれるこの年齢層は，成人して調査対象に含まれるようになった 1996 年には，故郷を地方圏にもつ第一世代とは異なるライフコースをたどることが予想され（中澤，2010），生まれ育った大都市圏に対する選好率がもともと高い可能性がある．

じっさいに都道府県人口移動の傾向と居住地選好がどの程度関連しているかをみるために，都道府県間の居住地選好行列が得られる 1996 年について，人口移動率と選好率との相関を求めてみた．図 6 は，住民基本台帳人口移動報告の都道府県間移動者数から 1996 年前後の 1 年を含む 3 カ年移動平均を求めた人口移動率と，選好率との相関係数を示したものである．これによると，北海道と長野を除いて 1% 水準の有意な相関（r = 0.321 ～ 0.952）が得られ，選好パターンには人口移動の傾向がある程度反映されている．ここで，都道府県ごとに人口移動率を説明変数とし，選好率を目的変数とした回帰分析を行い，標準化残差の平均を求めたのが図 7 である．この図から，北海道などの観光・リゾート地で正の残差が高いことがわかる．つまり，人口移動で説明できない居住地選好パターンには，観光地としての魅力度が作用している可能性がある．とくに北海道は両年次間で突出して選好率が高まっていたが，これは日本観光協会が集計した都道府県別入込客数が，この間に 60%（5 千万人増）の高い伸びを示していることからも理解できる．沖縄については，1990 年代のポピュラー音楽や映画・ドラマを通じた沖縄ブームの影響が考えられる．こ

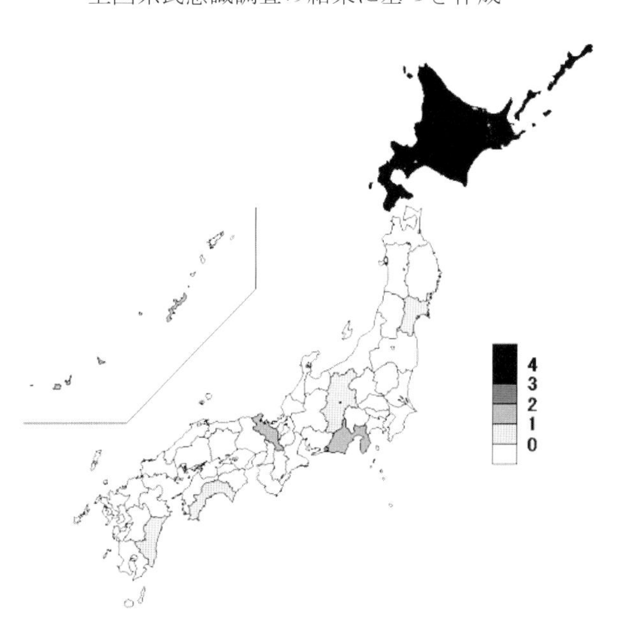

図 7　選好率と人口移動率の回帰分析による標準化残差の平均値の分布
住民基本台帳人口移動報告，
全国県民意識調査の結果に基づき作成．

れによって，1990年には300万人台だった沖縄県への観光客数は､2003年には500万人を突破している(沖縄県観光商工部の資料による)．そのため，人口移動と居住地選好とのズレは，観光行動の変化や観光プロモーションの効果によって概ね説明できる．

人口移動が居住地選好に直結しないもう一つの理由として，実際に移動する年齢の偏りが考えられる．年齢別に人口移動率をみると，一般に進学や就職による転居が多い10代後半から20代前半で最も高いことが知られている．しかし，本研究で使用したデータは，あらゆる年齢層にまたがっており．必ずしも若年層の居住地選好を的確に捉えているとは限らない．そのため，人口移動との対応をみるには，年齢層やライフステージごとに居住地選好を調べる必要がある．

そのほか，一時的な作用として，災害の影響も考えられる．1996年の前年には阪神淡路大震災が発生したため，その影響も想定して分析を行ってみたが，京都以外に京阪神の選好率が顕著に低下した事実は確認できなかった．Heartwole (1993)は，1989年のサンフランシスコでの地震の後，カリフォルニアの選好得点が一時的に低下したものの，2年後の調査結果では選好得点が回復していたことを報告している．このことから，災害は一時的な影響しかもたらさないのかもしれない．

では，東京一極集中が再び進んだ2000年以降の居住地選好はどう変わっただろうか．全国県民意識調査は1996年が最後で，その後の居住地選好の変化は不明であるが，一つの手がかりとして，田中（2016）が用いているブランド総合研究所の「地域ブランド調査」による調査結果がある．この調査では，様々な側面から地域の魅力度を調査した中で，「居住意欲度」が居住地選好に近いと考えられる．その2014年の結果を地図にすると，図8のように，概ね1996年と類似したパターンがみられる．調査方法や質問事項がNHKの調査と異なるため，単純な比較はできないものの，大都市圏や宮城，広島，福岡など大都市を含む県の評価が高まっている点は,図5に示した人口移動の趨勢とも符合している．また，選好率の分布にやや西高東低の傾向がみられるのは，中村 (1979)の結果とも類似しており，日本の居住地選好では不変的性質なのかもしれない．

2．住み心地からみた都道府県の評価

全国県民意識調査では，居住地選好の評価は回答者が住む都道府県は対象外であったが，これとは別項目で，現住地の住み心地を尋ねた質問項目がある．その結果を1978年と1996年について示したのが図9である．「住みよい」と答えた人の割合は，全体的に非大都市圏で高く，とくに東北から北陸にかけての日本海側と，南九州で高い．こうした傾向は，政府が新国民生活指標など客観指標を用いた従来のQOLの計測結果とも類似している．

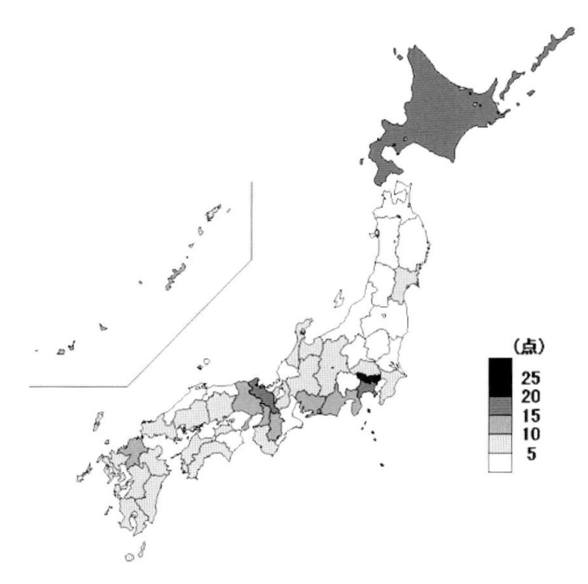

図8　地域ブランド調査による2014年の居住意欲度
2014年地域ブランド調査の結果により作成

1978～1996年の変化をみると，2つの年次の間で相関はあまり高くない（R=0.481)．図10に示した相関図によると，東京圏の埼玉，千葉，東京は住み心地の評価は低い水準にとどまっているのに対し，愛知，徳島，群馬，新潟，宮崎で上昇したことがわかる．その詳しい原因は不明であるが，住み心地の評価は順位の変動が大きく，居住地選好ほど安定した傾向がみられないといえる．ただし,「住みよい」と答えた人の割合のレンジ（最大値と最小値の差）は，1978年の16.2から1996年には12.3と減少し，地域差は縮まっていることがわかる．また，いずれの年次も75%以上の回答者は「住みよい」と回答しており，住み慣れた場所を好意的に評価する傾向が認められる．このため，Gouldらが行ったように，自県も含めた居住地選好を調べてみれば，従前の研究と同様に，地元を好意的に評価する局地的高まりがみられるはずである．ただ,その強さには地域差があり，非大都市圏の方が全体的に高くなる傾向がある．

3．居住地選好と住み心地の関係

これまでの分析結果の関係を数量的に評価するために，居住地選好と住み心地，および年次間の相関係数をまとめたのが表1である．選好率と住み心地については，それぞれ二つの年次間で有意な相関がみられる．しかし，選好率と住み心地の間には明確な関係がなく，有意な負の相関がみられることもある．つまり，他の地域から選

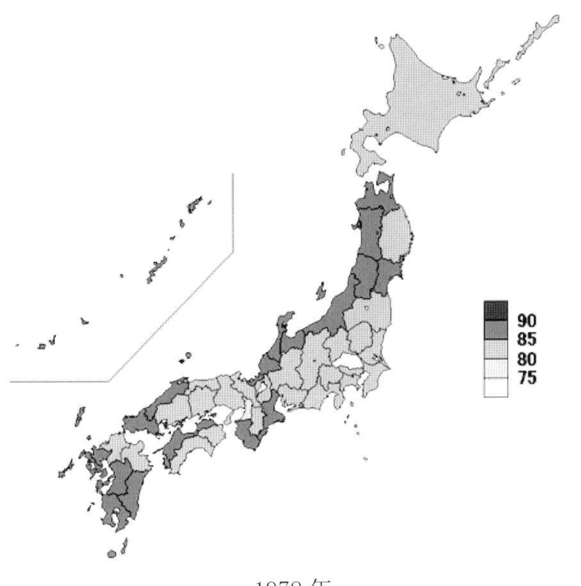

1978 年

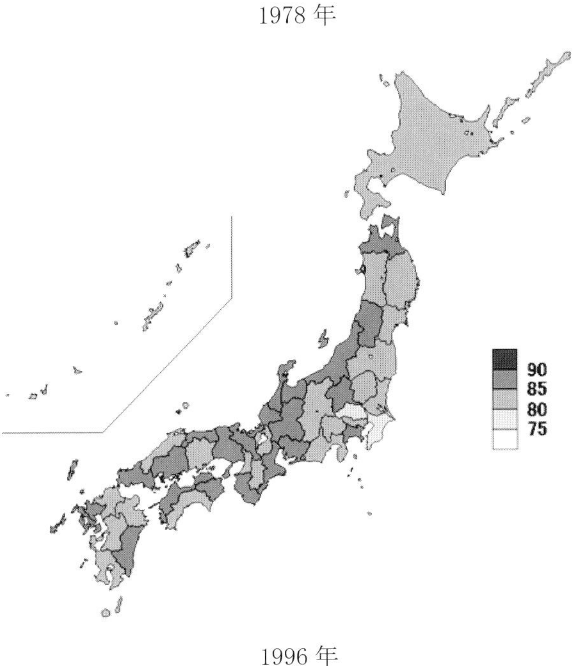

1996 年

図 9 「住みよい」と答えた人の割合
全国県民意識調査の結果に基づき作成

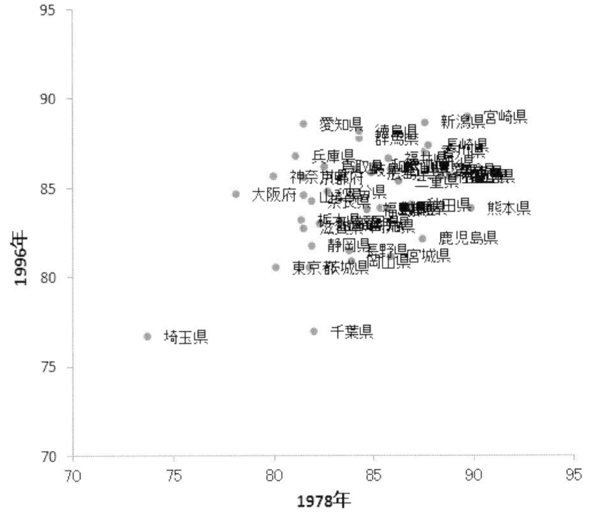

図 10 1978 年と 1996 年の住みよさの相関
全国県民意識調査の結果に基づき作成

表 1 異なる年次の選好率・住みよさの相関関係

	選好率 (1978)	選好率 (1996)	住みよさ (1978)
選好率 (1996)	0.8809 **	—	—
住みよさ (1978)	−0.3343 *	−0.3916 **	—
住みよさ (1996)	−0.1688	−0.2918 *	0.4805 **

** p<0.01, *<0.05

好される都道府県は，居住者には必ずしも住みよいとは評価されていないのである．

これらの関係をより詳しくみるために，都道府県別に選好率と住み心地の相関を示したのが図 11 である．選好率が高いのに住み心地は低評価なのが，北海道，静岡，京都などである．これらの道府県は，観光イメージによって他県から高い選好を集めたものの，居住者の住み心地はそれほどよくないと考えられる．一方，選好率は低いが住みよさは高評価なのは，北陸地方と南九州などの地方圏に多いことがわかる．

Ⅳ まとめと考察

以上の分析から，居住地選好を異なる時点で比較すると，そこには安定的成分と可変的成分がみられ，時代の状況をふまえた結果の解釈が必要であることを示すことができた．そのうち安定的成分については，異なる時点での選好率の間で有意な正の相関がみられたことから明らかである．日本の場合，とくに大都市圏や西南日本，北海道などが一貫して選好先として高く評価されてきた．一方の可変的成分は，観光の魅力度にも左右されるところが大きいため，観光プロモーションが果たす役割は小さくないと考えられる．これを応用すれば，東京一極集中の解決に向けて地方移住を促す取り組みに居住地選好の知見を生かすこともできるかもしれない．じっさい，Gould and White (1974) も居住地選好研究の応用例の一つとして，へき地への人材配置の問題をとりあげており，無知や偏見を正して人を地方に移住させる方法を検討していた．

しかし，居住地選好は人口移動と即座に結びつくわけではなく，選好と行動の間には様々な要因が介在する．その一つとなる距離の制約は，交通・通信技術の発達とともに低下してきており，最近ではテレワークなどの新たな就業形態も登場し，仕事先の選択肢も拡大している．また最近の人口移動では田園回帰や UJI ターンの動きが関心を集めており，従来は見過ごされてきた引退に伴う高齢者の移動が進展しているという石川 (2016) の指摘もある．こうした状況が進むと，居住地選択の自由度はいっそう高まってくると予想される．その点で，居住地選好研究の今日的意義は再評価されるべきかもしれない．

本稿のもう一つの着眼点であった，居住地選好の成分を二つに分けることについては，その妥当性が確認できた．とくに，現住地の住み心地に対する評価の高さと，他地域からみた居住地選好の強さは明確な相関はみられなかったことから，異なる性質をもち要因も異なることが明らかである．ただし，本研究で用いた全国県民意識調査のデータは，多様な集団が含まれるため，個人属性によって選好パターンが異なるとすれば，サンプルを細分化した調査と分析も必要であろう．とくに高齢化によって人口構成が変化すると，評価結果もその影響を受ける可能性があるが，個人の属性の違いに由来する構成効果と地域の環境に影響を受ける文脈効果とを区別するのに適したマルチレベル分析の利用も検討に値する．

一方，居住地選好の二成分のうち自地域への評価は，QOL や幸福度にも関連することから，国や自治体の政策評価などの実践的な場面に応用できる可能性がある．冒頭でも述べたように，QOL をはじめとする環境指標は，国や地方自治体など様々なレベルで作成され，比較的豊富な研究の蓄積がある．それらの知見を取り入れたり，逆にそこに地理学の側での研究成果を応用することにより，研究の活性化が期待できる．

こうした面で一つの可能性があるのは，行動経済学の知見の応用である．行動地理学と同様に，経済人モデルからの脱却をめざす行動経済学は，20 世紀末から盛んになってきたが，その代表的研究者であるカーネマン (2014) の著作には，居住地選好の説明に利用できる知見が含まれている．それは，焦点錯覚 (focusing illusion) という性質で，調査時に回答者が注意を向けた一要素が評価全体に影響し，他の要素は無視されるというものである．これを本研究の結果に当てはめれば，北海道や沖縄を居住地選好で高く評価する人は，映像や雑誌などで見た富良野・美瑛の雄大な風景や沖縄のビーチなど，観光リゾート地の風景を思い浮かべていたかもしれない．しかし，そうした景色が楽しめるのは 1 年のごくわずかな時期でしかなく，残りの時期は厳しい寒さ・暑さの中で過ごすことになるため，実際の住み心地は快適ではないかもしれない．こうして選好と住み心地の乖離がもたらされる理由の一端が説明できる．また，行動経済学では前述の幸福度も研究対象になっていることから，今後は行動地理学との接点で取り組める新たなテーマの一つになるかもしれない．

引用文献

石川義孝　2016　日本の国内引退移動再考．京都大学文学部研究紀要 55: 135-166.

伊藤修一・若林芳樹　2001　都道府県の居住地選好パターンの変化とその要因．2001 年度人文地理学会大会．

NHK 放送世論調査所編　1979a　『日本人の県民性：NHK 全国県民意識調査』日本放送出版協会．

NHK 放送世論調査所編　1979b　『全国県民意識調査』日本放送出版協会．

NHK 放送文化研究所編　1997a　『現代の県民気質：全国県民意識調査』日本放送出版協会．

NHK 放送文化研究所編　1997b　『データブック全国県民意識調査』日本放送出版協会．

OECD 編，徳永優子・来田誠一郎・西村美由紀・矢倉美登里訳　2014　『OECD 幸福度白書』明石書店．

カーネマン , D. 著，村井章子訳　2014　『ファスト＆スロー（上・下）』早川書房．Kahneman, D. 2011. Thinking, fast and slow. Penguin.

亀谷淳平・木下隼斗・桐山弘有助・壇辻貴生・野地美里・増山和大　2015　都市の評価とランキングのレビュー．都市計画 313: 4-9.

関根智子　1993　生活の質と生活環境に関する地理学的研究－その成果と展望－．経済地理学年報 39: 221-238.

田中耕市　2016　「地域の魅力度」への一考察．地理 61(12): 18-23.

田中耕市　2017　「地域ブランド調査」における地域の魅力度の構成要素．E-journal GEO 12(1): 30-39.

田村　秀　2012　『ランキングの罠』筑摩書房．

中澤高志　2010　団塊ジュニア世代の東京居住．季刊家計経済研究 87:22-31.

中村　豊　1979　わが国のメンタルマップの空間的パターンと居住地選好体系．人文地理 31: 307-320.

日本総合研究所編　2014　『全 47 都道府県幸福度ランキング　2014 年版』東洋経済新報社．

藤目節夫　1993　QOL とメンタルマップの空間的パターンの相関性．愛媛大学法文学部論集 文学科編 26: 19-51.

若林芳樹　1998　多摩ニュータウンにおける住民意識からみた居住環境評価．理論地理学ノート 11: 9-29.

Brown, L. A. and Moore, E. G.　1970　The intra-urban migration process: a perspective. Geografiska Annaler 52B: 1-13.

Cutter, S.　1985　Rating Places: A geographer' s view of quality of life. AAG Resource Publications in Geography.

Gould,P　1983　Gettingg involved in information and ignore. Journal of geography 82(4):158-162.

Gould,P. and Lafond,N.　1979　Mental maps and information surfaces in Quebec and Ontario. Cahiers de geographie du Quebec 23(60): 371-398.

Gould, P. and White, R.　1974　Mental Maps. Penguin Books. Ltd.: Harmondsworth. グールド, P. ホワイト, R. 著，山本正三・奥野隆史訳 1981.『頭の中の地図―メンタルマップ―』朝倉書店.

Heatwole,C.A.　1993　Change in mental maps. Journal of Geography 92(2): 50-55.

Johnson,J.H., Jr. and Brunn,S.D.　1980　Residential preference patterns oh Afro-American college students in three different states. Professional Geographer 32(1): 37-42.

Pacione, M.　2003　Quality-of-life research in urban geography. Urban Geography 24: 314-339.

Thill,J.C. and Sui,D.Z.　1993　Mental maps and fuzziness in space preferences. Professional Geographer 45(3): 264-276.

高齢化する郊外住宅団地における介護サービス事業の増加と利用の特徴

由井　義通

Ⅰ　研究の背景と目的

「住宅双六のあがり」といわれた郊外住宅団地は，近年急速な高齢化を迎えている．その理由は，高度経済成長期において短期間で，しかも間取りや販売価格帯において多様性の無い単調な住宅が大量に供給されたために，ライフステージ，年齢構成，社会的地位がほぼ等質的な居住者構成となりがちであったことにある．そのため，多くの郊外住宅団地では入居開始から 30 年以上経過すると，世帯主夫婦の高齢化による高齢者数の増加（絶対的高齢化）と就職や婚出による若年世代の減少による高齢者の比率の上昇（相対的高齢化）が並行して進行することによって，高齢化が著しく進行した状態となる（由井ほか，2014）．このようなメカニズムによって高齢化が進行した結果，高齢者の死去や施設入居のための転出によって，郊外住宅団地では空き家が増加しつつあり，防犯や防災面において深刻な問題が生じつつある（由井ほか編著，2016）．

郊外住宅団地は，開発当初において子育て世代を入居者として想定して計画されていることが多く，住宅団地内の施設は，幼稚園などの子育て関連施設や小学校などの教育施設，食品や日用品の購入先としての商業施設，また子どもたちの遊び場となる児童公園が計画的に配置されているものが多い．しかし，住宅供給開始から 30 年以上経過すると，住民の高齢化によって，小学校では児童数が大幅に減少して空き教室が発生し，住宅団地中心部で若年の子育て世帯向けに商品をそろえた商業施設は，高齢化した住民のニーズに応えることができないことも多く，商店の閉店が相次ぎ，シャッター通りとなったところも数多くみられる．そのような深刻な状況に対して，リノベーションによって中古住宅を流通市場に乗せた取り組みや若者の居住を呼び込んだ取り組みなどのさまざまな住宅団地活性の試みが全国各地で行われている（若林・小泉，2014）．

郊外住宅団地居住者の高齢化の進行のなかで，近年，郊外住宅団地内に介護サービスを提供する高齢者向け施設が増加している．地理学では，高齢者介護・福祉サービスの地域差に関する研究が多数行われており，なかでも大都市郊外地域における介護・福祉サービスの事業所立地展開について検討した研究には，宮澤 (2003, 2010)，畠山 (2004，2005，2012) などがある．

郊外住宅団地は元来子育て世帯向けに計画され，それらの世帯向けに整備された施設は高齢化した住民属性とは合致しなくなり，高齢者向けの生活利便施設や福祉施設の整備が求められている．そこで本研究は，従来の研究で明らかにされた介護・福祉サービスの立地に関する研究ではなく，郊外住宅団地における高齢者向け福祉施設のうち，通所介護や入所介護施設などの介護保険サービス事業所への用途変更に注目し，広島市の郊外住宅団地における住居や商業施設などから介護福祉施設への用途変更とそれらの事業所の利用状況について検討することを目的とする．

Ⅱ　郊外地域で増加する介護保険サービス事業

郊外住宅団地はもともと子育て期の核家族世帯を対象として開発されることが多かったため，高齢者向け福祉施設を開発計画策定段階から取り入れたり，当初の開発時において設置されたりしたことはほとんどなかった．しかしながら，住民の高齢化によって，介護保険サービス事業は郊外地域に多く立地するようになっている．既存の住宅団地内の空き地や住宅団地の隣接地には大規模な特別養護老人ホームがいくつか開設されており (写真 1)，住宅団地住民や住宅団地の周辺地域の住民だけではなく，広く市内全域からの入居者を集めている．

このような大規模な福祉サービス事業所が住宅団地内に開業が可能になったのは，高齢者の増加とともに，住宅団地内に売れ残っていた十分な広さの空き地があったことや，住宅団地の需要低下による地価の下落などを

写真 1　介護サービス事業所の所在地

理由として，まとまった土地の取得が容易となったことも原因として考えられる．

表1は広島市における介護保険サービス事業者の立地について，住宅団地内に立地しているかどうかを個別に住宅地図と照合して検討したものである．広島市内の介護保険サービス事業者の合計は2,218事業となっているが，事業所の中には，複数の事業を兼ね備えた事業所も多い．また，住宅団地に道路を隔てた隣接地にも立地している事業所がいくつか見られたが，本研究では住宅団地内に立地している事業所のみを取り上げた．団地内か否かをサービスごとに集計した結果，住宅団地内には通所介護が最も多く，次いで居宅介護支援，訪問介護，短期入所生活介護，地域密着型通所介護の順となっている．事業所数としては居宅介護支援が住宅団地内に多いものの，総事業数に対する住宅団地内に立地した事業数の割合からみると，介護老人福祉が15.3%，短期入所生活介護13.1%，通所介護が12.3%となっている．これらの福祉事業の大部分は，住宅団地の開発直後から立地していたものではなく，住宅団地住民の高齢化に対応して最近10年間に開業されたものが多い．

表1　介護サービス事業所の所在地

サービス種類	住宅団地外	住宅団地内	総計
介護予防支援	39	2	41
介護老人福祉施設	51	8	59
介護老人保健施設	17	4	21
短期入所生活介護	130	16	146
短期入所療養介護	52	5	57
地域密着型介護老人福祉施設入所者生活介護	6		6
特定施設入居者生活介護	41	6	47
認知症対応型共同生活介護	140	10	150
認知症対応型通所介護	24	4	28
居宅介護支援	328	29	357
居宅療養管理指導	8	1	9
小規模多機能型居宅介護	37	2	39
地域密着型通所介護	136	17	153
通所リハビリテーション	87	7	94
通所介護	327	38	365
複合型サービス(看護小規模多機能型居宅介護)	3		3
定期巡回・随時対応型訪問介護看護	16	2	18
訪問リハビリテーション	5		5
訪問介護	317	23	340
訪問看護	118	6	124
訪問入浴介護	14		14
夜間対応型訪問介護	5		5
特定福祉用具販売	50	4	54
福祉用具貸与	50	3	53
総計	2001	187	2188

『広島市介護保険サービス事業者一覧　総括表(平成29年6月1日現在)』より作成
http://www.city.hiroshima.lg.jp/www/contents/1136334500821/index.html
介護サービス事業を入所介護・予防介護、通所介護、入所介護、その他、に分類した。

区別に介護保険サービス事業所の立地についてみると，表2に示すように，住宅団地内に立地する事業所数が最も多いのは安佐北区で続いて西区，安佐南区となっている．これらの区には山麓斜面に住宅団地が早くから開発された地域であり，高齢となった住民の比率も高い地域である．一方，早くから住宅開発が行われた東区や南区には高齢者向け福祉サービスを行う事業所は少ない．これは，これらの早期の住宅団地開発地は一区画の面積が狭く，事業所を開設するための十分な敷地が無かったことによると思われる．

表2　区別にみた介護保険サービス事業所の位置

区	住宅団地外	住宅団地内	総計
中区	282		282
南区	244	23	267
東区	225	19	244
西区	302	36	338
安佐南区	361	35	396
安佐北区	251	47	298
安芸区	123		123
佐伯区	213	27	240
総計	2001	187	2188

『広島市介護保険サービス事業者一覧　総括表(平成29年6月1日現在)』より作成
http://www.city.hiroshima.lg.jp/www/contents/1136334500821/index.html

III　介護保険サービス事業の分布

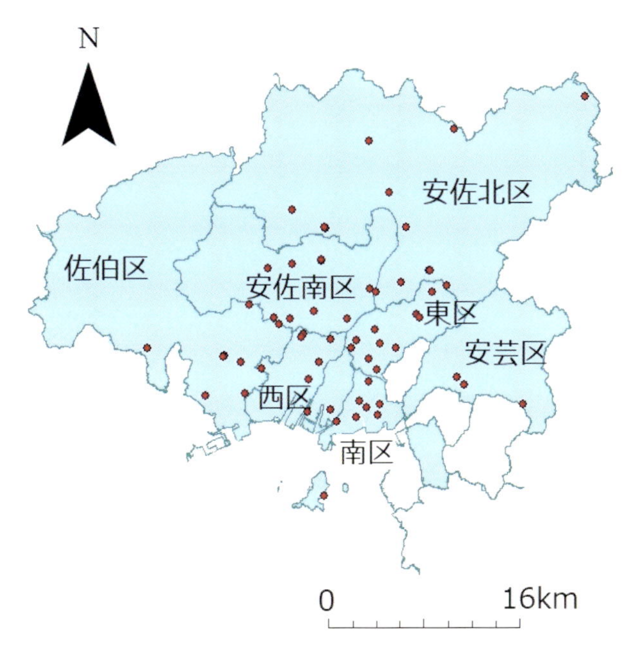

図1　広島市における特別養護老人ホームの分布

1．特別養護老人ホームの分布

広島市における特別養護老人ホームの所在地をみると，図1に示すように，市街地にほぼ均等に分布しているようにみえるが，中区のような市内中心部には少なく，高齢者の多い南区や，郊外住宅団地の多い東区，安佐南区に多い．これは特別養護老人ホームにはある程度の敷地面積が必要であるため，地価が安く，高齢化が進行して需要のある郊外地域に多くなったと思われる．

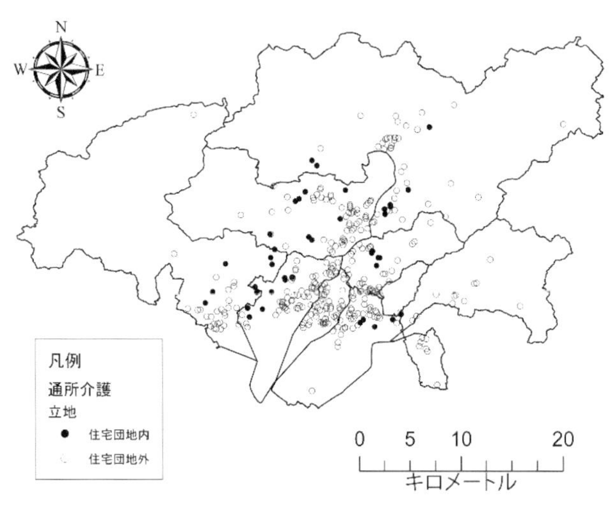

図2　広島市における通所型介護施設の分布
『広島市介護保険サービス事業者一覧　総括表
（平成29年6月1日現在）』より作成

表3　区別にみた介護保険サービス事業所の位置

区	住宅団地外	住宅団地内	総計
中区	44		44
南区	40	6	46
東区	33	5	38
西区	54	8	62
安佐南区	55	7	62
安佐北区	45	10	55
安芸区	20	1	21
佐伯区	30	8	38
総計	321	45	366

『広島市介護保険サービス事業者一覧　総括表（平成29年6月1日現在）』より作成
http://www.city.hiroshima.lg.jp/www/contents/1136334500821/index.html

2．通所介護施設の分布

通所介護（デイサービス）は，日帰りで施設に通い，食事や入浴など日常生活上の 介護や機能訓練等を受けることのできるサービスである．また，施設で他の利用者と接することで引きこもりや孤立を防ぎ，また介護をする家族にとっても日中の介護の負担を軽減することができるサービス施設となっている．通所型介護施設の分布をみると，図2に示すように，中区，南区，西区東側のような市街地の平野部に集中しているが，郊外地域では安佐南区などの住宅団地の多い地域にも集積がみられる．そのなかで住宅団地に多く見られるのは，西区の山麓斜面と安佐南区である．

通所型介護施設の立地について区別にみると，表3に示すように，西区，安佐南区，安佐北区などの郊外地域に多い．これらの区では，住宅団地内にも通所型介護施設が立地しており，なかでも安佐北区では住宅団地内の55施設中，住宅団地内に10施設が開設されている．この理由として，通所型介護施設は，大規模な介護施設内で開設されたり，入所型介護施設に比べて比較的狭小な面積でも事業が可能となるからであると考えられる．そのため，郊外住宅地内に立地した通所型介護施設の中には，閉店したスーパーマーケット（写真2）を転用したものもある．

写真2　閉店したスーパーマーケットを転用した
通所型介護施設
（広島市佐伯区、著者撮影）

このように生活利便施設であったスーパーマーケットが閉店した跡地が通所型介護施設に転用されたものについては，住宅団地住民による買い物先が住宅団地内に無くなることで，特に自動車を運転することができない後期高齢者の多くが「買い物難民」になるというような生活利便性の問題を引き起こしている（岩間編，2017）．

平成28年度から，利用定員が18人以下の小規模な通所介護事業所は，利用者が可能な限り自宅で自立した日常生活を送ることができるように，自宅にこもりきりの利用者の孤立感の解消や心身機能の維持，家族の介護の負担軽減などを目的として実施する地域密着型通所介護事業とされた．施設では，食事や入浴などの日常生活上の支援や，生活機能向上のための機能訓練などを日帰りで提供する施設として位置付けられた．

図3に示すように，地域密着型通所介護事業は，小規模施設なので高齢者の多い市街地中心部に多く立地して

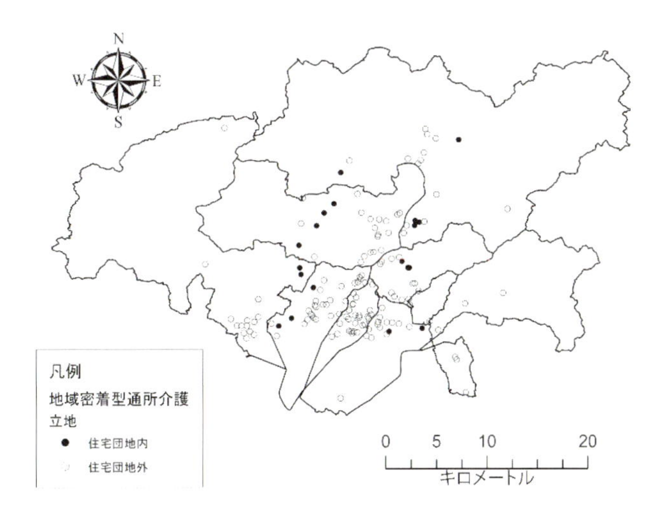

図３　広島市における地域密着型通所型介護事業所の分布
『広島市介護保険サービス事業者一覧　総括表（平成 29 年 6 月 1 日現在』より作成

いるが，郊外地域には少なく，住宅団地内には西区と安佐南区にいくつか見られる程度である．そのようななかで，住宅団地内の民家を利用した地域密着型通所介護事業が行われている事例が安佐南区でみられる（写真３）．民家を通所介護事業所とするには，設置基準を満たすためにバリアフリー化や手摺りの設置などの改築工事が必要となるため，階段のある一般的な住居を再利用するのは難しいが，該当の介護事業所は，平屋を利用したものであった．

写真３　住宅団地内で民家を転用した通所型介護施設（安佐南区、著作撮影）

３．居宅介護事業所の分布

居宅介護支援は，自宅や老人福祉施設の居室などで介護を受ける居宅要介護者が適切な保健医療サービスや福祉サービスを利用できるように，介護支援専門員（ケアマネージャー）が介護サービス計画（ケアプラン）を作成したり，サービス事業者と連絡調整を行う福祉サービスである．自宅を事務所として利用できるので，子育てを終えた主婦や資格を持った女性が事業所を開いたり，自営業として自宅を事務所として福祉事業を開業したりすることも可能である．

また，小規模多機能型居宅介護とは，日帰りの施設への通いを中心に，必要に応じて「通い」（デイサービス）･「泊り」（ショートステイ）･「訪問」の３つのサービスを組み合わせて利用しながら，自宅での自立した生活を支援してくれるサービスである．住宅団地内で介護福祉事業を起業した事業者への聞き取りによると，大部分の起業者が住宅団地や団地の周辺地域における高齢化の進行をみて，介護事業の需要が高まったことを起業の理由としていた．

図４に示すように，居宅介護支援事業は，自宅や空き家を使って事務所を設置するのが容易にもかかわらず，分布地域は市街地内部や郊外地域に分散している．居宅介護支援事業が最も多いのは郊外の安佐南区であるものの，住宅団地内には少ない．

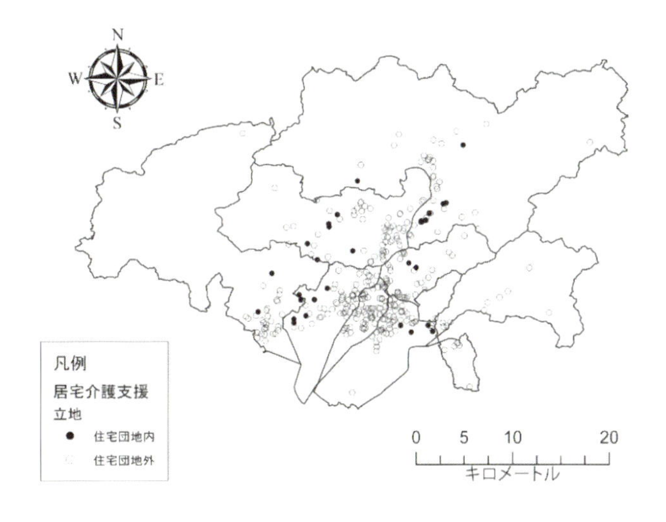

図４　広島市における居宅介護支援事業所の分布
『広島市介護保険サービス事業者一覧　総括表（平成 29 年 6 月 1 日現在）』より作成

４．訪問介護事業所の分布

訪問介護は，利用者が可能な限り自宅で自立した日常生活を送ることができるよう，訪問介護員（ホームヘルパー）が利用者の自宅を訪問して，食事・排泄・入浴などの介護（身体介護）や，掃除・洗濯・買い物・調理などの生活の支援（生活援助）をするものである．つまり，生活支援により高齢者が環境を大きく変更することなく介護サービスを利用できるのである．

図５に示すように，訪問介護事業所は，中区・南区・西区などの市街地中心地域に集中して分布しているが，

安佐南区や安佐北区の郊外地域においても，幹線道路沿いなどに集積しており，利便性の高い地域にかなり偏った立地を示している．これは様々な地域の利用者に対応できるように事業所を開いているためと思われる．郊外地域の住宅団地内にもいくつか訪問介護事業所の立地が見られるものの，非常に限定的である．

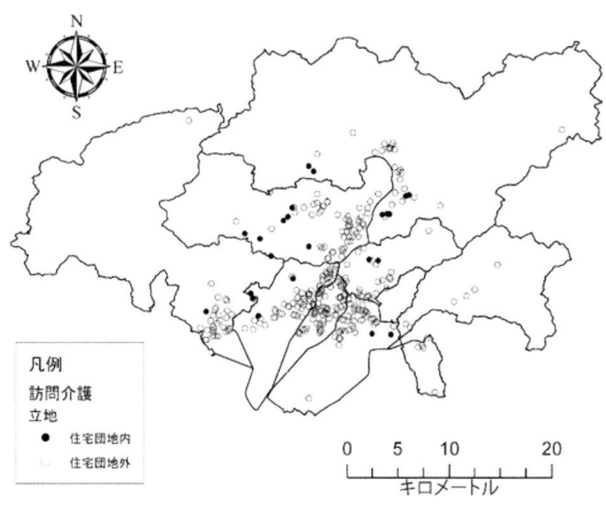

図5　広島市における訪問介護支援事業所の分布
『広島市介護保険サービス事業者一覧　総括表（平成29年6月1日現在』より作成

Ⅳ　住宅団地内の福祉サービス事業所の利用状況

1．介護事業の建物利用状況

表4は，住宅団地内の介護保険サービス事業所が開設されるまでの建物の利用状況について調べた結果を示している．いずれのサービスの種類においても最も多いのは専用施設を建設して事業を始めたものであるが，通所介護支援，居宅介護支援，地域密着型通所介護，訪問介護の事業所は，民家を利用したものがみられる．空き店舗を利用した通所介護は1件のみであった．住宅団地内における福祉事業所は，住民の高齢化によって需要が高いと考えられるが，実際には通所介護や居宅介護，訪問介護のいずれの介護サービス事業の立地が少なく，需要と供給のミスマッチがみられる．

しかしながら，大阪府和泉市には，高齢化した住宅団地内の閉店したスーパーマーケットの空き店舗を改築して，子育てひろばを開設した事例もあるので，住宅団地内の商業施設は高齢者福祉施設に限らず，地域コミュニティ活動の場として多様な福祉的利用が検討できると思われる．

表4　介護保険サービス事業所の建物利用状況

サービス種類	住宅団地内						住宅団地外　合計	総計
	空きオフィス	空き店舗	集合住宅	民家	専用施設	合計		
介護予防支援					2	2	39	41
介護老人福祉施設					8	8	51	59
介護老人保健施設					4	4	17	21
短期入所生活介護					16	16	130	146
短期入所療養介護					5	5	52	57
地域密着型介護老人福祉施設入所者生活介護							6	6
特定施設入居者生活介護					6	6	41	47
認知症対応型共同生活介護		1			9	10	140	150
認知症対応型通所介護					4	4	24	28
居宅介護支援		1	1	6	21	29	328	357
居宅療養管理指導					1	1	8	9
小規模多機能型居宅介護				1	1	2	37	39
地域密着型通所介護				5	12	17	136	153
通所リハビリテーション					7	7	87	94
通所介護		1	2	7	28	38	327	365
複合型サービス（看護小規模多機能型居宅介護）							3	3
定期巡回・随時対応型訪問介護看護					2	2	16	18
訪問リハビリテーション							5	5
訪問介護				5	18	23	317	340
訪問看護	1			1	4	6	118	124
訪問入浴介護							14	14
夜間対応型訪問介護							5	5
特定福祉用具販売				2	2	4	50	54
福祉用具貸与				1	2	3	50	53
総計	1	3	3	28	152	187	2001	2188

サービスの種類は『広島市介護保険サービス事業者一覧　総括表（平成29年6月1日現在）』より作成
http://www.city.hiroshima.lg.jp/www/contents/1136334500821/index.html
建物の利用状況については聞き取り調査と住宅地図による
介護サービス事業を入所介護・予防介護、通所介護、入所介護、その他、に分類した。

2．介護保険事業所の利用状況

住宅団地内の介護保険事業所の利用状況について，安佐南区と佐伯区内において民家や空き店舗を利用した施設に聞き取り調査を行った結果，表5に示すような実態が明らかとなった．

高齢化が進行する住宅団地では，訪問介護や居宅介護支援の事業所が増加している．事業所の大部分は，住宅団地における住民の高齢化による施設の需要の高まりを背景として住宅団地内に事業所を開いていたが，それらの住宅団地内の介護サービス事業所を利用する住宅団地在住の高齢者は，利用者全体の10％未満か利用者無しであった．高齢者は自宅や住み慣れた居住環境での生活の継続を希望しているものの，同じ団地住民による訪問介護には抵抗感を持っている．

そのため，地域内の介護サービスがあるにもかかわらず，住宅団地内の高齢者の多くは地域外のサービスに依存している．事業所の代表者や介護従事者からの聞き取りによると，その理由は，通所介護（デイサービス）については，介護サービスを利用することを近隣住民に知られたくないとか，そのようなサービスを受けること

表5　安佐南区と佐伯区における郊外住宅団地内の福祉事業所転用と利用状況

区名	所在団地	法人名	事業所名	空き家利用の有無	施設設立者は団地住民かどうか	設立年	介護サービス	介護予防サービス	通所介護	通所介護支援	地域密着型通所介護	訪問介護	居宅介護支援	訪問看護	利用者に占める団地住民の比率	住宅団地完成年
安佐南区	瀬戸内ハイツ	特定非営利活動法人さわやかけあ広島	特定非営利活動法人さわやかけあ広島あいプラン	民家の空き家利用	住民以外	1993	○	○	○		○	○	○		20％未満	1976
安佐南区	三菱沼田団地	トラパンダ合同会社	トラパンダ居宅介護支援事業所	空き店舗転用	住民	1917	○	／					○		10％未満	1973
安佐南区	沼田大原台団地	サンステップ有限会社	居宅介護支援事業所げんき	民家利用	住民以外	2018	○	／				○	○		0％	1973
安佐南区	宗が丘	株式会社M・Family	ヘルパーステーションくれよん	民家利用	住民	2009	○	○				○			10％未満	？
安佐南区	こころ	有限会社TOMO	さくら・介護ステーションとも	民家利用	住民	2013	○	○				○			0％	開発中
安佐南区	こころ	株式会社Natural Care & Life	リハビリ訪問看護ステーションのの花	民家利用	住民	？	○	○						○	0％	開発中
安佐南区	高取北団地	株式会社ウィズケアサービス	デイサービスつどい高取	民家利用	住民以外	2013	○	○	○						10％未満	1976
安佐南区	長楽寺団地	医療法人信愛会	デイサービス長楽	民家の空き家利用	住民以外	2009	○	○	○		○				10％	？
佐伯区	五月ケ丘	株式会社シーズンモチベーション	デイサービス季楽五月	民家の空き家利用	住民以外	2016			○	○	○				0％	1976と1984
佐伯区	美鈴が丘	特定非営利活動法人悠々自在	グループホーム悠	空き店舗転用	住民以外	2012			○	○					10％未満	1981と1986

聞き取り調査より作成
事業の詳細については広島市『介護保険サービス事業一覧』をもとに，著者作成

を恥ずかしいと考えているからである．そのため，事業所の送迎車両は，介護事業所の名前を書いていない普通車での送迎にする事業所も多い．また，訪問介護や居宅介護についても，住宅内の家事や介護を身近な地域の住民に知られたくない傾向にあるため，それらの介護サービスは住宅団地外の事業所を利用する傾向が強い．すなわち，住宅団地住民にとって，同じ団地内の住民によるサービスを受けるのは身近過ぎて抵抗感があるようである．

いくつかの事業所では高齢化した地域住民にとっての居場所づくりや近隣住民のクレーム対策もあり，お茶会の開催や公民館行事への参加など，地域コミュニティに溶け込もうとしているが，知り合いが多くなることは，利用に結び付いていない．訪問介護や居宅介護サービスの利用者は，知り合いのいないようなわざわざ遠くの事業者を利用することが多いのである．一方，住宅団地内の大規模な福祉施設の通所介護サービスについては，住宅団地住民の需要はある程度あるようである．これは，大規模施設では小規模施設と違って近隣住民の目を気にしなくても良いからである．

V　考察

郊外住宅団地における高齢化の進行は，住宅団地内に介護福祉施設の増加の要因となっている．大家族の少ない郊外住宅地では，子どもたちが就職や進学，あるいは婚姻などによって親の家を出た後は，高齢者夫婦のみが残る傾向にある．さらに後期高齢者になると，夫婦のどちらかが残り，単身世帯となるため，高齢者向け介護は，家族ではなく施設に依存せざるを得ない状況となっているからである．また，住宅団地居住者の高齢化は介護サービス事業所の増加以外に，商業施設の用途変更にも影響を与えている．

このような状況の中で，住宅団地の活性化の取り組みが行われており，例えば千葉県柏市の豊四季台では，再開発を契機に住み慣れた住宅に住み続けることができるように，地域包括支援センター，サービス付き高齢者住宅，介護施設，病院などの高齢者福祉施設を住宅団地に集積させて介護と医療などを組み合わせた地域包括ケアの取り組みがみられる．また，地域善隣事業として高齢者の住宅確保の取り組み (白川，2014) や，空き家・空きビルの福祉転用の取り組みは全国各地で行われている（日本建築学会，2012）．

しかしながら，利用状況の調査から，高齢者の多くは近隣地域である住宅団地内の介護福祉施設の利用や訪問介護サービスを利用することを避ける傾向にある．高齢者の介護において近隣地域のサービス資源を利用するようにすることは，地域コミュニティとの連携の充実にもつながるので，地域内での見守り活動やコミュニティ内のさまざまな行事などを通して住民間の繋がりをいかに築き上げていくのかが求められている．

郊外住宅団地において開発当初には子育て世帯向けであった生活利便施設は，住民の高齢化に対応して，用途を変更せざるを得ない状況となっており，今後の都市計画や再開発事業においては，多様な住民構成を予め想定した福祉サービス事業所を組み込むことが重要となっている．

引用文献

岩間信之編著　2017『都市のフードデザート問題－ソーシャル・キャピタルの低下が招く街なかの「食の砂漠」』農林統計協会

白川泰之　2014『空き家と生活支援でつくる「地域善隣事業」－「住まい」と連動した地域包括ケア』中央法規，

日本建築学会　2012『空き家・空きビルの福祉転用－地域資源のコンバージョン』学芸出版社

畠山輝雄　2004「介護保険制度導入に伴うデイサービスセンターの立地とサービス空間の変化－藤沢市の事例」，地理学評論 77，pp.503-518

畠山輝雄　2005「介護保険通所型施設の立地と施設選択時における決定条件－武蔵野市の事例」人文地理 57，pp.100-114

畠山輝雄　2012「介護保険地域密着型サービスの地域差とその要因」地理学評論 85，pp.22-39

宮澤　仁　2003「関東地方における介護保険サービスの地域的偏在と事業者参入の関係－市町村データの統計分析を中心に」，地理学評論 76，pp.59-80

宮澤　仁　2010「東京大都市圏における有料老人ホームの立地と施設特性」E-Journal GEO 4，pp.69-85

由井義通・杉谷真理子・久保倫子　2014「地方都市の郊外住宅団地における空き家の発生－呉市の事例－」，都市地理学 9，pp.69-77

由井義通・久保倫子・西山弘泰　編著 2016『都市の空き家問題 なぜ？どうする？―地域に即した問題解決に向けて―』，古今書院

若林芳樹・小泉　諒　2014「東京圏における空き家ビジネスの展開」地理 60(5)，pp.68-75

付記

本稿は『日本都市学会年報』51 号に掲載された論文を加筆修正したものである．本研究は，平成 29 年度科学

研究費補助金基盤研究 (B)「人口減少期の都市地域における空き家問題の解決に向けた地理学的地域貢献研究」研究代表者：由井義通）および平成 29 年度科学研究費補助金基盤研究（A)「『社会保障の地理学』による地域ケアシステム構築のための研究」研究代表者：宮澤仁）による研究成果の一部である．

ある町の都市計画マスタープランの策定経験から都市地理学と都市計画を考える

西原　純

Ⅰ　はじめに

都市地理学と都市計画は同じ都市を対象とした領域でも，日本では似て非なるもののようである．都市地理学は都市・都市圏や都市群を対象として，その実態やそれを生じさせる要因を明らかにし，解決すべき課題を呈示することを目的としている．現象の分析からの真理探求を究極的な目標としていると言い換えることができよう．一方，都市計画は都市の空間や施設，およびその開発・保全に関する分野の思想と制度・技術の発達を目標としている（加藤・竹内 2006:6）．その究極的な目標はまちづくりである．地理学の目的・目標を反映して，一般の都市地理学研究者は自治体の都市計画策定に参加する機会はあまりなかったのではないだろうか．

都市地理学を専攻する筆者は，2011 年 8 月から 2013 年 1 月の約 1 年半，静岡県沼津市・三島市の郊外町である清水町の「第 2 次都市計画マスタープラン」の策定委員会委員長を務めた（清水町 2013a:89）．都市計画マスタープランは，市町村の基本構想（いわゆる総合計画）を上位計画とし，その市町村の都市計画の基本的な方針を定める重要なプランである．

その策定作業は筆者にとって新鮮な経験であった．本稿ではその経験をきっかけにして，主として都市計画法（以下「法」と記す）をもとに，都市計画マスタープランの意義・制度，策定過程について述べ，都市計画全体について県と市町村との関係について議論する．そして清水町という自治体の実際のまちづくりに，都市計画，都市計画マスタープランがどのように関わっているかを，清水町議会での議論や新聞報道などの公開されている資料をもとに述べる．最後に都市地理学と都市計画の接点や，都市地理学にとって資すること大と思われる都市計画の研究などを紹介し，都市地理学から都市計画への橋渡しの私案を述べる．

これらによって後述するように，法の 3 条第 3 項「都市計画に関する知識の普及と情報の提供」の一助に本稿がなることを望む．さらに，都市地理学の社会的有用性が評価され，まちづくりや都市計画に少しでも活用されるようになれば望外の幸いである．

Ⅱ　都市計画と都市計画マスタープラン

1．都市計画マスタープラン制度

周知のとおり都市計画とは「都市の健全な発展と秩序ある整備を図るための土地利用，都市施設の整備及び市街地開発事業に関する計画」である（法 4 条）．そして市町村の都市計画マスタープランとは，「議会の議決を経て定められた当該市町村の建設に関する基本構想（いわゆる「総合計画」）並びに都市計画区域の整備，開発及び保全の方針（いわゆる「都市計画区域マスタープラン」）に則し，市町村の都市計画の基本的な方針を定めるもの」（法 18 条の 2）で，各市町村が自らの特性を踏まえ，都市づくりの理念や目標，都市の将来像とその実現に向けての方向性を定めるものである（谷口 2014:81）．

五十嵐ら（1993）によると，長い間，日本の都市計画には用途地域などの都市計画メニューはあるものの，決定的に欠けていたものはマスタープランであり，欧米の都市計画ではマスタープラン [1] が決められ，それに沿って整然とした秩序のあるまちが形作られているという．

ところで都市計画マスタープランとして定めるべき策定項目は都市計画法になく，構成から内容まで市町村の創意工夫ある特色にあふれたプランが期待されている（加藤・竹内　2006:62-63）．しかしマスタープランの策定は法的拘束力がなく [2]，しかも議会や都市計画審議会で「都市計画」として決定されるものではない [3]（高木　2009:101，樗木　2012:53）．

都市計画や都市計画マスタープランの策定に関して，県と市町村との関係は重要である．法 15 条は『都市計画区域マスタープラン』『区域区分（市街化区域・調整区域の区分）に関する都市計画』『都市再開発方針等（一定規模以上の国・都道府県が行う土地区画整理事業・市街地再開発事業など）に関する都市計画』などは県が定め，その他の都市計画（市町村のマスタープランも含む）は市町村が定めるとしている [4]（静岡県 2018:9）．ただし法 15 条第 4 項に「市町村が定めた都市計画が，県が定めた都市計画と抵触するときは，その限りにおいて，県が定めた都市計画が優先するものとする」とある．また市町村の判断でマスタープランに記載事項を追加することはできるが，自ら決定権限がない事項は，権限を有する県と必要な調整が図られるべきであるとされている（都市計画法制研究会 2010:22）．このように都市計画は都市のプランでありながら、実際の都市計画行政では県の権限が強い．

しかし住民と都市計画との関わりを強くする体制がしかれている． 前述のように 2010 年改正で法 3 条に第 3 項が追加され，国や地方自治体が都市計画を定める際に「都市の住民に対し，都市計画に関する知識の普及及び情報の提供に努めなければならない」とされた（都市計画法制研究会 2010:6）．都市計画マスタープランの策定も「公聴会の開催等住民の意見を反映させるために必要な措置を講ずるもの」とされている（法 18 条の 2 第 2 項）．

市町村が都市計画を決定する場合の手続きは以下のとおりである（法 19 条・20 条，高木 2009:103-106）．まず市町村が都市計画の案を取りまとめ，理由を添えて公告する．住民はその案に意見がある場合には，意見書を提出することができる．次に市町村はその案を市町村都市計画審議会に付議してその議を経る．都市計画決定に関する議会の関与は都市計画審議会に議員が委員として加わっているのみである．そして市町村は都市計画決定に際し予め都道府県と協議しなければならない[5]．市町村はその協議を経て，都市計画を決定しその旨を告示する．都市計画マスタープランの決定も議会の議決はなく，都市計画の決定手順に準じて，都市計画審議会が検討・審議する市町村が多い（加藤・竹内 2006:106-107）．

2．都市計画マスタープランの課題

日本での都市計画マスタープランの制度の導入から 25 年余，マスタープランはさまざまな課題を抱えている．金ら（2004），五十嵐ら（2009），伊藤ら（2011），日本都市計画家協会（2017）などの見解を以下にまとめた．まずマスタープラン自体の課題である．前述のとおりマスタープランは法で規定する「都市計画」に位置づけられておらず，マスタープランが有効に機能していないとの指摘である．さらにマスタープランの多くが目標時期を 20 年後と設定しているため，喫緊のまちづくり課題の解決に即時的に対応できていない，現状追認型の総花的なプランになっている，マスタープランが市民の間で共有されていないなども指摘されている．

次に策定上の問題点である．都市計画マスタープランは市町村単位での個別の最適を実現することが目標で，県が定める上位計画のより広域な都市計画区域をみすえた区域全体の最適になっていない，隣接市町村間の土地利用や施設配置などの調整機能が働いていないなど，広域な地域からみた計画性の弱さが指摘されている．逆に都市計画区域マスタープランが上位にあるため，都市計画マスタープランが市町村にとって最適なプランとして策定できないという批判もある．また「都市づくりの目標」というキャッチコピーにこだわりすぎて，マスタープランの策定がトップダウンになりがちなことも指摘されている．このように策定には，時には相反する方向の問題もある．

そのため日本の都市計画マスタープランも大きく変貌しつつあるという．まず従来の土木・建築分野の計画型のマスタープランから，市町村の総合計画に近いマスタープランへ変わりつつある．次に規則・規制に重点をおいたものから，法が規定する住民の意見を反映させるため，「合意形成過程を織り込んだマスタープラン」が重要視されつつあり，計画化・立案の手法もトレンド型の策定方法から「不確実性を織り込んだマスタープラン」へ変わりつつある．さらに新たに，急激な人口減少時代を迎えて都市・地域間競争が激化しているので，都市圏内・広域生活圏内での市町村間の機能分担が重要になってきている．

以上，都市計画マスタープランに関する課題をまとめた．このような趨勢をみると，マスタープランの策定に関して，自然環境から経済，政治・行政，社会・文化の分野まで都市や地域の実証的研究に精通している都市地理学の専門知が発揮できる部分が大きいのではないかと思われる．

Ⅲ　清水町の概要と都市計画

1．清水町の概要

清水町は県東部地域の中心都市沼津市と伊豆半島への玄関口である三島市に東西に挟まれた郊外の町である．9km^2 に満たない小面積の町域の大部分は平坦な地形をなし，天然記念物で全国名水百選で知られる柿田川湧水群（一級河川）が町の中央を南北に流れ，一級河川の狩野川も南から西進して沼津市に抜け，町を南北に分けている．町の南部に標高 256m の徳倉山が位置している（図 1）．

清水町は元々，明治の大合併で誕生した農村地域の行政村である．沼津市と三島市の発展につれて，郊外地域として住宅や大小の工場が建設され，ミニ開発が進められ「へそのない町」ともいわれていた（1991 年 2 月 4 日静岡新聞朝刊）．北には東名・新東名高速道路にアクセスが良く県立がんセンターや静岡ファルマバレー構

図1　清水町と周辺市町
資料：Google Map（2019年2月21日収得）.

想によって人口増加を続ける長泉町が位置している．町内には，沼津・三島都市圏の広域的施設として，卸商センター（団地），大型商業施設サントムーン柿田川とともに，国立病院機構静岡医療センター，県立沼津商業高校，高齢者施設などが整備されている（図2）．そして町の北部を国道1号線が東西に走り，町の中心部は東名高速道路沼津インターから7km，東海道新幹線・東海道本線・伊豆急行線の結節点である三島駅から4kmで，交通利便性が高い[6]．

清水町は長泉町とともに昭和の大合併の際には単独

図2　清水町の主な施設と町内循環バス
資料：清水町ウェブページ『町内循環バスマップ』．（http://www.town.shimizu.shizuoka.jp/content/300314900.pdf，2019年2月21日収得）.

で存続した．1966年に清水町は周辺の町村とともに沼津市から合併を打診され，沼津市と単独で法定合併協議会を設置したが合併には至らなかった[7]．平成の大合併の時期には静岡県東部地域（伊豆半島・岳南地域を除く）ではさまざまな合併プラン，動きがあったがほとんど実を結ばず，最終的には沼津市と戸田村の編入合併（2005年4月1日）のみの1件に止まった[8]．清水町も合併の動きに関与したが，非合併で一応の決着をみた[9]．合併問題は清水町を始めこの地域の広域行政に影響を与えていた[10]．

町の面積は前述のとおり8.81 km^2，人口は32,302人（2010年国勢調査人口）を有し，2000年～2010年の増加率は4.6%であるが，2015年には32,118人になりこの5年間は0.6%の減少である．他の市町村と比較して減少幅は小さいものの，次第に少子高齢化が進行している．2000年以降の社会動態ではほぼ毎年転出超過で，沼津・三島都市圏内からの転入はあるものの，高校卒業世代や中年世代で東京大都市圏や名古屋圏へ大きな社会減を記録している．近隣の市町へ持ち家住宅の取得のための転出も多い．

清水町は通勤・通学で，後述する東駿広域都市計画区域を共にする沼津市・三島市・長泉町と密接に繋がっている．そして清水町の通勤・通学者の流出・流入はほぼ均衡していて（2010年国勢調査），ベッドタウンであるとともに就業・就学の地でもある．ほとんどの町域が市街地化されて農業が低調であるが，輸送用機械関連の製造業とともに，卸商センター・国道1号線が位置し東名高速道路などに近いため，流通関連企業が多く立地している．

なお森川（2018）は，都市の活性度を示す7指標のうち，清水町が6指標で全国市町村の上位20%圏内に入り，北隣の長泉町とともに活力で静岡市を凌ぐ町と評価している．その結果，前述のように市街地化が旺盛で散在した農地が残されて，土地利用が虫食い状態にある．

2．これまでの清水町の総合計画，都市計画

静岡県東部地域は比較的小規模な市町村が位置し，そのためより広域な都市計画が重要である．清水町は沼津市・三島市・長泉町とともに東駿河湾広域都市計画区域を形づくり，計画区域を市街化区域と市街化調整区域に分ける区域区分（いわゆる線引き）を1972年より実施している．町域は全て都市計画区域に指定され（図3），そのうち市街化区域の面積が61%で，残りの地域が調整区域である（静岡県　2016:26）．調整区域は町の南部周辺部とともに，市街地内の中央部と市街地に隣接す

る東部に2箇所存在し，うち中央部の区域はいわゆる「穴抜き市街化調整区域」（樗木　2012:72）である．2つの調整区域に挟まれるように前述の柿田川湧水群（図3）が流れる．

市街化区域内には10の用途地域が指定され，逆に「第一種低層住居専用地域」や「工業専用地域」がなく，土地利用が混在しやすい用途地域プランである．町唯一の「商業地域」は町東部の調整区域に半島状に突き出た沼津卸商センター地区に設定されていて，卸商センターを活用した周辺開発が行いにくい．県東部地域でも最大級の大型商業施設であるサントムーン柿田川は，元々は大東紡績工場跡地で「近隣商業地域」「工業地域」の指定に止まっている．

都市計画マスタープランの上位計画である清水町第4次総合計画（策定期間：2009～2010年度，2011年度実施開始，2020年度目標）について簡単に述べる．都市の将来像を「笑顔があふれ ここちよく 住み続けたくなるまち･清水町」とし，その中の土地利用構想は，「町全体のバランスの取れた土地利用」，「自然と調和・共生する土地利用」，「災害に強く快適な生活を送ることができる土地利用」，「活力を生み出す土地利用」，「町民と共

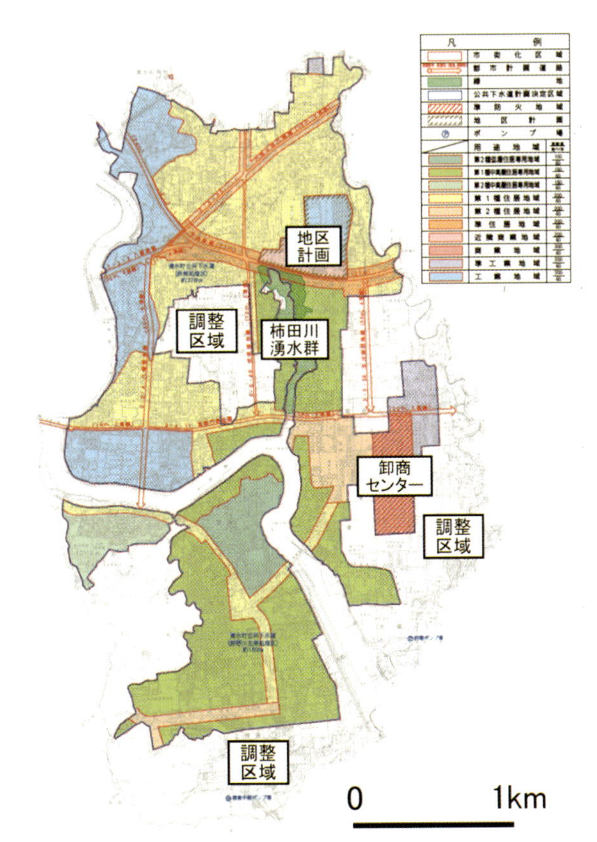

図3　清水町都市計画図
注：筆者が凡例・縮尺など一部を修正．
資料：『清水町都市計画図』（http://www.town.shimizu.shizuoka.jp/content/300202659.pdf，2019年2月20日取得）

に創る土地利用」という5つの基本方針からなる．これまでの人口増加を背景に，自然環境の保全とまちの計画的な発展をめざしたバランスのとれた土地利用の実現が町政の重要な点とされていた．

一方，もう一つの上位計画である静岡県策定の東駿広域都市計画区域マスタープラン（「整備，開発及び保全の方針」2011年3月策定，2025年を目標年）は将来都市像を「水と緑とともに人が輝き，環境・景観を大切にする交流都市圏」としている．この区域マスタープランにおいて清水町に関わる主な部分は以下の通りである（下線部は筆者による）．まずは「自然環境保全」分野で，清水町の一級河川柿田川を始めとする自然生態系上価値が高い緑地は，地域特性を示す緑地として保全を図る」「清水町の徳倉山等の丘陵地，一級河川狩野川・黄瀬川は自然とのふれあいの場として利用しながら保全に努める」とされた．そして「土地利用に関する都市計画の方針」では「（サントムーン柿田川のある）清水町伏見・玉川地区は，近隣の商業地として利便の増進と住環境の保護を図る」「卸団地地区は県東部の中心的流通業務地とする」とされている．

東駿広域都市計画区域全体について，市街化地域では「土地区画整理事業，地区計画などによる土地利用の整備」，市街化調整区域では「市街化区域編入を立地評価，農林業等との調整後，保留フレーム[11]の範囲内で行う」とされた．さらに調整区域内の既存集落・幹線道路沿道においては「周辺環境に配慮した地区計画制度の活用」という方針がたてられた．このように東駿広域都市計画区域では，無秩序な市街地化を抑制する姿勢がみてとれ，清水町について特段の記述はなく，大規模な市街地化は想定されていないといえよう．

前回の第1次にあたる清水町都市計画マスタープラン（2001年度～2020年度）では，まちづくりの基本理念を「人間（ひと）・地域（まち）・自然の共生」とし，それを受けて都市づくりのテーマ「個性・ゆとり・うるおいの生活都市清水町をめざして」とした．都市づくりのテーマを具体化する「都市づくりの方針」を進める主要施策として，「線引きの見直し（市街化調整区域の市街化区域への編入）」「地域地区（用途地域など）の指定・見直し」「土地区画整理事業などの市街地整備事業」「住民主導の地区計画[12]」などを進めることとしていた（清水町　1999『清水町都市計画マスタープラン』:133-134）．

ところで第1次都市計画マスタープランによる実際のまちづくりはどう進められたのであろうか．マスタープランに記載された市街化調整区域の市街化区域への編

入と土地区画整理事業は実施されなかったが[13]，下記の1件の地区計画の大きな計画変更が実施された．

計画変更の事例とは，大型商業施設サントムーン柿田川（図2）が第1次都市計画マスタープラン開始前に地区計画策定して建設され，後にマスタープランに沿って大きな変更により拡張されたものである．ここは大東紡績が1997年4月に自社の工場跡地に開設した複合大型ショッピングセンターで，元々，その用途地域は「工業地域」であった．清水町は1996年に「伏見・玉川国道1号北部地区計画」（大東紡績工場跡地約8.2ha）を策定し（1996年2月8日公告），大型商業施設の建設の基礎を整えた．さらに清水町は2006年3月にマスタープランにある「中心的な商業地の形成・大規模商業拠点の形成」「低中層住宅地を誘導」を目ざした計画変更を行った．それはソニー沼津工場跡地を含む約19haに区域を拡大して，用途地域を「工業地域」から「工業地域」「近隣商業地域」へ変更し（2006年3月23日公告），同時に区域内における建築の制限等の条例[14]の制定を行うものであった（静岡県2016『静岡県の都市計画(資料編)』:184）．この地区計画変更時は，いわゆる「まちづくり三法」の見直し時期[15]にあたり，政府の大型商業施設立地政策の過渡期であった．

その結果，この大型商業施設は専門店など約120店，シネマコンプレックス，駐車場3,000台の施設をもつ[16]，静岡県内でも有数の大型施設（店舗面積8万7千m^2）となっている（2006年3月16日，2007年11月30日，2008年9月19日，2011年9月7日，2018年3月29日静岡新聞朝刊）．

Ⅳ　都市計画マスタープランの策定

1．都市計画マスタープランの策定体制と策定過程

本章では清水町（2013a）をもとに，清水町都市計画マスタープランの策定について述べる．その際，清水町議会で策定経緯が議員質問に答える形で町責任者により詳しく説明されているので町議会議事録も活用する．

元々，第1次の都市計画マスタープランは1999年度に策定され，2017年度(目標年次:2015年度)を最終年度としていた．地方分権の進展，少子高齢化の進行など，急速で大きな社会情勢の変化を受け，議会でも前倒し策定の議論がされたため（2009年第3回定例会議員発言），清水町は「第4次清水町総合計画」（2011年3月制定）にもとづく第2次都市計画マスタープランの策定作業を2011年8月から開始した．都市計画マスタープランの策定のため，策定委員会，庁内に幹事会，作業部会，策定事務局が設置された(表1)．マスタープランの策定期間は2つの上位計画の策定期間も含めて，静岡県東部地域での合併問題がほぼ未達成で一応の終息をみた後にあたる．

次に策定の手続きについて述べる．表1の①都市計画審議会は専門的な見地からマスタープランの素案について意見を述べるとともに，町長の諮問に対してマスタープラン案に答申を行う．マスタープランの素案は，③幹事会と④作業部会が，町の現状と特徴の把握，主要プロジェクト，まちづくりの課題の整理，将来フレームの検討をしながら，地域まちづくり会議，地区への説明会,アンケート調査などにより住民の意見を聴取しつつ，作成を行う．②策定委員会は中心的な機関として幹事会とのやり取りを行いながら，素案を総合的にかつ多面的に検討，審議し，原案を決定する．平行して⑤事務局は，地域別まちづくり会議，中学生まちづくり会議，諸団体との意見交換会などを開催して各分野の住民の意見を把握する役割を果たす（清水町　2013a:5-6）．意見把握のための調査・会議などは表2のとおり実施された．

町議会，地域別まちづくり会議，農業者との意見交換会，若手（30～40代）との意見交換会，中学生まちづくり会議などで出されたまちづくりの課題を表3

表1　第2次都市計画マスタープランの策定体制

①都市計画審議会（8名）
静岡県建築士会沼津支部副支部長，区長（自治会長）会会長，商工会会長，農業委員会会長，女性連絡会会長，町会議員（総務建設委員長，民生文教委員長），沼津警察署交通官
② 策定委員会（10名）
学識経験者，区長会副会長，商工会副会長，農業委員会副会長，教育委員会委員長，消防団団長，民生児童委員協議会副会長，町民公募委員，県沼津土木事務所都市計画課長，清水町副町長
③ 幹事会（7名）
総務・企画財政・地域振興・安全安心・こども育成・建設課の課長および消防長
④ 作業部会（7名）
幹事会構成課の係長
⑤ 策定事務局

資料:『第2次清水町都市計画マスタープラン』:88-89.

にまとめた．

2．策定された第2次清水町都市計画マスタープラン

1年余りの期間と5回の策定委員会を費やして，2012年11月に策定委員会で原案を最終承認し，町長へ原案の提案を行った．12月から1ヶ月間のパブリックコメントの手続きを行ったが町民からの意見はなく，町長は2013年1月に都市計画審議会へ諮問し，2月に審議会より「原案の通り策定が適当である」という答申を受けた（清水町 2013a:95）．清水町長は3月に第2次都市計画マスタープラン[17]を公表した．プランの骨子は表4のとおりで，最も重要な都市づくり方針図（総括図）を図4に示す．

表3に示した課題のうち，主要な課題解決の方向性については以下のとおりにマスタープランにまとめられた．

表3の(1)に関して，現状の柿田川は保全が前面に出過ぎていて活用を考えるべきではないかとの意見がしばしば出された（2011年第3回定例会，2012年第4回定例会議員発言，読売新聞2011年10月15日）．特に当時，三島市で富士山を一望できる歩行者用「三島大吊橋（三島スカイウォーク）」が2012年12月に着工予定されて，柿田川湧水群を訪れる観光客が減少するのではないかとの懸念が強まった（2012年4月18日

表2　住民の意見把握のためのアンケート調査・会議など

1．アンケート調査（2010年度策定の清水町総合計画用のものも活用）
　住民意識調査（2008年度，対象：20 歳以上の町民3千人）
　農業に関するアンケート（2011年度，対象：農家者世帯216世帯）
　転入・転出者アンケート（2011年度，：対象：転入・転出512世帯）
　高齢者一般調査（2011年度，対象：65 歳以上町民）
2．意見交換会議
　中学生まちづくり会議（清水中・清水南中，2年生「総合学習」として）
　　（2011年11月～2012年1月，各中学校4回，延べ8回）
　中学生まちづくりフォーラム
　　（2012年4月23日，於：清水町地域交流センター）
　地域別まちづくり会議（東部・西部・北部・南部地区）
　　2012年1月～2012年3月，各地区3回，合計12回）
　農業者との意見交換会
　　（2012年4月～5月，2回）
　若手（30～40歳代）との意見交換会
　　（2012年4月～5月，2回）

資料：『第4次清水町総合計画2011～2020』:59-61.
　　　『第2次清水町都市計画マスタープラン』:8-13.

表3　都市計画マスタープラン策定にあたっての課題まとめ

自然環境の保全と活用との調和，土地利用の混乱
　(1) 天然記念物の柿田川の保全と活用が課題
　(2) 市街地に隣接の市街化調整区域は虫食的に開発されて土地利用が混乱
　　線引きの変更を行って開発か保全かの明確化が必要
　(3) 市街地中央部「穴抜き市街化調整区域」の環境に配慮した活用
　(4) 中小企業が比較的多く，住工混在がみられ工業地区として未整備
交通網・公共交通・道路の整備
　(5) 町を横切る国道1号線を中心に道路が渋滞し，町内の南北移動に支障が大
　(6) 清水町からJR三島駅へのアクセス道路が未整備
　(7) 1市2町の境界部に位置するJR三島駅地区の街路・街区が面的に未整備
　(8) 7路線ある都市計画道路の整備が進まず，2路線は長年，未着手のまま
　(9) 狩野川に架かる橋が2つのみで，南北市街地が分断
　(10) 町内に鉄道駅がなく公共交通機関はバス交通のみ
　(11) 歩道の整備が遅れ，人口当たり交通事故数が県内で最多
防災
　(12) 自然災害発生時の液状化現象，狩野川の2橋の被災が懸念
住宅
　(13) 民間アパート・借家の割合が高く，子育て世代の転出があり，この世代の定住が課題

注：以下の資料をもとに筆者作成.
資料：『第2次清水町都市計画マスタープラン』:8-13.

表4 『第2次清水町都市計画マスタープラン』の骨子

序章　都市計画マスタープラン策定にあたって
第1章　全体構想
　1. まちづくりの課題
　2. 将来都市ビジョンの設定
　　まちづくりの基本理念：責任　信頼　誇り
　　都市づくりのテーマ
　　　『水と緑とともにここちよく住み続けたくなるまち・清水町』
　　都市づくりの目標
　　　「町全体のバランスのとれた土地利用」「自然と調和・共生する」
　　　「災害に強く快適な生活環境の整備」「個性や活力の創出」
　　　「町民と共に創る」
　3. 都市づくりの基本方針
　　土地利用の方針，交通体系の方針，住宅の方針，
　　水と緑の方針，下水道の方針，景観づくりの方針
　4. モデルプロジェクト
第2章　地区別構想
　1. 地域づくりの将来方針
　　○北部地域，○西部地域，○東部地域，○南部地域
第3章　都市計画マスタープラン実現に向けて

資料：『第2次清水町都市計画マスタープラン』.
(http://www.town.shimizu.shizuoka.jp/toshi/toshi00044.html,
2019年2月20日取得).

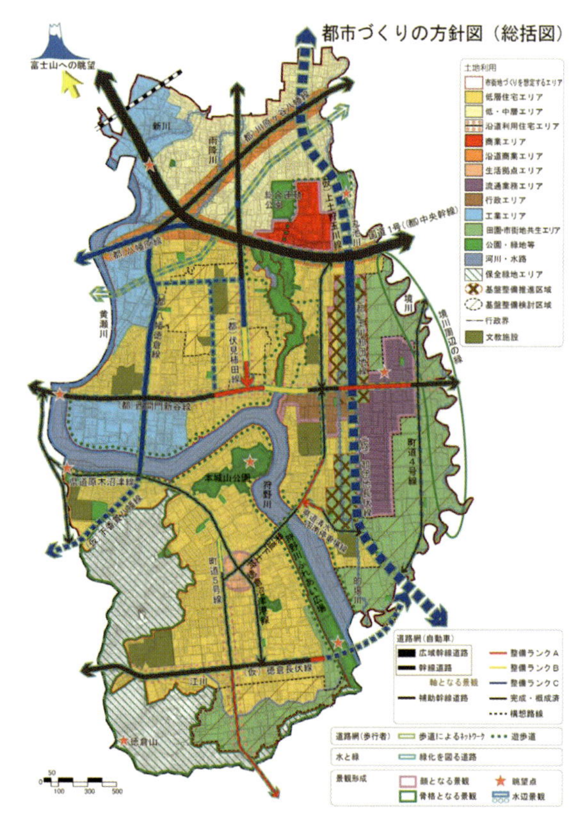

図4　都市づくりの方針図（総括図）
資料：『第2次清水町都市計画マスタープラン』: 59.

静岡新聞朝刊，開業は2015年12月14日）．基本的には2010年度に静岡県が策定した柿田川保存管理計画に沿って保全を図ることとし，柿田川の湧水広場（図2，柿田川公園）のみを水に触れられる施設へ改修するという方針とした（2012年第4回定例会都市計画課長発言）．

(2)(3)に関して，今後予想される人口減少の中，清水町の持続可能なまちづくりのために若い世代の定住化が求められ，新たな質の高い住宅地開発は必要であった．そのため市街地調整区域内の開発可能性のある地区や農地と市街地化が混在している地区を市街化区域に編入（線引きの変更）する可能性も考えられた．ただしそれまでの議会へは，注11)・13)の東駿広域都市計画区域において判断されるという理由に加えて，さらに近年の本格的な人口減少社会を迎え，改正まちづくり三法の施行で市街化区域の拡大を抑制しようとする国の方針であること，そのため線引きの見直しは難しいとの説明されていた（2008年第2回定例会都市計画課長発言）．

最終的に本マスタープランでは線引きの変更には言及せず，東駿広域都市計画区域マスタープランに沿って，中央部の穴抜き市街化調整区域は「低層住宅エリア」として，東部の調整区域は「田園・市街地共生エリア」として位置づけられ，土地区画整理事業，地区計画，建築協定などによって計画的な良好な市街地づくりを誘導するとした（清水町　2013a:35-38，2013年第3回定例会都市計画課長発言，図3・図4）．

(5)(6)(7)(8)に関して，元々，都市計画に関する調査，研究，相互の連絡と調整のための東駿広域都市計画区域2市2町で研究連絡会を設置し協議を行っていた．この研究連絡会を活用して都市計画道路の計画遅れや周辺市

町と連携した市街地開発問題などに対応することとした（2009年3月第1回定例会都市計画課長発言）．特に都市計画道路7路線（未着手2路線を含む）については，2012年3月策定の清水町都市内道路整備プログラムを元に，優先度付きの整備方針（整備ランクA（現在の事業を継続），B（今後順次，整備を行う），C（長期），構想路線（必要性を検討し，今後の都市計画決定（変更）を目ざす））を「交通体系の方針」に盛り込んだ（清水町　2013a:40-41）．

(10) に関して，中学生まちづくり会議の提案をもとに，清水町内循環バスを活用した「モデルプロジェクト」（町内循環バスと既存のJR三島駅・沼津駅とのバス便とを結びつけるターミナルバス停の設置，バス停駐輪場施設整備など）を立案した．

2013年4月の都市計画マスタープランのスタート後，町議会では，多数の様々な層からの住民との協働によってこのプランをつくったこと，中学生まちづくり会議を元にしたモデルプロジェクトなどが高く評価された（2013年第2回定例会，2014年第1回定例会議員発言）．さらに清水町都市内道路整備プログラムをより踏み込んだ都市計画道路構想路線の必要性再検証事業，市街地調整区域における開発条例の導入の検討を開始した[18]（2014年第1回定例会都市計画課長発言）．

公共交通を充実させるモデルプロジェクトは，清水町地域公共交通会議の下，少しずつ進展している．元々，清水町は町内循環バスと，隣町長泉町と共同で循環バスを民間バス業者に委託して運行している（2003年4月21日から本格運行開始，2003年4月21日静岡新聞朝刊）．現在，清水町内循環バスはサントムーン柿田川を起点に，2016年4月から東回り・西回りの両方向の運行とした（2016年4月2日静岡新聞朝刊，図2）．現在（2019年2月20日時点），平日各8便（48バス停，所要時間1時間，均一料金100円）で運行されている[19]．長泉町・清水町循環バスは平日6往復，長泉町のJR長泉なめり駅・清水町静岡医療センター間（19バス停＝往路と復路で経路がやや異なる．所要時間51分，均一料金100円，図1）で運行されている．

一方，清水町の都市計画マスタープランや都市計画が清水町自身の特徴を活かした独自性を出しつつ，より広域な東駿広域都市計画区域のマスタープランや都市計画と調整・整合させるかは大きな課題として残る．東駿計画区域の他の市町では，静岡県内陸フロンティア推進区域への指定による三島市三ツ谷地区（2016年），および長泉町の県立がんセンター周辺地区（2017年）における市街化調整区域から市街化区域へ編入，沼津市東椎木地区における市街化調整区域の地区計画による市街化区域へ編入（2017年），同じく三島市北沢地区における調整区域での地区計画による住宅地開発（2017年）など，工業施設・大型商業施設の新たな計画，住宅地の造成計画が進められている（2016年2月4日，2017年1月14日静岡新聞朝刊）．立地条件に優れた清水町だけは線引きの見直しがなく，東駿計画区域内での開発競争に取り残されることが，町議会でも危惧されている（2013年第3回定例会，2016年第4回定例会，2018年第2回定例会議員発言）．

前述のように東駿広域都市計画区域2市2町では，研究連絡会を設置して都市計画道路の整備，市街化調整区域から市街化区域への編入，地区計画の導入などについて，区域内での調整を目指しているとのことであるが（2013年第2回定例会都市計画課長発言），元々の市町間で意見の相違もある（2009年第1回定例会都市計画課長発言）．さらに前述のとおり平成の大合併時[20]も合併協議は不調で2市2町の枠組みはそのまま存続したため，自治体間の人口増加施策や，産業地区・住宅地区の新規の開発競争が依然として激しく，都市計画を含むスムーズな広域行政が難しい状況にあると推察される．

V　都市地理学と都市計画との接点

1．都市計画教育における地理学

本章では都市地理学から都市計画への橋渡しの私案を述べる．まず都市計画の学部レベルの教育において都市地理学に関係すると思われるトピックが含まれているかをみた．谷口（2014）『入門　都市計画』をみると，「はじめに―なぜ都市ができるのか」の章では，地理学でもしばしば言及されるホテリング・モデル，同心円構造モデル，集積の利益と都市，都市の階層性，都市のライフサイクルが記述され，都市地理学の入門書も参考文献にリストアップされている．このように都市計画の導入部分[21]では，知識は地理学と共通する部分が多いことがわかる．

学部専門課程学生のための都市計画の代表的な教科書として加藤・竹内（2006）『新・都市計画概論　改訂2版』をあげることができよう．この本には第1章「都市と都市計画」の9つの節のうち，「都市化から成熟都市へ」「都市の構造的変化」「都市学」「都市の定義」「都市の立地」「都市の分類」が立てられ[22]，都市地理学も深く関わる内容が都市計画の基礎とされている．このように日本の学部レベル教育でも都市地理学と都市計画の間に接点がないわけではないが非常に弱い．

カナダの都市地理学研究は世界でも特筆されるが，

都市計画と深く関わっている例としてトロント大学地理学科について述べる．村山（1991）・山下（2012）に詳しいが，トロント大学地理学科は1982年に都市計画学科を吸収合併し（村山 1991:182），地理学研究者が多く関わった都市計画の教育が行われている．またカナダの大学での地理学の潮流と同様に，トロント大学地理学科は実学的な色彩を強め，モニタリング・将来予測，将来計画，政策等などに積極的に関与しているという（村山 1991:182）．

筆者が滞在した1995年-96年にも，都市研究で著名なBourne教授，Simmons教授，経済地理学のGertler教授も都市計画プログラム担当メンバーであった．Bourne教授によると，地理学が都市計画プログラムの中核をなしている理由は，「都市計画は決して土木・建築分野だけの研究領域ではない．都市のあるべき姿や住民の社会的特徴を捉えた都市計画のためには，社会科学の知識が重要である」ということであった．トロント大学都市コミュニティ研究センター（当時）にも地理学科のメンバーが参加しており，トロント市の都市問題への学際的研究を行い，政策提言も行う意欲的な成果が多数，発表されていた[23]．

清水町の都市計画を考える上で特に有用だった（都市）地理学の専門知は，(1) 地形・地質，気候・気象，植生，自然災害などの自然地理学・自然環境分野，(2) 中心地理論，中心地システム・地域システム，さまざま計画行政・経済・生活圏域，(3) 都市空間構造（都市構造モデル，因子生態分析，郊外化分析），(4) 都市施設（特に迷惑施設など）の立地（スミスモデル），(5) 都市の経済的基盤（地域特化の経済・都市化の経済，都市経済基盤説），(6) 住民の自治とコミュニティ・自治会・NPO活動，(7) 公共サービスと生活の質，(8) 地域データ（国勢調査・経済センサス・PT調査などのデータ，特に地域メッシュ・小地域統計），(9) 専門的技術（地図・図表作成，GIS，アンケート調査・インタビュー調査）などであった．これらの内容をもとにして，都市計画に資するような都市地理学本の執筆は難しいであろうか？

2．研究レベルでの都市地理学と都市計画との交流

次に，都市計画の学会誌に掲載された地理学研究者[24]による論文から，都市地理学と都市計画の接点をさぐってみる．都市計画学会の学会誌には，隔月で刊行される『都市計画』と年に1度の論文発表大会の『都市計画論文集』がある（これら以外に年4回電子媒体で発行される無審査の『都市計画報告集』がある）．『都市計画』には，特集論文と査読に基づく一般研究論文（標準6ページ，最大16ページ）が，『都市計画論文集』は査読付きの論文（標準6ページ，最大8ページ）がある．創刊号から2015年までに一般研究論文・発表大会論文として都市計画，都市計画学会論文集に掲載された地理学研究者による論文は，本論末尾の論文リスト[25]のとおりである．

これらのうち『都市計画』の創設期には一般研究論文として，田辺（1955），山鹿（1955）の実際の分析にもとづく都市地理学の研究論文が掲載されていて，都市計画と地理学が学問分野としてまだ未分化状態にあったと思われる．その後，約30年の空白期間を経て1980年代後半から，久保・川口（1985），荒井・川口・岡本・神谷（1989），矢野（1991），荒井・川口（1992），山本・森下（1998），荒井・中村（1996），荒井・中村（1997），山田（1999）が，大会で発表を行い『都市計画論文集』に論文を発表している．2000年代になると中澤・荒井（2002），花岡（2006），村中ら（2010），花岡（2011）が研究成果を発表している．これらの研究は都市計画の研究としても違和感のない研究の他，地理学の主要分野である防災・環境に着目した土地利用研究，欧米地理学の新概念「時間地理学」「コンタクト分析」を都市計画に紹介するという点で，学問的な意義があったと思われる．特に荒井は多くの論文を発表しており，彼の果たした役割は大きい．

さらに興味深いのは折々の『都市計画』特集号に掲載される地理学研究者の論考である．第1著者として地理学研究者による特集論文は以下のとおりである．木内（1967），山鹿（1967），竹内（1983），久保（1989），碓井（1998），林（2006），荒井（2010），水内（2011），岩間（2011），矢野（2015）で，特に2010年以降に地理学研究者の論文が多くみられる．特集号タイトルは「地図」「フードデザート」「災害」「土地利用」「地域研究」「地理空間情報・地理情報システム」であり，これらの分野の地理学の専門的知見は都市計画にも重要視されたと拝察される（なお最新の337号「これからの都市・地域のリスク・マネジメント」に松原（2019）の論考がある）．

都市計画学会誌に掲載論文の引用文献を分析した小林ら（2008）によると，都市計画は様々な分野から多くの知識を借用している，学会の枠に囚われず開放的である，という特質がみられるとのことである．この分析では引用元の研究分野は都市計画，建築，土木，造園，その他に分類されているが，例えば2005年都市計画論文集ではその他分野の割合は16%である．そのうち地理学論文の割合は定かではないが，非常に少ないことは

想像に難くない．阿部(2007)による3大地理学会誌(地理学評論，人文地理，経済地理学年報）の場合と比較すると，2001～2005年に掲載された都市地理学研究論文では，引用文献のうち地理学以外のものが約60%にも達し，人文・社会科学分野が多いという．都市計画，土木・建築分野の研究論文は5%程度で，他の分野に比べると非常に少ない．地理学も都市計画の分野から多くを吸収しているとはいい難い．

3. 都市地理学研究へ新しい地平を開くと思われる都市計画研究

もちろん地理学の研究雑誌に掲載された論文のうち荒木（2005•2017），長沼（2003），武者（2006）など，地理学研究者が都市計画の政治・制度に深く踏み込み，印象的な成果をあげている論考がある．逆に都市地理学研究の地平を広げ，研究のヒントを得るような都市計画の研究も数多くみられる．筆者の限られた能力で理解不足の点もあり，数は少ないが以下の15編の印象的な論文を紹介したい．またこれらの論文は「J-STAGE」上で公開されているので一読を勧めたい．

都市の発展・縮退とコンパクトシティ政策は都市地理学と共通の研究課題でもある．牧野ら（2009）の研究はコンパクトシティ政策について基本的な都市構造モデルを使った分析の典型的研究と思われる．牧野らは単核都市地域に自動車交通費用・鉄道交通費用を定式化して都市構造モデルを作り，郊外店舗あり・なしの場合に分けて，コンパクトシティ施策を実施した場合の都市構造や交通環境負荷に及ぼす影響を福井市を事例にしてシミュレーションによって明らかにしている．氏原ら（2007）はエコロジカル・フットプリントという概念とインフラ建設・運営のCO_2排出原単位を使って，岡山市の2地区（スプロール市街地・計画的開発市街地）ごとの都市縮退による軽減度合いを予測している．環境を主要テーマにしている地理学ではあるが，まだ導入されていない視点である．市街化調整区域ではどんな開発管理施策がしかれているのであろうか，都市地理学でも重要な関心あるテーマである．浅野ら（2012）は浜松市を政令指定都市のうちで調整区域人口割合が最も大きいと看破した上で，2000年改正の都市計画法34条第11項によって浜松市が制定し，一部改正した「市街化調整区域における開発区域等を定める条例」による「大規模既存集落」「市街地縁辺集落」などでの住宅系開発の管理について適切な点と問題点を議論している．

また買い物行動分析や生活の質に関する都市計画分野の研究も興味深い．地理学での多くの買い物行動分析では，累積機会数・重力モデルなどによって計測された近接性を元にするが，寺山ら（2014）は神戸市2地区の住民パーソントリップ調査データから，ランダム効用理論にもとづく買い物者の目的地・交通手段選択モデルを構築し，選択モデルから得られるログサムを用いて近接性を算出し，年齢や自動車利用の可能性の影響度を明らかにしている．植田ら（2011）はネットショッピングが実際の購買行動にとって代わる「空間代替」（地理学では未見の用語）に着目し，ウェブによる消費者実態調査によって，ネットショッピングの活用とネットショッピングが実際の購買に取って代わったかどうか（空間代替が行われたかどうか）を評価し，その空間代替による商店街の活性度への影響と環境負荷低減への寄与を推定している．

人口減少地域において住民の生活の質の低下は大きな課題である．三浦ら（2010）は国勢調査，企業・事業所統計調査のメッシュデータを用いて，山形県住民の食料品店への買い物距離の経年変化を分析するとともに，商圏人口の閾値を満たすという条件下で仮想的に新店舗を立地させた場合の買い物困難者の減少度合いを評価している．森田ら(2010)は群馬県六合村を例に過疎・高齢地域の集落群を拠点・共生・縮退の3タイプに分けて，タイプごとの集約型居住に向けた人口動向・居住意向を住民アンケートによって把握し，拠点・共生・縮退集落を一つの圏域とするサービス提供のあり方や人口移動の可能性も含めた集約型居住への展望を示した．

公共交通計画・政策についての研究も地理学研究と関連が深い．望月ら（2007）は富山市における富山ライトレール（LRT）の導入が利用者の満足度を高め，交通弱者の活動の活発化をもたらしたことを利用者実態調査，沿線住民の意向調査により明らかにした．富山LRTの成功はその後の日本各地におけるLRT導入の呼び水となった．中道ら（2008）は全国都市パーソントリップ調査データを用いて，大都市圏中心都市や，衛星都市への転居に伴う交通行動の変化についてその実態を明らかにしている．この研究で転居をきっかけにした交通手段の転換によるコンパクトシティ政策や都市交通政策でのモビリティ・マネジメントへの展望を示している点が興味深い．

平成の大合併に関わる研究で，尾崎ら（2005）は「自治体本庁舎の位置は物理的には行政サービスの利便性と直結し，精神的には地域の代表場所を意味する」とし，合併自治体の本庁舎の重要性，人口分布から求められる庁舎の位置との関係をウェーバー問題の端点解という観点から分析し，多くの合併自治体で端点解になる旧自治体が本庁舎の立地場所になっていることを明らかにした．福島ら（2009）は広域合併自治体を市街地タイプごとに分け，さらに自治体へのアンケート調査によって，地域経営・管理の方針・政策でどの項目を重視するかを論じた研究を行った．合併を地域管理の方針に焦点をあて，新しい中心と周辺の格差の顕在化を早期に指摘している．

東日本大震災の避難行動の研究は数多い．廣井（2014）は原子力損害賠償紛争解決センターや自らが行った大規模社会調査データから延べ4万5千サンプルの福島県居住者の避難トリップデータを元に，避難先の遷移パターンを明らかにし，そこからランダム効用理論を基礎にした広域避難の目的地分布を予測する広域避難行動モデルを構築している．このモデルにより今後の起こりうる災害の際の避難者の目的地分布を予測し，避難シミュレーションに有効な成果が得られたとしている．

都市計画ではしばしば非常に興味深いテーマの研究もみられる．津倉ら（2009）は大型合併によって広域化した浜松市周辺部の旧村櫛村において，江戸期末に村営として設置され現在も自治会・NPO経営として残る村櫛酒販売所の機能に着目し，コミュニティ財の運用と住民の情報交換の仕組みを明らかにした．長曽我部ら（2015）は改正都市再生特別措置法にもとづいたまちなか居住を推進するために，古い民間アパートの活用方法としてDIY型賃貸借居住（借り主による部屋整備）に着目した．このDIY型賃貸借の日本での普及の可能性を家主へのアンケート調査から議論し，家主への啓発活動や管理負担が少ない手法の開発の必要性を述べている．また椎野ら（2009）は都市計画法施行令25条第6項「開発区域の面積が0.3ha以上5ha未満の開発行為にあっては，開発区域に，面積の合計が開発区域の面積の3%以上の公園，緑地又は広場が設けられていること」の規定によって，小規模な開発行為では極めて狭い公園が設置されしかも開発地区の縁辺部や悪形状の位置に設置されることに起因する問題点と改善方法を指摘している．

ここまで都市計画の印象的な論文を紹介したが，これらの研究はテーマや精緻な現状分析という点で地理学と問題意識・成果を共有できる．ただし都市計画の研究は分析に加えて，将来予測，政策提言などを行っているところに地理学との違いがある．地理学研究の社会的有用性を正しく評価してもらうために，研究の社会的含意をしっかりと明示する必要がある．

VI　おわりに－都市地理学を都市計画に活かすために－

さて清水町都市計画マスタープランの策定をきっかけに，都市計画マスタープラン・都市計画の制度・意義，まちづくりへの活用，都市地理学と都市計画との違いを考えた経験からの感想をもって結びとしたい．まず筆者が策定委員長としての役目をなんとか成し遂げることができたのは，阿部（2007）のいう都市地理学の幅広く蓄積の大きい専門知のお陰である．それとともに元勤務校の静岡大学情報学部では，「都市デザイン論」「都市・地域政策論」などを担当していたので，教科書レベルの都市計画内容を理解していたことと，日本都市計画学会会員となって研究論文を多読していたことが助けになった．

同時に筆者が都市計画マスタープランの策定委員長を依頼されたことは，都市計画の立案や教育・研究でも社会科学的な発想が必要と認識されているからと思われる（加藤・竹内 2006:6）．また荒木（2005:84）は箸本（1998）も参照しながら，「地理学は都市政策に対して空間的な現実性が前提となるべきであり，事例研究から得られる実証的な提言などは地理学において取組べき課題である」と述べ，都市政策での地理学の有用性を指摘している．

そして実際に町・村レベルで都市計画を担当する自治体職員は必ずしも，建築・土木系の専門職員でない．特に近年，町・村レベルの自治体では専門職の定員が少なくなっていることと，専門職員を募集しても応募者自体が少なくなかなか専門職員を採用することが難しいとのことである[26]．このような観点からしても自然から行政・経済・社会まで幅広い専門知をもつ地理学専攻の卒業生のために，市町村の都市計画に関連する仕事は有力な分野ではないだろうか．もちろん都市計画に関する行政は非常に幅広く，法律・規則・技術・事業例などを基礎にする膨大な体系であるため，多少の学びでは都市計画の専門家になれないことはいうまでもない．

それでも都市地理学の研究・教育においても都市計画の専門知が重要であると思われる．たとえば既成市街地での再開発や郊外地域での大型商業施設の立地などは，都市計画やさまざまな分野の地域政策にもとづいている．そのため地理学の教育・研究にはこれらの分野を積極的に組み込む必要があると思われる．例えばその端緒として，学部教育のレベルでの各2単位分程度の「都市・地域の開発制度・計画制度」と「現状評価・将来予測の分析手法」に関する授業科目を設置することである．このような取組によって都市地理学が教育だけでなく研究でもより充実し，さらに社会に有用な学問領域となるためのステップになると思われる．

謝辞と付記

都市計画マスタープランの策定という貴重な機会を頂いた清水町関係者の方々へ感謝申し上げる．策定委員長を無事に務め上げることができたのも，策定委員会委員，策定事務局の方々のご援助と，静大情報学部（西原研究室）を卒業し自治体職員となっている多くの卒業生諸氏のモラルサポートのお陰である．記して感謝の意を表したい．

また本論文は，都市地理学 vol.14 に投稿された「ある郊外町の都市計画マスタープランの策定とまちづくり―静岡県清水町での経験―」を加筆修正するとともに，新たにⅤ章「都市地理学と都市計画との接点」を書き下ろしたものである．なお本論には都市計画の記述に関して，筆者の理解不足による誤りが多く含まれていると思われる．都市地理学と都市計画との関係の議論ともども，ご意見を頂ければ幸いである．

注

1) エドワード・レルフ（1999:66）によると，世界初の都市計画マスタープランと考えられるものは，1909 年のバーナムによる「シカゴの都市計画」である．バーナムの都市計画は，それまでの計画と違って，商業，工業，交通，公園，湖岸，人口増加とともにシカゴの地域開発の行く末にも注意を払い，都市の開発がめざすべき目標を与えたという．

2) 都市計画マスタープランの策定は市町村の義務ではなく「定められることが望ましい」とされている（国土交通省 2018:29）．静岡県 35 市町のうち都市計画区域をもつ対象市町が 32 あり，マスタープラン策定済みの市町は 30 である（静岡県 2018:17）．

3)「都市計画マスタープランは都市計画としての決定ではない」、という文言は都市計画専門家以外には理解することが難しい．筆者の推察するところでは，都市計画マスタープランが如何に都市計画法に定められていても，法で都市計画とは「土地利用」「都市施設の整備」「市街地開発事業」に関する計画とされ、マスタープランがその範疇に入っていないからである．

4) 政令指定都市は法 87 条の 2 により，大部分で都道府県並みの都市計画決定権限を有している（小西 2008:336）．

5) 町村の場合は都道府県の同意を得なければならない（法 19 条第 3 項）とされ，さらに都道府県の権限が強い．

6) 2018 年 1 月 1 日現在の静岡県 35 市町の住宅地公示地価によると，清水町は静岡市，浜松市，三島市，沼津市，長泉町に次いで 6 位で，近隣市町とともに人気のある住宅地でもある（2018 年 3 月 28 日静岡新聞朝刊）．

7) 1967 年 2 月に清水町は住民の反対を理由に合併見送りを決定した．しかし協議会は 2006 年 5 月に廃止されるまで，休止状態のままだった（清水町ウェブページ:www.town.shimizu.shizuoka.jp/hoko/koho000333.html，2019 年 2 月 20 日最終閲覧，1996 年 6 月 2 日，2003 年 10 月 2 日，2006 年 5 月 27 日静岡新聞朝刊）．

8) 合併新法に基づく静岡県合併推進構想（2007 年 5 月 17 日変更）での合併の組合せ 3 市 3 町（沼津市・三島市・裾野市・函南町・清水町・長泉町）も含めて，さまざまな案が検討された．また地方交付税の不交付団体が多く，これらは合併に消極的だった（2002 年 4 月 24 日・7 月 27 日，2003 年 7 月 6 日・10 月 19 日，2006 年 7 月 25 日，2008 年 2 月 9 日・2 月 21 日・3 月 8 日，2010 年 4 月 1 日などの静岡新聞朝刊）．

9) 2008 年 2 月に沼津市・三島市を核とした東部広域都市づくり研究会は解散し，一応の合併見送りに決着した（2008 年 2 月 21 日静岡新聞朝刊）．

10) 沼津市は合併を前提にしていた清水町のごみ・し尿の受託処理を 2005 年度で打ち切った．清水町は 2006 年度から 3 年間，ゴミは三島市，し尿は函南町に処理を委託することになったが，2008 年度から沼津市に再委託することとなった．（2004 年 2 月 7 日，2005 年 12 月 17 日，2007 年 10 月 27 日静岡新聞朝刊）．

11) 保留フレームとは区域区分する都市計画区域において，市街地人口の目標値（人口フレーム）に相当する面積のすべてを具体の市街化区域として設定せず，一部の人口フレームを保留する場合があり，この保留された人口フレームのことをいう．将来，市街化調整区域内における計画的な市街地整備の見通しが明らかになった時点で，保留された人口フレームを使ってそれに相当する区域を市街化区域に編入する（静岡県 2013:13）．

12) 地区計画制度は 1980 年に創設され，2002 年の法改正で地区の特性に応じて用途制限，容積率制限などを強化・緩和できるようになった（法 12 条の 5）．

計画の実施主体は市町村で，市街化調整区域でも可能である．計画の特に重要な事項は条例（罰則の規定付き）を定め，細部は計画として決定する（加藤・竹内 2006:131-146）．地区計画の重要事項を条例で定める理由は、都市計画法（罰則の規定なし）ではなく建築基準法（罰則の規定付き）を使って規制の実効をあげるためである．

13) 線引きの見直しは東駿広域都市計画区域として判断されるため難しい状況にあった．土地区画整理事業については，1990 年代後半期のバブル経済の崩壊で新たな土地区画整理事業の展開は難しかったという（2008 年町議会第 2 回定例会都市計画課長発言）．

14) この条例は建築基準法 68 条の 2 第 1 項の規定にもとづく地区計画区域内における「建築物の用途，構造に関する制限等」（罰則付き）を定めたものである（大臣承認 2006 年 3 月 6 日付，2006 年第 1 回定例会都市計画課長発言）．

15) まちづくり三法とは 1998 年に成立した「大店立地法」「中心市街地活性化法」「（改正）都市計画法」からなり（加藤・竹内 2006:259），大型商業施設の郊外立地規制を強化するために，中心市街地活性化法と都市計画法がさらに見直しされた（2006 年 5 月成立）．都市計画法の改正部分は，2006 年 8 月都市計画提案制度の拡充，11 月準都市計画区域の見直し，2007 年 11 月の大規模集客施設立地規制の強化・開発許可制度の見直し・用途緩和型地区計画の創設等の施行と，段階施行された．

16) サントムーン柿田川ウェブページ（https://www.suntomoon.co.jp，2019 年 2 月現在，最終閲覧 2019 年 2 月 21 日）．

17) 清水町ウップページ（http://www.town.shimizu.shizuoka.jp/toshi/toshi00044.html，2019 年 2 月 20 日取得）．

18) 法 34 条第 11 項にもとづく開発条例は未制定である（2019 年 2 月 20 日現在）．

19) 2017 年度町内循環バスの利用人数は 43,948 人で，前年度に比べ 4,432 人増加している．また片回りの運行であった 2015 年度と比べて約 1.5 倍増であった．利用客は 60 歳以上の高齢者，運転免許非保有者が多く（2018 年第 2 回定例会くらし安全課長発言），交通弱者のための公共交通の役目を果たしている．

20) 森川（2015:365）によると 2 つ以上の都市が含まれる場合，特にライバル関係のある都市同士の合併は少ないという．

21) 谷口（2014）に掲載されている地理学と関係が深いと思われるキーワードは以下のとおりである．均質空間（地域）・機能空間（地域），クリスタラー，CBD，生活の質，成長極理論，ソーシャルキャピタル，地域の概念，中心性，都市化，都市構造，NIMBY，ヒンターランド，フードデザート．

22) 本書でリストアップされている地理学関係文献は小林浩二（1996），清水馨八郎・服部銈二郎（1970），成田孝三（1995），藤岡謙二郎（1970），Berry, B. J. L.（1976）である．

23) 例えば以下のような調査報告論文が発行されていた．

Marcia Wallace and Frances Frisken 2000 City-Suburban Differences in Government Responses to Immigration in the Greater Toronto Area, *Centre for Urban and Community Studies, University of Toronto, Research Paper* 197.

Frances Frisken, L.S. Bourne, Gunter Gad and Robert A. Murdie 1997 Governance and Social Well-Being in the Toronto Area: Past Achievements and Future Challenges, *Centre for Urban and Community Studies, University of Toronto, Research Paper* 193.

24) どういう基準で地理学研究者をリストアップするかは非常に難しい．本稿では学部レベルで地理学科・地理学専攻であったか，もしくは日本地理学会・人文地理学会など主要な地理学会誌を主に研究成果を発表している研究者とした．

25) リストアップには，日本都市計画学会（2016）『日本都市計画学アーカイブス―USB メモリ版―』を用いた．このアーカイブスには学会誌『都市計画』，『都市計画論文集』，『都市計画報告集』がそれぞれ創刊から 2015 年まで（都市計画報告集は 2014 年まで）収録されている．ただしリストアップには，筆者の能力不足による欠落があると思われるが，ご容赦頂きたい．

26) 静岡県内の自治体都市計画課職員へのインタビューによる．

引用文献

阿部和俊　2007 「人文地理学のアイデンティティを考える―都市地理学を中心に―」，人文地理，59(5):52-66.

荒木俊之　2005 「「まちづくり」3 法成立後のまちづくりの展開―都市計画法を中心とした大型店の立地の規制・誘導―」，経済地理学年報，51(1):73-88.

荒木俊之　2017「都市計画区域指定および都市計画制度の運用の地域差により生じる問題－岡山県南部を事例に－」 都市地理学，12:72:83.
五十嵐敬喜・小川明雄　1993『都市計画―利権の構図を超えて』岩波新書.
五十嵐敬喜・野口和雄・萩原淳司　2009『都市計画法改正―「土地総有」の提言―』第一法規.
伊藤雅春・小林郁夫・澤田雅浩・野澤千絵・真野洋介・山本俊哉　2011『都市計画とまちづくりがわかる本』彰国社.
加藤　晃・竹内伝史　2006『新・都市計画概論　改訂２版』共立出版.
金　鎮範・飯田直彦　2004「日本の都市計画制度に対する批判的考察」，都市計画報告集，2:29-34.
小林隆史，雨宮 護，大澤義明，腰塚武志　2008「都市計画論文集の引用文献分析―論文集間比較と経年比較―」，都市計画論文集，43(3):115-120.
高木　任之　2009『都市計画法を読みこなすコツ　第３版』学芸出版社.
谷口　守　2014『入門　都市計画』森北出版.
樗木　武　2013『都市計画　第３版』森北出版.
都市計画法制研究会編著　2010『よくわかる都市計画法』ぎょうせい.
長沼佐枝　2003「インナーエリア地区における住宅更新と人口高齢化に関する一考察―東京都荒川区を事例に―」，地理学評論，76(7):522-536.
日本都市計画家協会　2017『JSURP まちづくりカレッジ「人口減少社会を読む」特別企画マスタープランは必要か？』(www.jsurp.jp/ カレッジ / ★シンポジウム記録（写真添付）171025.pdf，2019 年２月 21 日最終閲覧).
箸本健二　1998「流通業における規制緩和と地域経済への影響」，経済地理学年報，44(4):282-295.
武者忠彦　2006「松本市における中心市街再開発のメカニズム―土地区画整理事業をめぐる制度・都市政治・商店経営者の戦略―」，地理学評論，79(1):1-25.
村山祐司　1991「カナダの地理学」，人文地理学研究，15:161-185
森川　洋　2015『「平成の大合併」研究』古今書院.
森川　洋　2018「人口減少時代における市町村の活力」，人文地理，70(2):215-232.
山下宗利　2012「カナダにおける地理学の潮流」，地学雑誌，121（5）：787-798.
エドワード・レルフ（高野岳彦・神谷浩夫・岩瀬宣之訳）1999『都市景観の二十世紀　モダンとポストモダンのトータルウォッチング』筑摩書房.

資　料

国土交通省 2018『第 10 版都市計画運用指針』(www.mlit.go.jp/common/001261808.pdf，2019 年 2 月 21 日取得).
国立社会保障・人口問題研究所 人口構造研究部 2008『日本の市区町村別将来推計人口 (2008 年 12 月推計)- 平成 17(2005) ～ 47(2035) 年 -』(http://www.ipss.go.jp/pp-shicyoson/j/shicyoson08/gaiyo_honbun.pdf，2019 年 2 月 20 日取得).
静岡県　2008『静岡県市町村合併推進構想　平成 18 年 3 月 22 日（平成 19 年 5 月 27 日変更・平成 20 年 6 月 27 日変更）』(https://www.pref.shizuoka.jp/soumu/so-410a/documents/200627kousou.pdf，2019 年 2 月 20 日取得).
静岡県　2011『東駿河湾広域都市計画　都市計画区域の整備，開発及び保全の方針』.
静岡県　2013『静岡県都市計画区域マスタープラン策定方針【第３編】用語集』(2013:https://www.pref.shizuoka.jp/kensetsu/ke-510a/documents/yougosyu.pdf，2019 年 2 月 20 日取得).
静岡県　2016『静岡県の都市計画（資料編）』.
静岡県　2018『静岡県都市計画ガイドブック -2018-』(https://www.pref.shizuoka.jp/kensetsu/ke-510a/documents/toshikeikaku_guidbook_ver7_1805.pdf，2019 年 2 月 20 日取得).
清水町　2009『清水町都市計画マスタープラン』.
清水町　2011『第 4 次清水町総合計画 2011 ～ 2020』.
清水町　2013a『第２次清水町都市計画マスタープラン』.
清水町　2013b『第２次清水町都市計画マスタープラン別編資料編』.

都市計画，都市計画論文集に掲載された一般論文・発表会論文

荒井良雄・川口太郎・岡本耕平・神谷浩夫　1989「活動パス概念にもとづく主婦の外出活動の分析」，都市計画論文集，27:373-378.
荒井良雄・川口太郎　1992「休日の外出活動に対する家族のライフステージの影響」，都市計画論文集，27:157-162.
荒井良雄・中村広幸　1996「コンタクトアナリシス

による空間的情報流動の調査手法—岡山県南地域をケーススタディとして—」，都市計画論文集，31:355-360.
荒井良雄・中村広幸　1997「コンタクトアナリシスによる空間的情報流動データの信頼性と安定性—宮城県地域の製造事業所をケーススタディにして—」，都市計画論文集，32;103-108.
田辺健一　1955「仙台市の地域構造 －複合要素による地理学的分析」，都市計画，10:12-19.
中澤高志・荒井良雄　2002「情報サービス産業の業務活動の空間的広がりに関する研究—九州における事例—」，都市計画論文集，37:67-72.
花岡和聖　2006「焼きなまし法を用いたパーソントリップ調査データの拡大補正法に関する研究—平成12年度京阪神都市圏パーソントリップ調査データを用いて—」，都市計画論文集，41(3):91-96.
花岡和聖　2011「小地域単位での所得分布推定—空間的マイクロシミュレーションを用いたアプローチ—」，都市計画論文集，46(2):142-148.
村中亮夫・谷端　郷・中谷友樹・花岡和聖・白石陽子　2010「住民参加型安全安心マップ作成のワークショップへの参加の行動規定要因—京都府亀岡市におけるセーフコミュニティ活動の事例分析—」，都市計画論文集，45(3):325-330.
山田浩久　1995「地方都市のおける地価変動の特異性とその地域的要因について」，都市計画論文集，30：109-114.
山田浩久　1999「東京都心部における地価変動現象の変化に関する研究」，都市計画，220:49-54.
矢野桂司　1991「空間的相互作用モデルの精緻化に関する研究—日本の国内人口移動を例として—」，都市計画論文，26:517-522.
山鹿誠次　1955「衛星都市の性格と地域構成」，都市計画，11:7-12.
山本佳世子・森下英治　1998「防災機能を考慮した公共的緑地配置に関する研究—東京都を事例として—」，都市計画論文集，216:64-73.
山本佳世子　2002「大都市圏縁辺部における市街化に着目した土地利用規制の検討—琵琶湖集水域を対象に—」，都市計画論文集，235:65-76.

都市計画に掲載された特集論文

荒井良雄　2010「時間感覚の近代化と脱近代化」，都市計画「人間の感覚と都市空間の未来」特集号，285:44-47.
岩間信之　2011「フードデザート問題－地理学の視点からの分析」，都市計画「買い物弱者を救えるか？」特集号，294:8-11.
碓井照子　1998「阪神・淡路大震災における地理情報システムの活用」，都市計画「都市計画における高度情報技術の活用」特集号，211:33-36.
木内信蔵　1967「序説」，都市計画「都心調査特集：東京の経済的管理機能の調査」特集号，52:4-5.
久保幸夫　1989「都市計画と地理情報処理」，都市計画「都市計画とコンピュータ」特集号，157:21-26.
山鹿誠次　1967「4. 機能間の相互関係」，都市計画「都心調査特集：東京の経済的管理機能の調査」特集号，52:13-17.
山鹿誠次　1967「都市計画と地理学」，都市計画「学会法人化記念」特集号，56:13.
竹内淳彦　1983「小・零細工業からみた大都市既成市街地の再生方向」，都市計画「大都市既成市街地の整備と再生」特集号，125:66-71.
林　上　2006「名古屋大都市圏の「ものづくり」と都市産業構造」，都市計画「名古屋は元気」特集号，262:7-10.
水内俊雄　2011「ヴァルネラブルな人々への支援ともうひとつのインナーシティ再生」，都市計画「都市と地域システムの脆弱性と強靭性：東日本大震災を踏まえて」特集号，292:35-38.
矢野桂司　2015「昭和初期京都の景観を語る地図の発見」，都市計画「地図の中の風景」特集号，315:1.

都市地理学研究へ新しい地平を開くと思われる都市計画研究

浅野純一郎・大平啓太　2012「浜松市の市街化調整区域における集落系土地利用コントロールの現状と課題に関する研究」，都市計画論文集，47(3):433-438.
植田 拓磨・山室 寛明・谷口 守　2011「サイバースペースへの空間代替が自動車 CO_2 排出量と都市内滞留時間に及ぼす影響—買い物行動に着目して—」，都市計画論文集，46(3) :763-768.
氏原岳人・谷口守・松中亮治　2007「エコロジカル・フットプリント指標を用いた都市整備手法が都市撤退に及ぼす環境影響評価—都市インフラネットワークの維持・管理に着目して— 」，都市計画論文集，42(3):637-642.
尾崎尚也・大澤義明　2005「人口分布から見た市町村合併における本庁舎位置決定に関する研究」，都市

計画論文集，40(3):121-126.
椎野亜紀夫　2009「市街地における狭小街区公園の実態と空間構成の特徴に関する研究―北海道札幌市における事例研究―」，都市計画論文集，44(3):379-384.
長曽我部まどか・小川宏樹　2015「まちなか居住エリアにおけるDIY型賃貸借の普及に向けた課題－和歌山市の中心市街地を事例として－」，都市計画論文集，50(3): 453-463 .
津倉真優子・後藤春彦・佐藤宏亮　2009「地縁組織が経営する地域共有の場としての酒場の機能に関する研究―浜松市村櫛酒販売所におけるコミュニティ財の運用と情報交流の仕組みに着目して―」，都市計画論文集，44(3): 559-564.
寺山一輝・小谷通泰　2014「目的地・交通手段選択モデルに基づく買い物交通のアクセシビリティの評価―既成市街地と郊外住宅団地の比較―」，都市計画論文集，49(3):429‐434.
中道久美子・谷口守・松中亮治　2008「転居を通じた都市コンパクト化による自動車依存低減の可能性－大都市圏における転居前後の交通行動変化分析を通じて－」，都市計画論文集，43(3):889-894.
廣井　悠　2014「福島原子力発電所からの避難行動に関する調査と分析」，都市計画論文集，49(3):537-542.
福島　茂・瀬戸口哲男　2009「「平成の大合併」にみる広域合併都市の都市的特徴と都市・地域政策」，都市計画論文集，44(3):697-702.
牧野夏樹・中川　大・松中亮治・大庭哲治　2009「コンパクトシティ施策が都市構造・交通環境負荷に及ぼす影響に関するシミュレーション分析」，都市計画論文集，44(3):739-744.
三浦英俊・古藤　浩　2010「メッシュデータを用いた人口減少地域における買い物距離の分析―山形県における食料品店を事例として―」，都市計画論文集，45(3):643-648.
望月彰彦・中川　大・笹原　勤　2007「富山ライトレールが地域交通にもたらした効果に関する実証分析」，都市計画論文集，42(3):949-954.
森田哲夫・塚田伸也・佐野可寸志　2010「過疎・高齢地域における集約型居住に向けた人口動向・居住意向の分析―群馬県六合村におけるケーススタディ―」，都市計画論文集，45(3):511-516.

イギリスにおけるタウンセンターファースト政策と中心地理論

根田　克彦

Ⅰ　課題と目的

イギリスでは，緑地を守り市街地の無秩序な拡大を防ぐために，既存の市街地の外 (out-of-town) における大規模小売店の開発が規制される．市街地では，センターとして設定された商業集積地を維持・活性化する必要がある．一方，センター外 (out-of-centre) において新規に小売店を立地する場合は，センター内とセンター縁辺部で立地できないことを証明する必要があり，センター外に店舗面積 2,500 ㎡超の大型店を建設する場合は，既存のセンターに対して悪影響がないことを証明する必要がある（Ministry of Housing, Communities and Local Government 2018)．センターを維持・強化し，センター外での小売店の開発を規制するこの政策は，タウンセンターファースト政策と呼称される（根田 2016)．

センターは，一般に徒歩と公共交通機関の結節点に位置する．既存のセンター内での開発を優先して，公共交通とのアクセスが低いセンター外での開発を規制することは，センター内の既存のインフラストラクチャを有効活用し，自家用車の利用に依存するセンター外の大型店の開発を規制し，市街地の無秩序な拡大を制御して緑地を保護する点で，イギリスの都市計画の基本原理である，持続可能な開発の目標に合致する．

しかし，地方自治体は衰退した市街地の再生のため，大型店の資金を必要とした（Guy 2008)．そのため，タウンセンターファースト政策を採用するイギリスでも，衰退エリアの再生のためにセンター外に大型店の立地を認める事例もある．

本章では，バーミンガム大都市圏郊外のダドリィ市が，センター外にあるショッピングセンターをセンターに変更した事例を紹介する．イギリスは中心市街地を守りセンター外大型店の立地を厳しく規制している国と紹介されることが多い．しかし，上述したように，大型店の経済的利益を重視して，地方自治体がセンター外大型店の開発を支持する例がある．本研究は，地方自治体がセンター外大型店をセンターとした経緯を紹介し，イギリスの小売店の立地政策の課題を解明したい．

Ⅱ　タウンセンターファースト政策

イギリスは連合王国であり，イングランド，スコットランド，ウェールズ政府がそれぞれの都市計画の指針を作成する．本研究の対象であるイングランド政府の都市計画の指針は，センターを，シティセンター，タウンセンター，ディストリクトセンター，ローカルセンターの 4 類型に区分し（Ministry of Housing, Communities and Local Government　2018: 72)，地方自治体の都市計画の指針である開発計画 (local plan) において，センターの種類と範囲を示すことを義務としている．

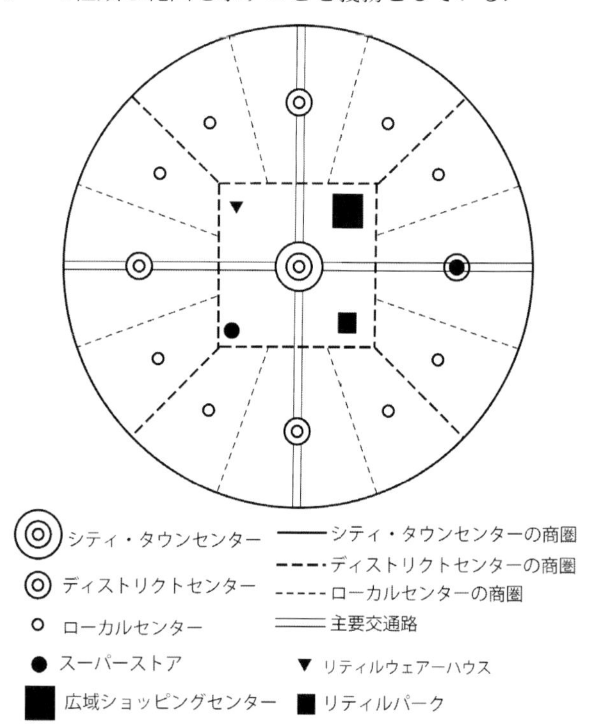

図 1　イギリス中都市のセンターの階層構造

図 1 は，イギリスの中都市におけるタウンセンターの階層構造を模式化したものである．シティ・タウンセンターは一般に都市の歴史的核であり，行政機関，オフィス，レジャー施設が立地して，都市もしくは都市圏全域を通勤・レジャー・買物圏とする．ディストリクト・ローカルセンターは，日本の周辺商業地に相当する．ディストリクトセンターはローカルセンターに比べて商圏規模が大きく，ローカルな図書館や小中学校などの公共施設も立地し，コミュニティの社会的・経済的核である．最後に，ローカルセンターは，徒歩で来訪できる範囲を商圏とし，小規模な小売店とサービス施設から構成される．このように，センターは商業集積地だけではなく，就業・

文化･行政施設が集積し，都市とコミュニティの経済的･社会的核である．センターはその商圏規模に応じて分類されており，上位階層の中心地の中間地点に，より低次階層の中心地が，人口分布に対応して分布する．

このセンターの階層構造は，クリスタラー的な中心地理論の階層構造を規範的モデルとする（Guy 1980:94）．クリスタラーの中心地理論に基づくと，最小の数のセンターで，財とサービスの供給を受けないエリアをなくすことができる（クリスタラー 1969: 82-83）．この点で，中心地理論に基づきセンターの階層構造を整備することにより，買い物機会を含む日常サービスの供給に関して，空間的公平性を保証することができる．

買い物機会の公平性を保証するために，イングランドの地方自治体の都市計画では，個々のセンターを保護するだけではなく，センターの階層構造全体を維持・強化するための政策を示すことが必要となる．そのため，都市計画は，各センターはそのセンターが属する階層に適する役割を担うことを保証する．そのため，センターにおいても，階層構造を崩すような大型店の開発は規制される．たとえば，最下位階層であるローカルセンターでは，店舗面積 2,500 ㎡超のスーパーストアの立地が規制される．

一方，センター外に立地する小売店は，都市計画において維持・強化される存在ではない．センター外の商業集積地は，大きく 2 種類に区分できる．第 1 に，市街地に散在する小規模な伝統的近隣商業地，第 2 に，大型店とチェーン店を主体とする計画的なショッピングセンターである．

イングランド政府の指針では，近隣住民を商圏とする小規模な商業集積地 (small parades of shops) は，基礎自治体が特別に定めない限り，センターと定義されない（Ministry of Housing, Communities and Local Government 2018）．しかし，それらは，住民が触れ合い，食料品を提供する存在であり，コミュニティにとって必要である（Ministry of Housing, Communities and Local Government 2018）．

センター外大型店の代表的な業態として，食料品と日用品を主体とするスーパーストア（2,500 ㎡超）と，DIY やカーペット，家具や家電などの家庭用のバルキー（かさばる）商品を販売するリティルウェアーハウスがあり，それらは，一般に無料駐車場を有し，低価格で商品を販売する．

一方，代表的なショッピングセンターとして，リティルパークと広域ショッピングセンターとがある．リティルパークはリティルウェアーハウスが 3 店舗以上集積する商業集積地で，計画的に開発されたものが主体である．最後の，広域ショッピングセンターは，店舗面積 5 万㎡超のセンター外ショッピングセンターである．それらは，衰退したインナーシティの都市再開発の一環として衰退した市街地（ブラウンフィールドと呼称される）に建設されることが一般的で，市街地の外の緑地に建設されることは少ない（根田 2016）．

広域ショッピングセンターのなかには，鉄道やトラムなど公共交通とのアクセスが良好なものが多く，それらは，最寄品店と飲食店，文化・エンターテインメント施設が充実している点で，シティセンターと同様の機能を有するとみなせる．本研究で対象とするメリーヒル広域ショッピングセンターは，2011 年にダドリィ市がセンター外立地からセンターに変更された．

Ⅲ　メリーヒル広域ショッピングセンター開発の経緯

ダドリィ市の人口は 305,155 人（2011 年センサス）で，バーミンガム大都市圏では，バーミンガム市（人口 1,073,045 人）に次ぐ人口を有する．ダドリィ市の伝統的中心市街地は市の北部に位置するダドリィである（図 2）．メリーヒル広域ショッピングセンターは，ダドリィから約 5km 南に位置するブライアリーヒル集落東側に広がる低地に開発された（図 3）．

ダドリィ市のブライアリーヒルは，石炭，耐火粘土，鉄鉱石の自然資源により繁栄したブラックカントリー [1] を代表的集落であった（Dudley Metropolitan Borough Council　2008）．19 世紀にブライアリーヒルの低地にラウンドオーク製鋼所が設立され，19 世紀末までに 6,000 人超の従業者数を抱えた．20 世紀にそれらの産業が衰退し，1982 年にはラウンドオーク製鋼所が閉鎖され（Lowe 1998），1,286 人の失業者を生んだ（Lowe 1991）．

ラウンドオーク製鋼所が閉鎖される前年の 1981 年に，ブライアリーヒルの低地に広がるリクリエーション緑地（Merry Hill Farm）が，ダドリィエンタープライズゾーンに指定され [2]，さらに，1984 年にエンタープライズゾーンは，北のラウンドオーク製鋼所跡地に拡大された．

エンタープライズゾーンを開発したのは，地元企業リチャードソン開発であり，1984 年にエンタープライズゾーンの緑地部分にリティルウェアーハウスを建設した．さらに，リティルパークとメリーヒルショッピングセンターが 1986 年に開業したが（Black Country Consortium 2005），当初は，広域ショッピングセンター規模ではなかった（Lowe 2000）．

しかし，1989 年までに続いた段階的な建設工事で，メリーヒルショッピングセンターは，総面積 128,958 m²の 2 階建てショッピングモールとなった．それは 5 店の百貨店，1 店のスーパーストアを核店舗として，10 スクリーンの映画館，8,000 台超の駐車場を有し，広域ショッピングセンターとしての機能と規模に合致するものであった．さらに 1993 年には，8,829 m²の増床許可を得た（Lowe 1998）．

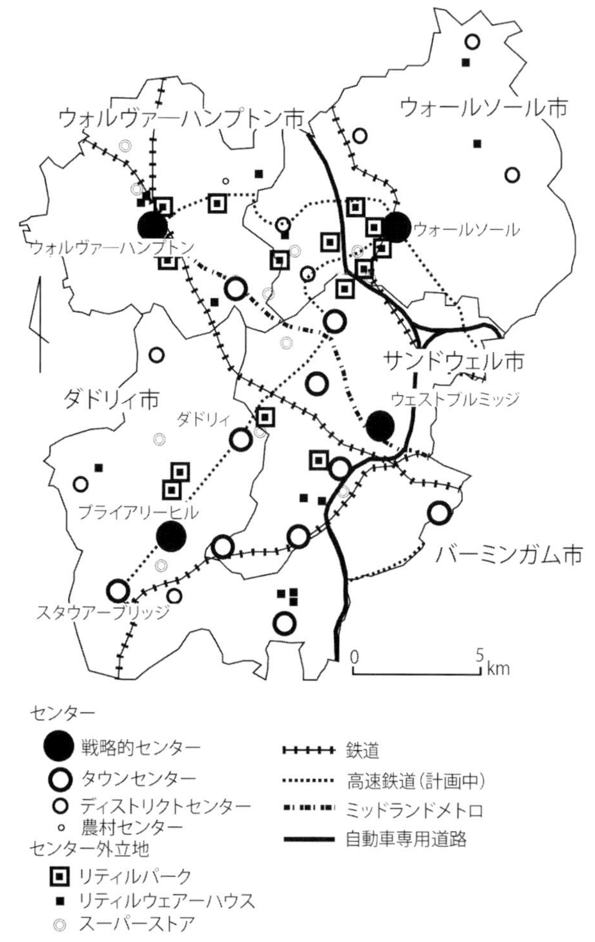

図 2 ブラックカントリーにおけるセンターの階層構造
資料：Dudley Metropolitan Borough Council, Sandwell Metropolitan Borough Council, Walsall Council and Wolverhampton City Council（2011））

メリーヒル広域ショッピングセンター開業の影響は甚大であった．ダドリィの伝統的中心市街地の地位にあったダドリィは，メリーヒルショッピングセンターの開業により，その買回品店舗の 70％ほどを損失したと評価された（Roger Tym and Partners 1993）．ダドリィの中心市街地では多数のチェーン店がメリーヒル広域ショッピングセンターに移動し，それら店舗の跡地は空き店舗か，質の低い店舗となった．また，メリーヒル広域ショッピングセンターにもっとも近接するブライアリーヒルのセンターの店舗面積は，1992 ～ 1986 年の間に 3％減少した（Roger Tym and Partners 1993）．

1991 年にメリーヒル広域ショッピングセンターからモノレールがウォーターフロントの付近まで開業したが，1992 年に定常運転を停止し，1996 年に廃業した [3]．なお，1990 年にメリーヒル広域ショッピングセンターの所有権は，最初に開発した地元企業のリチャードソン開発から，複数の企業を経て，2019 年現在，イントゥプロパティーズである [4]．

さらに，1997 年にメリーヒル広域ショッピングセンターの北に接する，ラウンドオーク製鋼所跡地を主体とする運河沿いの低地に，ウォーターフロントビジネスパークが開発された．それは 46,500 m²のオフィスとそれに付随する上質の飲食店，16,300 m²の消費財生産の工場，ホテル，公園，アイスリンクを有した（Dudley metropolitan Borough Council 2011）．

2019 年現在，メリーヒル広域ショッピングセンター

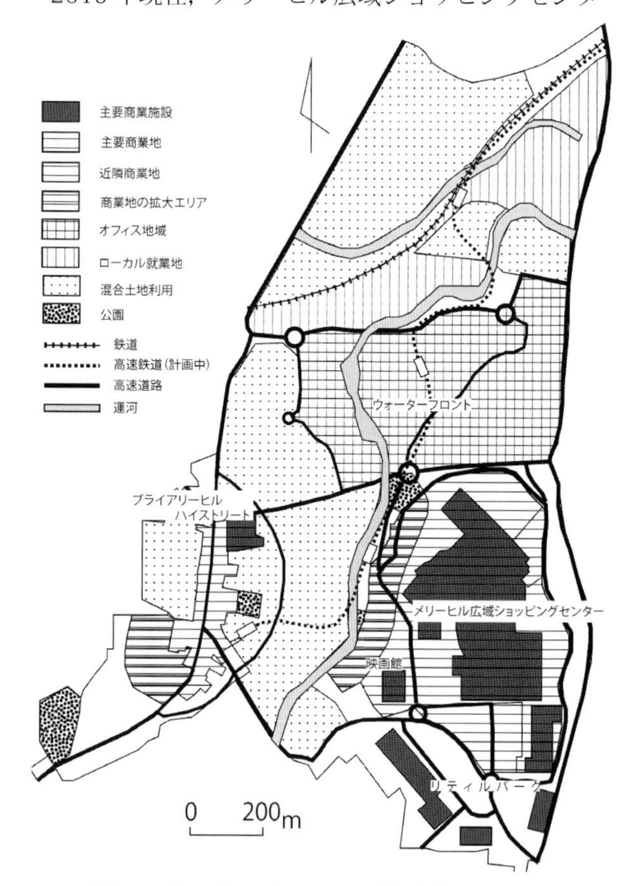

図 3 ブライアリーヒル・戦略的センター
資料：Dudley Metropolitan Borough Council（2008，2009，2011）

は 154,000 m²の店舗面積を持ち，さらに，その南に隣接して，メリーヒルリティルパークがある（7,809 m²で 355 台の無料駐車場を持つ）[5]．メリーヒル広域ショッピングセンターの北にあるウォーターフロントビジネスパークを含めると，この一帯は，商業とレジャー施設，オフィス，住宅が混合する，巨大な混合利用開発地であ

る．2006年におけるメリーヒル広域ショッピングセンターとウォーターフロントオフィスパークの就業者数は1万人を超え，周辺都市が就業者を減少させるなか，ダドリィ市は1991～2002年で就業者が成長した唯一の都市であった（Black Country Consortium　2006）．

Ⅳ　メリーヒル広域ショッピングセンター開発の経緯

1994年に，メリーヒル広域ショッピングセンターは，41,805㎡の増床計画をダドリィ市に提出した[6]．1995年にダドリィ市は，メリーヒル広域ショッピングセンター周辺環境の改良と，ダドリィ市の中心市街地を含めるセンターを改良するために800万ポンドの寄付をすることを条件として，計画許可を与えた（Summers 1999）．

しかし，その決定に対して，バーミンガム市を含む17の近隣地方自治体が反対し，協議会を結成した．近隣地方自治体は，メリーヒル広域ショッピングセンターの拡大により，それぞれの都市の主要センターが脅かされる可能性があると主張した（Simon 1996）．協議会には業者と地権者も加わり，環境保護団体もこの計画に反対した．さらに，中央政府はダドリィ市の決定に介入した．

メリーヒル広域ショッピングセンターの拡大に関する議論の焦点は，次の3点である．第1にメリーヒル広域ショッピングセンターがセンターとみなせるかどうか，第2にセンターへの影響問題，第3に交通問題である．

第1の問題に関して，ダドリィ市は，メリーヒル広域ショッピングセンターが次の理由からセンターとみなせるので，その拡大は正当化できると主張した．メリーヒル広域ショッピングセンターには小売店ばかりではなく映画館と飲食店があり，多くの住民が頻繁に訪れるレジャーの場である．近隣のウォーターフロントはホテルと多くのオフィスが集積し，ダドリィ市域を超える通勤圏を持つ．ブライアリーヒルの既存のセンターには，ローカル図書館などの公共施設がある．また，メリーヒル広域ショッピングセンターから1マイル以内に25,000人の人口があり，その人々にとってメリーヒル広域ショッピングセンターは日常的な買物場所である．メリーヒル広域ショッピングセンターを中心とするエリアは，実質的にダドリィ市のシティセンターとして機能しているのである．それに対し，協議会はメリーヒル広域ショッピングセンターがセンターではないと主張した．中央政府は，1993年に承認されたダドリィ市の開発計画である総合開発計画で，メリーヒル広域ショッピングセンターがセンター外立地と位置づけられていることを重視した．

第2の問題に関して，メリーヒル広域ショッピングセンターの影響は，その開業時には甚大であったが，現在は最寄品主体の下位階層のセンターとは競合しないと，ダドリィ市は主張した．一方，協議会はこの拡大計画により，各地方自治体が行っているセンターの改良努力が損なわれると主張した（Simon 1996）．中央政府は，協議会の主張を支持した．

第3の交通への影響に関して，ショッピングセンター周辺が住宅地化していることから，拡大によりセンター周辺住民の買物利便性が高まり，彼らが遠方に買物する必要性を削減できると主張した．なお，ブライアリーヒルで利用できる公共交通はバスだけであり[7]，メリーヒル広域ショッピングセンターの自家用車への依存度は著しく高い．しかし，第二次世界大戦後に建設されたニュータウンでは，ミルトンキーンズ市のセントラルミルトンキーンズ・シティセンターのように，過度に自動車に依存するセンターがある[8]．そこで，メリーヒル広域ショッピングセンターの車依存率の高さは，伝統的なセンターではなく，ニュータウンのセンターと比較するべきであることが主張された（Lowe 2000）．しかし，中央政府はその見解を退けて，メリーヒル広域ショッピングセンターの拡大計画により，自動車交通量がさらに増加する可能性があり，それは持続可能な開発の方針に反すると判断した．

上記のメリーヒル広域ショッピングセンターの拡大が拒否された理由は，ダドリィ市の開発計画でそれがセンター外立地と位置づけられており，その拡大が周辺都市のセンターの衰退につながる可能性があり，それらが中央政府の指針に反すると判断されたためとみなせる．しかし，近隣地方自治体によるメリーヒル広域ショッピングセンター拡大の反対は，保護主義者的行動であったとの批判もあった (Lowe 2000).

Ⅴ　メリーヒル広域ショッピングセンター開発の経緯

メリーヒル広域ショッピングセンターの拡大計画が却下された翌年の1998年に，ダドリィ市は現行の開発計画である総合開発計画の改訂案を作成した．改訂案は，先述のメリーヒル広域ショッピングセンターを含む範囲を，新たにセンターとすることを提案した（Dudley Metropolitan Borough Council 2009）．それに対し多数の意見が寄せられたが，その72％がタウンセンターとすることに賛成であり，反対意見の多くは近隣地方自治体のものからであった（Dudley Metropolitan Borough

Council 2009）．

これらの意見を勘案して，ダドリィ市は新たな都市計画の指針である総合開発計画案第 1 版を 2000 年に発表した（Dudley Metropolitan Borough Council 2000）．この開発計画案は，センターを 4 階層に区分した．ダドリィ市のセンター階層の頂点に位置づけられたのはブライアリーヒル・サブ広域タウンセンターであり，それは前回の開発計画でディストリクトセンターと指定されたブライアリーヒルハイストリートと，センター外として位置づけられたメリーヒル広域ショッピングセンターとウォーターフロントを含むエリアであった．伝統的なダドリィ市中心市街地であるダドリィは，ほかの 2 地区のセンターとともに，第 2 階層のタウンセンターと位置づけられた．さらに，第 3 階層には 3 地区のディストリクトショッピングセンター，最下層に 13 地区のローカルショッピングセンターが位置づけられた．

続いて，2002 年には総合開発計画案第 2 版が刊行された（Dudley Metropolitan Borough Council 2002）．第 2 版でもセンターが 4 階層に区分されたが，その頂点に位置づけられるセンターはサブ広域タウンセンターではなく，戦略的タウンセンターと命名された．その階層には，ブライアリーヒルだけではなくダドリィセンターも位置づけられた．

さらに，ダドリィ市を含むブラックカントリーの 4 基礎自治体は，2004 年にブラックカントリー組合を結成し[9]，ブラックカントリー全体におけるセンターの活性化と，メリーヒル広域ショッピングセンターのセンター化を検討した報告書を刊行した（Black Country Consortium, 2005）．

報告書によると，ダドリィ市の伝統的中心市街地であるダドリィは，市役所，図書館，警察署，教会，博物館，裁判所，カレッジなどの公共施設と，ダドリィ城の公園には動物園が立地して歴史的建造物も集中する．この点で，ブラックカントリーにおけるほかの都市の伝統的シティ・タウンセンターと同様に，ダドリィ市の文化的・行政的核である．しかし，ダドリィは，戦略的センターの地位に必要な良質な買回品小売業を有していない．さらに，メリーヒル広域ショッピングセンターとの近接性と，現在のダドリィの物理的容量を考慮すると，将来的に戦略的センターの役割を担うことは困難であるとされた．

上記のブラックカントリー組合の主張にもかかわらず，2004 年に，ブライアリーヒルを戦略的タウンセンターにすることが否定された（Chief Planning and Leisure Officer, Directorate of the Urban Environment 2004）．その時点でダドリィ市総合開発計画の上位計画は，開発計画としての法的地位を有さなかったが，2004 年に発表されたウェストミッドランズ広域計画指針であった．広域計画指針は，メリーヒル広域ショッピングセンターをウェストミッドランズにおける都市再生のための重要な買物場所であるが，センター外であり，その面積を拡張するには下記の点を改善する必要があると指摘した（Government Office for the West Midlands 2004）．それは，公共交通によるメリーヒル広域ショッピングセンターへのアクセスを改善することと，メリーヒルの無料駐車場に，イーストミッドランズにおける主要センターの有料駐車場と同レベルの駐車料金を課すことである．

そのため，2005 年に採用されたダドリィ市の総合開発計画では，センターの階層を最終的に，次のように設定した（Dudley Metropolitan Borough Council 2005）．すなわち，ダドリィ市のセンター階層の頂点に位置する戦略的タウンセンターには，伝統的な中心市街地であるダドリィ，第 2 階層として 2 地区のタウンセンター，第 3 階層としてブライアリーヒルハイストリートを含む 3 地区のディストリクトセンター，第 4 階層として 12 地区のローカルセンターである．メリーヒル広域ショッピングセンターは，センター外のままとされた．

このように，2005 年の総合開発計画の改訂で，ダドリィ市はメリーヒル広域ショッピングセンターをセンターとすることに失敗した．しかし，その翌年の 2006 年にウェストミッドランズの広域開発指針の改訂が検討され，新たにウェストミッドランズ広域空間戦略案が提案された（Government Office for the West Midlands 2008）．広域空間戦略案は，バーミンガム市の中心市街地を広域センターとして階層の頂点に位置づけ，その下位に戦略的センター，タウンセンター，ディストリクトセンター，ローカルセンターを設定した．ダドリィ市では，ブライアリーヒルが戦略的タウンセンターとして位置づけられた．それは，ブライアリーヒルハイストリート，ウォーターフロント，メリーヒル広域ショッピングセンターを含む範囲である．広域空間戦略は，2008 年に正式に中央政府により承認された（Morris 2009）．

さらに，2011 年にダドリィ市の総合開発計画は改訂された．それは，ブラックカントリーの 4 自治体と共同で作成された，ブラックカントリーコア戦略である（Dudley Metropolitan Borough Council, Sandwell Metropolitan Borough Council, Walsall Council and Wolverhampton City Council 2011）．この開発計画では，戦略的センターを頂点として，タウンセンター，ディストリクトセンター，ローカルセンターの4階層が設定された．ブラックカントリーの各地方自治体の最高位階層のセンターは，それぞれ戦略的センターとして位置づけられたが，ダドリィ市ではブライアリーヒルがそれに指定された．ダドリィ市の歴史的核であったダドリィは，戦略的センターより下位階層のタウンセンターとされた．これにより，これにより，メリーヒル広域ショッピングセンターは，ウェストミッドランズ地方とダドリィ市におけるセンターとしての地位を得た．

ブラックカントリーコア戦略は，買回品，オフィス雇用，大規模レジャー・ツーリズム・文化施設の投資と開発は戦略的センターに集中し，それらの経済活動を維持・強化することを目標とした．ブライアリーヒルには，2026年までに22万㎡の新規オフィス，総床面積95,000㎡の新規買回品店，店舗面積5,000㎡の新規最寄品店，2,940戸までの新規住宅開発が許容されることが明記された．

一方，ダドリィ・タウンセンターでは総床面積15,000㎡の買回品店と，純店舗面積5,000㎡の最寄品店の新設が認められた．ブライアリーヒルの最寄品店の開発は，ダドリィ・タウンセンターにおける開発を阻害しないよう留意しなければならない．

ブラックカントリーコア戦略では，公共交通ネットワークの最優先事項の一つとして，ウォールソール・戦略的センターから，ダドリィ・タウンセンターとブライアリーヒル・戦略的センターを経て，スタウアーブリッジ・タウンセンターに至る高速鉄道の建設をあげている．それにより，現在鉄道によるアクセスがないブライアリーヒルに，公共交通とのアクセスを高める．

さらに，ダドリィ市は，ブラックカントリーコア戦略の承認と同年の2011年に，ブライアリーヒル・エリアアクションプランを採用した（Dudley Metropolitan Borough Council 2011）．

エリアアクションプランは，このタウンセンターの問題点として，ブライアリーヒルハイストリート，メリーヒル広域ショッピングセンター，ウォーターフロント間の自動車・歩行者による移動が困難であることをあげている．特に，ブライアリーヒルハイストリートとメリーヒル広域ショッピングセンターとの距離は600mほどであるが，等高差が大きいので歩行が困難であり，自動車交通量が多い．歩行者が安全・快適に移動できる環境ではない．

また，エリアアクションプランは，メリーヒル広域ショッピングセンターを主要商業地，ブライアリーヒルハイストリートを近隣商業地と位置づけ，それらの開発を次のように示している．

メリーヒル広域ショッピングセンターは主要商業地として設定され，主要商業地内では小売店・個人サービス施設から他の利用への土地利用の転換は制限され，飲食店は主要商業地に寄与する場合にのみ許可される．2021年までに主要商業地では総面積56,500㎡の買回品店の新設が目標である．

ブライアリーヒルハイストリートは，近隣商業地として位置づけられる．ブライアリーヒルハイストリートにおける開発は，次のことを考慮しなければならない．すなわち，2店舗以上非小売店が連続して立地しないことと，付近のアメニティに悪影響を及ぼさないことである．ブライアリーヒルハイストリートでは，新規小売店の開発が2か所で許可されている．ブライアリーヒルハイストリートの中央部では総面積6,500㎡の買回品店と店舗面積3,000㎡の食料品店の新設が目標とされ，商店街の北部では店舗面積2,000㎡の食料品店の新設が目標とされる．

図4は，ブラックカントリーにおけるセンターの事業所数と総床面積との関係を示した（GVA Grimley 2009）．床面積規模に比べて事業所数が少ないブライアリーヒルを除くと，ブラックカントリーにおけるセンターの床面積と事業所数は，0.86の高い正の相関関係にある．

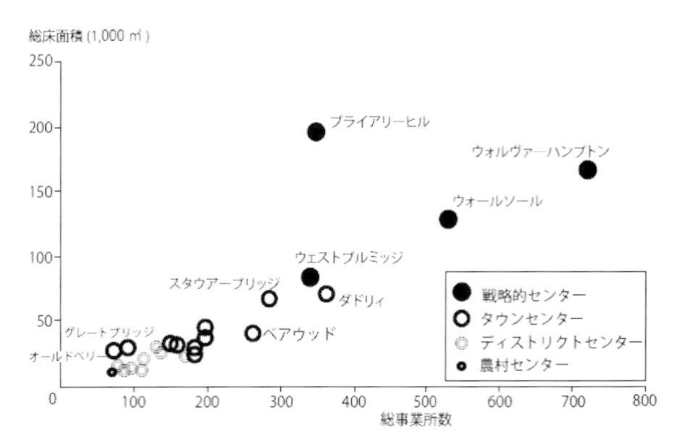

図4　ブラックカントリーにおけるセンターの規模分布
資料：Black Country Consortium（2005，2007）

Ⅵ　センターの設定と中心地理論

イギリスのタウンセンターファースト政策では，公共交通と徒歩でアクセスが容易なセンターに大型店の開発だけではなく，オフィス，病院などの都市施設の立地を奨励し，センター外でそれらの立地が厳しく規制される．しかし，その政策により，センター外には住宅機能が卓越することになり，センターを中心として，すべての人がセンターに容易にアクセスすることを保証する政策が不可欠となる．これが，クリスタラー的な中心地理論に基づく，センターの配置を保証する政策を支える原理となろう．

しかし，そのイギリスでも，地方自治体が大型店の経済的利益を重視して，センター外に大型店を開発する例がある．バーミンガム大都市圏郊外都市，ダドリィ市のセンター外立地のメリーヒル広域ショッピングセンター拡大計画は，一度は近隣地方自治体と中央政府により阻止された．しかし，その後ダドリィ市はメリーヒル広域ショッピングセンターと近隣のブライアリーヒルハイストリートを含めた範囲を，当該市のセンター階層構造の頂点と位置づけることに成功した．一方，ダドリィ市の伝統的中心市街地は，センター階層の頂点の地位から外された．イギリスでは地方自治体に対する国家の財政的支援の低下にともない，民間企業の資金を活用する不動産主導開発と呼称されるパートナーシップが盛んになった．ダドリィ市は，大型店を主体とする一帯を新たなセンターとすることにより，大型店の資金を活用して，都市再生の経済的利益を得る工夫をしたとみなせる．

メリーヒル広域ショッピングセンターをダドリィ市で最高位階層のセンターとしたことは，現実のセンターの商業機能を反映したものといえる.それにより,ダドリィ市は，メリーヒル広域ショッピングセンターを核とするエリアを，都市の最高位階層のセンターにふさわしい整備をすることが可能になった．しかし，ダドリィ市の旧中心市街地には，いまでも市役所などの公共施設や多くの歴史的遺産がある．通勤と買い物・レジャーの核はメリーヒル広域ショッピングセンターを核とするブライアリーヒル・戦略的センターであるが，行政と文化の核は現在でもダドリィ・タウンセンターである．この点で，ダドリィ市は，経済的・商業的核と，文化・行政的核とが分離する多核構造を形成することになる．

クリスタラーの中心地理論は，住民に対して最適な方法でくまなく商品・サービスを供給できるシステムである（森川，1999）．クリスタラーは，公共財を典型的な中心機能としており，小売店のような経済活動を公共的な合理性の観点から論じた（水野 1992）．この点で，行政・公共サービスより経済活動を優先してセンターの階層構造を決定したようなダドリィ市の事例は，商圏・通勤圏と行政のサービス圏とを分離したことになり，公共財の供給原理には即さないかもしれない．

また，ダドリィ市の新たな戦略的センターの整備は，ショッピングセンターを所有する企業の資金が期待できるパートナーシップで行えるが、その企業の意向を反映するものとなる．メリーヒル広域ショッピングセンターの所有者は，現在までに何度か変化した．ブライアリーヒルの開発方針に協力した企業が別な企業に買収，もしくは撤退する際に，地方自治体がどう対応するか課題となろう．

付記

本章は，根田克彦（2012）を，大幅に修正したものである．

注

1）ダドリィ市を含む一帯は，ブラックカントリーと呼称され，石炭と鉄鉱石などの豊富な資源を利用して，イギリスの産業革命期以降工業地域として繁栄した（Dudley Metropolitan Borough Cocuncil 2011）.

2）エンタープライズゾーンの制度は 1980 年に設定された．その目的は，進出する企業に税の控除などの優遇策と，通常の都市・地域計画上の規制の簡素化を 10 年の期限で認めるものである（成田 1989）

3）Express & Star (2016 年 5 月 31 日) Remember the Merry Hill monorail? Check out these anniversary pictures. https://www.expressandstar.com/news/2016/05/31/do-you-remember-the-merry-hill-monorail-check-out-these-anniversary-pictures/（最終閲覧日：2019 年 2 月 5 日）

4）リチャードソン開発は，メリーヒル広域ショッピングセンターをマウントレイに売却し，さらに，1993 年にチェルスフィールド，2014 年にウェストフィールドを経て，2018 年現在イントゥプロパティーズが所有する．

5）メリーヒルリティルパークを経営する Montagu Evans のウェブサイトによる（https://realla-media.freetls.fastly.net/uploads/property/brochures/original/MNrXUo9bh8cJ7-EoZC2vxg （最終閲覧日：2019 年 1 月 31 日））.

6）本節と次節は，主として Dudley Metropolitan Borough Council (2008) と Lowe(1998) による .

7）オックスフォードから，ブライアリーヒルとダドリィ・タウンセンターを経由して，ウルヴァーハンプトンとを結ぶ鉄道は，1960 年代に廃止された（http://www.bbc.co.uk/blackcountry/content/articles/2008/10/13/beeching_blackcountry_feature.shtml（最終閲覧日：2019 年 2 月 6 日)).）

8）セントラルミルトンキーンズは，自家用車で来訪する顧客を主体として，センター外広域ショッピングセンター的な特徴を有し，センター開発者はそれを当初センター外広域ショッピングセンターとして認識していたという説がある（Guy 1994）.

9）ブラックカントリー組合は，ブラックカントリーを再生するために結成された公共・民間のパートナーシップであり，ブラックカントリーの自治体であるダドリィ市，サンドウェル市，ウォールソール市，ウォルバーハンプトン市と，企業の代表者からなる委員会が組合を運営する（Black Country Consortium 2007）.

引用文献

クリスタラー著，江沢譲爾訳　1969 『クリスタラー都市の立地と発展』大明堂.

成田孝三　1989　大都市衰退地区の再生―磁場としての大都市インナーエリアー，奥田道大編『講座社会学 4 都市』，65-104．東京大学出版会.

根田克彦　2012　イギリス, ダドリィ市におけるメルーヒル広域ショッピングセンターの中心市街地化，日本都市計画学会都市計画報告集，11：9-14.

根田克彦　2016　イギリスにおける大型店の立地規制．根田克彦編著『地域づくり叢書 5　まちづくりのための中心市街地活性化―イギリスと日本の実証研究―』古今書院，23-52.

水野　勲　1992　クリスタラーの中心地理論と「差異」の問題―動学理論に向けて―，理論地理学ノート，8：77 － 91.

森川　洋　1999　ドイツの空間整備政策における中心地計画，地理科学，54：45-57.

Black Country Consortium 2005, Study of Black Country centres, https://www.the-blackcountry.com/Upload/Black%20Country%20Study/Centres/Centre%20Study%20Report%20Aug%2005.pdf（最終閲覧日：2012 年 4 月 8 日）

Black Country Consortium 2006. Economic impact of the expansion of Brierley Hill/Merry Hill: A final report, https://www.tfwm.org.uk/media/3173/wbhe-d32-the-economic-impact-of-the-expansion-of-merry-hill-brierley-hill-regeneris-2006.pdf（最終閲覧日：2012 年 4 月 8 日）

Black Country Consortium 2007,. Black Country study: Delivery prospectus, https://www.the-blackcountry.com/Upload/Black%20Country%20Study/Delivery%20Prospectus%20Final.pdf（最終閲覧日：2019 年 1 月 31 日）

Brierley Hill Regeneration Partnership 2006, Brierley Hill physical regeneration, http://www.brierleyhill.org/brierley-hill-regeneration-partnership-bhrp/videos/（最終閲覧日：2012 年 4 月 1 日）

Chief Planning and Leisure Officer, Directorate of the Urban Environment 2004, Public inquiry into objections to the deposit draft Dudley Borough Unitary Development Plan, http://www.dudley.gov.uk/environment-planning/planning/planning-policy/unitary-development-plan/（最終閲覧日：2012 年 4 月 1 日）

Dudley Metropolitan Borough Council 2000, Dudley unitary development plan first deposit version, http://www.dudley.gov.uk/environment-planning/planning/planning-policy/unitary-development-plan/（最終閲覧日：2012 年 4 月 1 日）

Dudley Metropolitan Borough Council 2002, Unitary development plan, revised deposit, http://www.dudley.gov.uk/environment-planning/planning/planning-policy/unitary-development-plan/revised-deposit-plan-2002/revised-deposit-02---contents-/（最終閲覧日：2012 年 4 月 1 日）

Dudley Metropolitan Borough Council 2005, Dudley Borough unitary development plan, http://www.dudley.gov.uk/udp/（最終閲覧日：2012 年 4 月 1 日）

Dudley Metropolitan Borough Council 2008, Brierley Hill area action plan preferred options baseline report, http://www2.dudley.gov.uk/documents/BHAAP_Baseline_Report/index.html（最終閲覧日：2012 年 4 月 9 日）

Dudley Metropolitan Borough Council 2009, Brierley Hill area action plan consultation statement, http://www.dudley.gov.uk/environment-planning/planning/planning-policy/local-development-framework/bhill-aap/（最終閲覧日：2012 年 4 月 1 日）

Dudley metropolitan Borough Council 2011, Brierley Hill area action plan, https://www.dudley.gov.uk/residents/planning/planning-policy/dudley-local-plan/design-in-brierley-hill-town-centre-spd/（最終閲覧日：2019 年 1 月 31 日）

Dudley Metropolitan Borough Council, Sandwell Metropolitan Borough Council, Walsall Council and Wolverhampton City Council 2011, Black country core strategy, http://blackcountrycorestrategy.dudley.gov.uk/（最終閲覧日：2012 年 5 月 1 日）

Government Office for the West Midlands 2004, Re-

gional planning guidance for the West Midlands RPG11, ウェブサイトは消滅（最終閲覧日：2004年1月13日）
Government Office for the West Midlands 2008, Regional spatial strategy for the West Midlands: Regional spatial strategy incorporating phase 1, http://www.wmra.gov.uk/Planning_and_Regional_Spatial_Strategy/RSS_Revision/RSS_Revision_Phase_1_(Black_Country_Study).aspx（最終閲覧日：2009年2月9日）
GVA Grimley 2009. Joint study on behalf of the Black Country Authorities Black Country centres, http://blackcountrycorestrategy.dudley.gov.uk/evidencesa/（最終閲覧日）2012年4月10日）.
Guy, C. M. 1980, Retail location and retail planning in Britain, Gower.
Guy, C. 1994, Whatever happened to regional shopping centres?, Geography, 79: 293-312
Guy, C. 2008, Retail-led regeneration: Assessing the property outcomes, Journal of Urban Regeneration and Renewal, 1: 978-388.
Ministry of Housing, Communities and Local Government 2018, National planning policy framework, https://www.gov.uk/government/publications/national-planning-policy-framework--2（最終閲覧日：2019年1月31日).
Lowe, M. S. 1991, Trading places: retailing and local economic development at Merry Hill, West Midlands, East Midlands Geographer, 14: 31-48.
Lowe, M. 1998, The Merry Hill regional shopping centre controversy: PPG6 and New Urban Geographies, Built Environment, 24: 57-69.
Lowe, M. S. 2000, Britain' s regional shopping centres: new urban forms?, Urban Studies, 37: 261-274.
Morris, H. 2009, Black Country authorities set for joint core strategy launch, Planning, 2009.11.13.
Roger Tym and Partners 1993, Merry Hill impact study, Her Majesty' s Stationery Office.
Simon, L. 1996, Centre of controversy: a proposed shopping mall extension will test government policy, Financial Times, 18 Nov. 1996.
Summers, D. 1999, Rivals' plot to curb Merry Hill Centre' s expansion plans under threat. Birmingham Post, 12 July,1999.

市民の移動行動と公共交通政策への評価
－茨城県ひたちなか市の事例－

土谷　敏治

Ⅰ　はしがき

青木（1987）によると，交通地理学には，交通によって他の現象を説明しようとする立場と，交通そのものを地域の環境との関連で説明する立場が存在するとされる．これまでの交通地理学では，前者の立場に立った研究が主流であったが，近年後者の立場に立って，とくに公共交通と地域社会の関係を議論する研究がみられるようになった（土谷，2019）．このような研究を意図する場合，地域社会を代表するのものとして，当該交通機関の沿線やその路線が展開する自治体の居住者が考えられる．地域社会，すなわちその居住者と公共交通機関の関わりは，その利用実態や当該交通機関に対する評価として表れる．しかし，利用実態や評価は，居住地と当該交通機関の路線との位置関係，年齢，職業などの居住者の諸属性，移動目的や目的地の立地などの影響を受ける．したがって，交通地理学の視点から地域社会を取り扱う場合，地域社会全体の議論に加えて，地域的差異や居住者の諸属性を踏まえた議論が必要である．本稿ではこのような視点から，居住者の立場からみた公共交通機関と公共交通政策の課題について検討する．

今回対象とするのは，茨城県ひたちなか市である．ひたちなか市は，2006年に2路線でコミュニティバスのスマイルあおぞらバスの運行を開始し，その路線網を拡充してきた[1]．2018年の段階では8路線がほぼ市内全域を網羅している．2008年には茨城交通の鉄道事業からの撤退表明を受け，第三セクター鉄道のひたちなか海浜鉄道湊線として存続させ，設備や利便性向上に努めてきた．さらに，終点の阿字ヶ浦から国営ひたち海浜公園西口付近への延伸計画が検討されている．また，ひたちなか市では，湊線の第三セクター化に際して，市民に対して湊線の利用状況や評価についてのアンケート調査を実施しているが，その結果については土谷（2011）で報告した[2]．さらに，例年11月に実施されるひたちなか市産業交流フェアの会場において，2012年以来市民の日常の移動行動についてのアンケート調査を実施している（土谷ほか，2013）．このように，ひたちなか市は，公共交通政策に対して積極的に取り組んできた自治体である．

第三セクター化直後の湊線の利用状況と市民の評価については，土谷（2013）で報告したが，これらの調査からも既に約10年が経過した．第三セクター化後は，経営努力によって利用者が増加したが，2011年の東日本大震災の被害を受け，一時運休をやむなくされた．その際は，代行バスの運行をはじめ，ひたちなか海浜鉄道とひたちなか市の積極的な復旧活動によって（土谷・今井，2015），当該年度には利用者が減少したが，その後は順調に回復している．2014年には，図1に示すように，沿線居住者の利便性向上をめざして，中根と那珂湊のやや那珂湊よりに，新駅「高田の鉄橋」を開業した．

このように，市民に対する前回の調査から時間が経過し，湊線延伸計画，湊線，スマイルあおぞらバスの整備拡充など，公共交通をとりまく状況もかなり変化していると考えられる．本稿では，このような変化を経て，ひたちなか市民が日常の移動行動においてどの程度公共交通機関を利用しているのか，とくにひたちなか市が主導する湊線，スマイルあおぞらバスを利用しているのか，さらに，湊線延伸計画，ひたちなか市の公共交通政策をどのように評価しているのか，公共交通機関を必要としているのかについて，市民に対するアンケート調査をもとに検討することを目的とする．

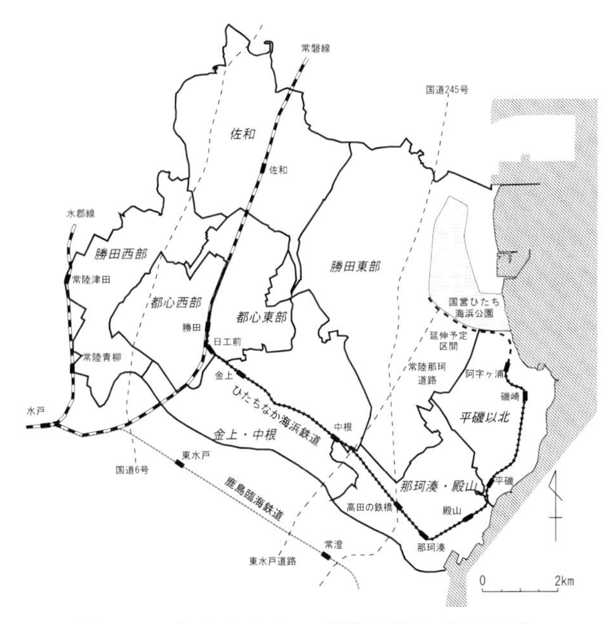

図1　ひたちなか市の鉄道路線と地域区分
（斜線は地域区分名）

Ⅱ　調査方法

ひたちなか市全域を対象に，2017年11月から2018年1月にかけてアンケート調査を実施した．調査は，市域全体の傾向を明らかにするとともに，市内各地域間の差違について分析することを意図している．このため，特定の地域に偏りがないように，市域全体に調査票を配布することが求められる．調査票配布時の2017年11月現在，ひたちなか市は人口156,000人，世帯数62,937世帯であった[3]．なお，ひたちなか市は，1994年に旧勝田市と旧那珂湊市が合併して誕生しており，人口構成でみると，旧勝田市129,437人，旧那珂湊市26,563人で，ほぼ5:1に相当する．調査にあたっては，約1割の世帯への調査票配布を目標として，市域全体から偏りがないように配布対象町丁目・大字・字を選定し，郵便事業者が提案するサービス[4]を用いて調査票を配布した．最終的には，全市域に対して，7,050の調査票を配布した．その結果，1,958世帯から回答がえられ，調査票の回収率は27.8%であった．市域全体を対象とした調査としてはかなり高い回収率であり，ひたちなか市民の交通問題に対する関心の高さが窺える．

調査票の集計に当たっては，図1に示すように，土谷（2013）と同様に，市域全体の集計とともに，市内を8地区に分類し，地域間比較が可能なように集計した．8地区を簡単に説明すると，鉄道駅を基準にして，各駅から1km圏にその範囲が含まれる町丁目・大字・字を当該の駅単位でまとめて1地区とした．複数の駅の1km圏にその範囲が含まれる場合は，含まれる面積の大きい駅の地区とし，駅が近接する場合と周辺の居住人口が少ない場合は，複数の駅をまとめて1地区とした．その結果，湊線沿線の旧那珂湊市域は「平磯以北」，「那珂湊・殿山」，旧勝田市域は「金上・中根」に分類した．高田の鉄橋については，那珂湊駅に近接するため，「那珂湊・殿山」に含めた．常磐線勝田駅周辺は，常磐線を境に東西の性格が異なるため，東西に分割して「都心東部」と「都心西部」，佐和駅周辺を「佐和」に分類した．いずれの駅の1km圏にも含まれない地区は，「勝田東部」と「勝田西部」とした．

Ⅲ　日常の移動行動

1．通勤移動

通勤移動については，回収された1,958の調査票中1,910の有効回答がえられた．そのうちの約1/4，24.5%の世帯が世帯内に通勤者がいないと回答し，残りの約3/4の世帯が通勤者がいると回答した．通勤者がいると回答した1,442世帯について，通勤移動手段を示したのが図2である．複数の移動手段を使用する通勤者，1世帯内に複数の通勤者がいる場合があり，移動手段の回答数合計は1,442を超えるため，図では1,442世帯に対する各移動手段回答数比率（%）で示した．また，同様に地区別の移動手段についても，各地区の通勤者がいる世帯総数に対する，各地区の移動手段回答数比率（%）を示した．

市域全体では，80%以上が自家用車と回答しており，10%を超えるのはJR線の16%余りと，自転車・バイクの14%で，ひたちなか市民の通勤移動手段は，基本的には自家用車であると判断される．しかし，8地区の中で勝田駅に近い都心東部と都心西部では，自家用車の比率がやや低く，JR線と自転車・バイクが20%近く，あるいは20%を超える．JR常磐線は，ひたちなか市の他の公共交通機関と比較して運行本数が多く，水戸方面，日立方面とも利便性は高い．もちろん自家用車で勝田駅に出て，JR線に乗り換える通勤者も存在するが，自家用車を使わず，自転車・バイク，徒歩で勝田駅へ出て，JR線を利用することが可能な通勤者が相当数みられることが，自家用車利用者比率の低い要因であろう．これら2地区では，徒歩という回答者率も他の地区に比べて高い．

佐和は自家用車の利用者比率が高いが，JR線利用者は8地区中最も高く，約27%が回答している．しかし，自転車・バイクは10%程度，徒歩は僅かで，都心東部や都心西部とやや状況が異なっている．これは，佐和駅西側は区画整理後も駐車場となっている区画が多く，自家用車とJR線を乗り継ぐ通勤者が多いためである．他方，湊線沿線の平磯以北，那珂湊・殿山，金上・中根では，自家用車利用率が市域全体の平均より高く，通勤移動は自家用車利用が中心であるが，湊線の沿線であるため，湊線の利用率も他の地区に比べやや高くなっている．

次に，通勤者の通勤先を示したのが図3である．市域全体では，市内と市外への通勤がほぼ半数ずつである．市外では水戸市22%，日立市12%，東海村6%で，これらの3市・村が市外通勤者の約4/5を占めている．地区別にみると，都心東部，平磯以北，勝田東部で市内通勤者が50%を超え，都心から北東方向の地域で，市内通勤者の割合がやや高まる．市北部の佐和は，市外通勤者が約60%で，他の地区に比べ日立市への通勤率が高く，水戸市への通勤者と同程度である．市域南部の那珂湊･殿山，金上･中根，勝田西部では水戸の割合が高く，25%を超えて，市外通勤者の約半数が水戸への通勤者である．JR線を利用している世帯では，自家用車を利用している世帯に対して，市外通勤者率が非常に高い．

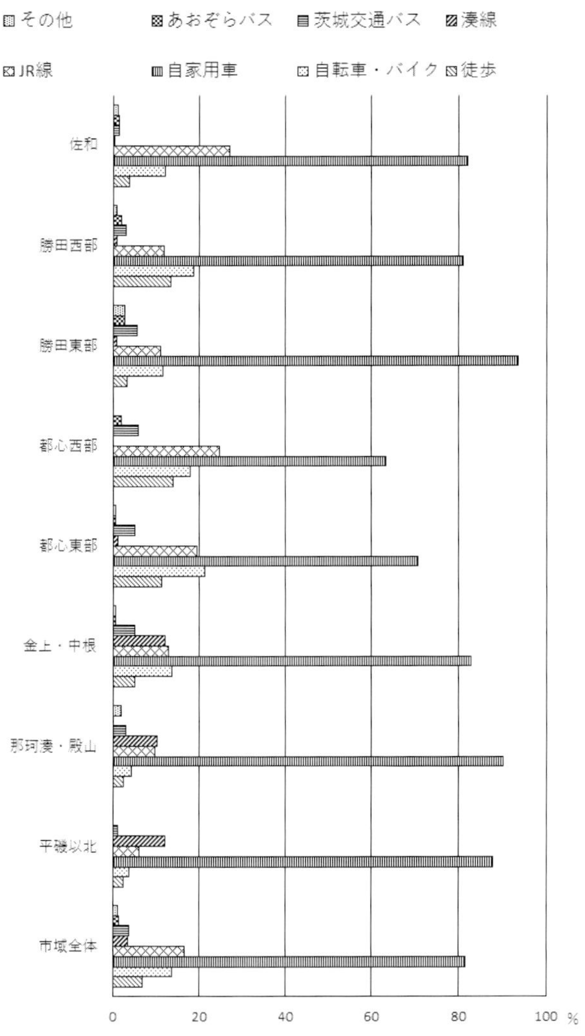

図2　通勤移動の移動手段（1, 442）

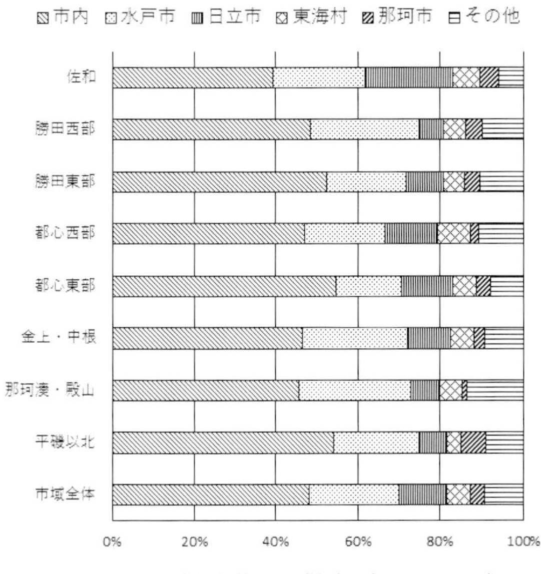

図3　通勤移動の通勤先（n ＝ 1, 307）

2．通学移動

図4は，通学者のいる243世帯について，通勤移動と同様の方法で，その移動手段を示したものである．最大の通学手段はJR線で61％であるが，自転車・バイクが56％で，この2つが卓越した移動手段となっている．両者は，それぞれ個別に利用されているというよりは，駅まで自転車を利用し，JR線に乗り継いで通学する場合が多いと考えられる．以下，自家用車，茨城交通バスが20％弱，湊線が約13％であるが，通学者はその多くが高校生であるため，利用交通手段も公共交通機関が中心である．自家用車については，送迎が中心と考えられる．

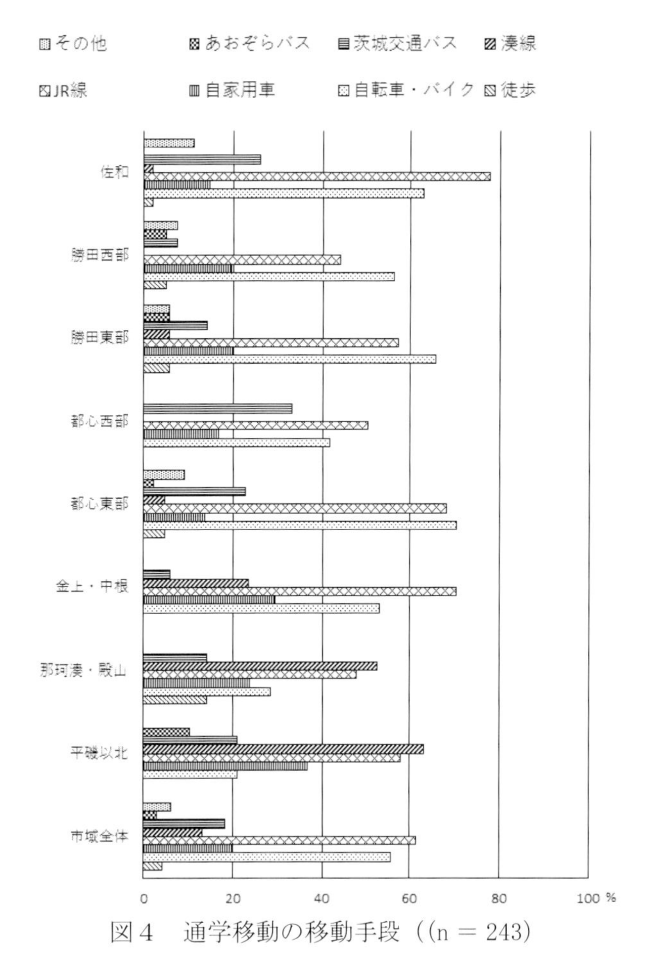

図4　通学移動の移動手段（(n ＝ 243)

地区別にみると，旧勝田市域と旧那珂湊市域で大きな違いが見られる．旧勝田市域では，市域全体の傾向と同じく，JR線と自転車・バイクが多く，都心東部，勝田東部，勝田西部では，自転車・バイクがJR線を若干上回る．自転車・バイク，JR線に次いで，都心東部では茨城交通バスの利用がみられるが，茨城交通バスの路線が限られる勝田東部と勝田西部では自家用車が続く．佐和，金上・中根，都心西部ではJR線の割合が高く，佐和では80％近くに達する．佐和と都心西部では，茨城交通バスの利用がみられるが，とくに都心西部ではJR

線，自転車・バイクと茨城交通バスの差が小さい．これに対して，金上・中根では，金上駅に近い場合は湊線，駅から遠い場合は自家用車での送迎が窺われる．

他方，旧那珂湊市域の那珂湊・殿山，平磯以北では，湊線とJR線の割合が高く，湊線がJR線を5ポイント程度上回る．このことは，湊線を利用する通学者は，勝田で降車するものが若干みられるが，多くは勝田でJR線に乗り継いで水戸方面，日立方面へ通学していると考えられる．また，市街地の割合が高い那珂湊・殿山では徒歩が，市街地から離れた平磯以北では自家用車の利用がこれに続く．

通学移動は回答総数が少ないため，詳細な市町村別通学先の分析ができないが，通勤と異なり，3/4以上が市外への通学者である．このため，通学移動ではJR線，湊線，茨城交通バスの連携，さらには駐輪場設備をはじめとする自転車と公共交通機関の乗り継ぎの利便性向上が，公共交通機関の利用促進につながると考えられる．

3．買い物移動・通院移動・余暇移動

図は省略するが，買い物移動，通院移動は，自家用車の利用が中心で，市域全体では両者とも90％を超える．買い物移動では，自家用車以外に徒歩と自転車・バイクが若干みられ，商店やスーパーマーケットなどが多数立地する市街地の都心東部，都心西部では，それぞれ20％を超える．通院移動でも，都心東部と都心西部で徒歩，自転車・バイクの利用がみられるが，その比率は買い物より低く，20％を超えることはない．なお，通院移動では，アンケート調査の選択肢で，自らの運転する自家用車と送迎を区別していないが，家族等による送迎が回答のうち相当数含まれると考えられる．

余暇移動でも自家用車の利用は90％前後で，その利用率は非常に高いが，自家用車以外の交通機関もかなりみられる．都心西部ではJR線が50％以上，佐和でも45％余り，都心東部や金上・中根でも40％弱である．また，那珂湊・殿山，平磯以北，金上・中根では湊線の利用が30％程度みられる．したがって，余暇移動では，自家用車の移動が中心であるが，行き先や余暇の目的に応じて，他の交通機関，とくに鉄道を中心とした公共交通機関が選択されている．余暇移動は，利用頻度そのものは比較的低いと考えられるが，公共交通機関の利便性を高めることで，市民の幅広い利用を促進する可能性があり，全体としての利用促進につながると解釈される．

Ⅳ　公共交通機関の利用状況

ひたちなか市内の公共交通機関は，タクシーを除くと，JR常磐線，JR水郡線，茨城交通バス，ひたちなか海浜鉄道湊線，ひたちなか市のコミュニティバス・スマイルあおぞらバスである．ここでは，ひたちなか市が直接その運行に関与しているひたちなか海浜鉄道湊線とスマイルあおぞらバスについて，その利用状況の調査結果を検討する．

湊線の利用状況を図5に示す．有効回答1901中，1240，65％が利用しない，16％がこれまでに数えるほど，12％が年に数回で，月1回以上の利用者を定期的な利用者と考えると，その割合は7％に過ぎない．土谷（2013）の調査でも，湊線利用者の中心は，旧那珂湊市居住者であった．湊線沿線地域は，市域の南部から南東部にかけての地域で，図1の高田の鉄橋付近から終点の阿字ヶ浦までが，合併前の旧那珂湊市内に属する．したがって，市域全体からみると沿線地域は限られた範囲であり，全市的にみて利用頻度が低いのは当然といえる．

これを地区別にみると，当然湊線沿線では利用者率が高く，利用しないは那珂湊・殿山，平磯以北で30％程度，金上・中根で45％であるが，月1回以上の利用者は，20～24％である．その中で，週1回，週2・3回という利用者は比較的少なく，月に1～3回程度の利用者と週4回以上の利用者が多い．すなわち，月単位での比較的頻度の低い利用と，通勤・通学など頻度の高い利用の2極化がみられる．

他方，市域全体では，これまでに数えるほどという回答は10％～15％前後であるが，都心西部と都心東部では20％以上みられる．年に数回という利用者の割合も，湊線沿線の平磯以北，那珂湊・殿山では30％を超え，金上・中根でも20％を超える．沿線から離れた勝田西部や佐和でも5・6％前後みられ，このような市民に対して湊線の存在を意識させ，移動手段の選択肢の一つとして位置づけさせていくことが求められる．とくに，余

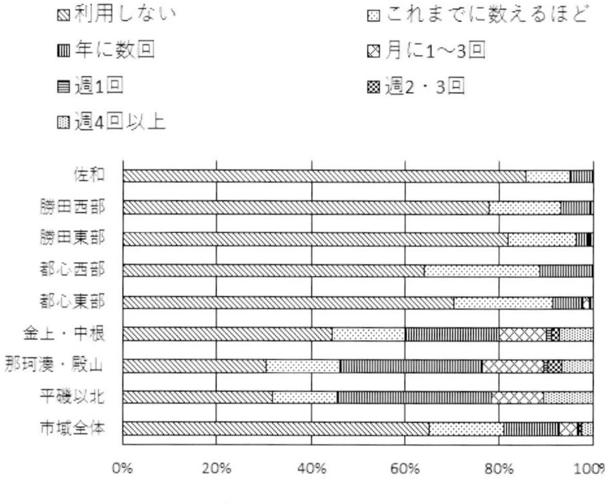

図5　湊線の利用状況（n ＝ 1, 901）

暇目的などの移動において，条件が合えば利用する可能性が高いと考えられる．利用頻度は低いが，絶対数が多いこのような利用者をできるだけ多く取り込んでいくことも，公共交通機関の利用率を高める上で重要である．

スマイルあおぞらバスについては，市域全体に路線を展開し，調査票配布時点で7路線が運行されていた[5]．有効回答1939中，1234，64％が利用しない，20％がこれまでに数えるほど，11％が年数回で，月1回以上の利用者は5.6％で，湊線よりも低い結果となった．市域全体で運行されているため，湊線のような明瞭な地域差はみられない．

スマイルあおぞらバスの利用率を高めることをめざすならば，市民への周知と運行時間帯拡大や，路線の見直しが必要となる．公的資金を投入してコミュニティバスを運行していることに鑑みて，公共交通機関が交通弱者の移動を保証することはもちろんであるが，一般市民の利用も可能にし，自家用車から公共交通機関への移行を促進することも当面の課題である．

V　公共交通政策に対する評価

延伸に対する賛否については，図6に示す．有効回答数1,936のうち，賛成が48％，反対が14％，どちらともいえない・わからないが37％で，賛否の意見を表明している回答者についてみると，賛成・反対の比率は3.5：1となり，延伸計画に対して市民の賛同がえられているといえる．これを地区別にみると，沿線の那珂湊・殿山で賛成が65％，金上・中根で59％でとくに高い．もちろん両地区は反対も全市に比べてやや低いが，むしろ，どちらともいえない・わからないがそれぞれ24％，29％と少ないことが，主な要因である，このことは，これらの地区の居住者が，湊線の問題に高い関心をもっていることを裏付けている．それら以外の地区については，賛成が40～48％，無関心を示すと考えられるどちらともいえない・わからないが38～42％で，賛成が無関心を若干上回っていること，反対は12～18％程度であることから，積極的賛成ばかりではないが，反対意見は限定的で，延伸については賛成がえられていると解釈される．

ひたちなか市がこれまでに実施してきた公共交通政策に対して，ひたちなか市民はどのように評価しているか，その結果を示したのが図7である．高く評価するが22％，ある程度評価するが54％で，公共交通政策に対して肯定的な評価が76％余りで3/4を超える．余り評価しないが9％，まったく評価しないが3％で，否定的評価は12％にすぎない．なんともいえない・わからないが12％程度みられるが，このような無関心派と否定的評価をあわせても，全体の1/4以下で，ひたちなか市のこれまでの公共交通政策については，市民の賛同がえられていると判断される．地区別にみても，湊線沿線の金上・中根，平磯以北，那珂湊・殿山で肯定的な評価が80％を超え，肯定的評価が最も低い佐和でも72％，都心東部が73％で，市域全体で行政の公共交通政策は支持されているといえる．

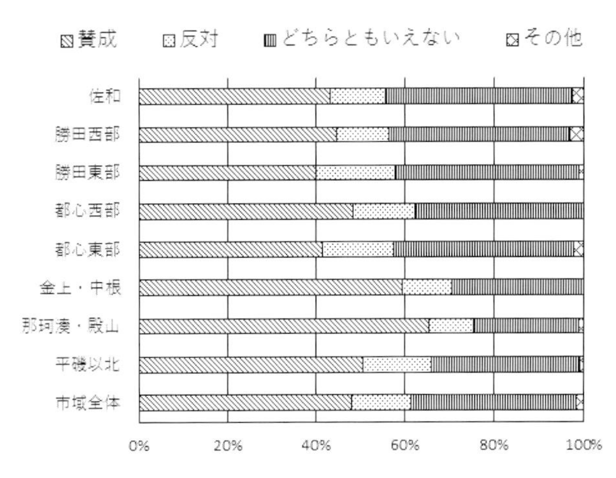

図6　湊線延伸計画に対する意見（n＝1, 936）

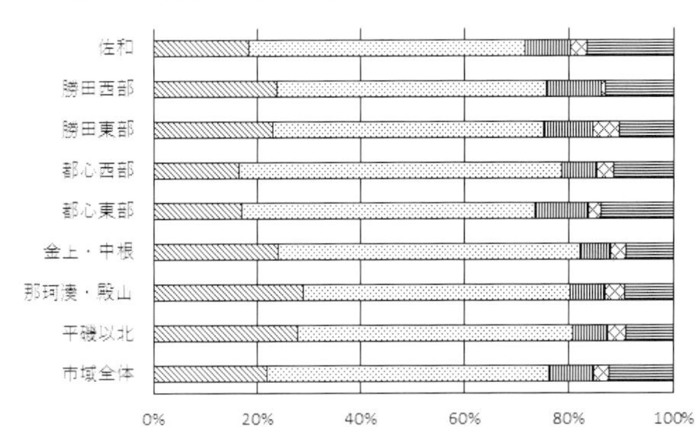

図7　ひたちなか市の公共交通政策に対する市民の評価（n＝1, 913）

さらに湊線・スマイルあおぞらバスなど公共交通機関充実のための年間予算額を示した上で[6]，今後の公共交通政策に対する意見を求めた結果が図8である．予算を増やしてもっと使いやすくしてほしいという積極的な意見が28％，現状程度の予算で公共交通を維持してほしいが46％で，少なくとも現状程度，あるいはそれ以上の公共交通の維持・拡充を求める肯定的な意見が74％，約3/4を占める．予算を減額して公共交通を縮小してもよいが5％，公共交通のための予算は必要ないが3％，これらの否定的意見は合計8％足らずであった．これに，わからない，その他という公共交通に無関心な

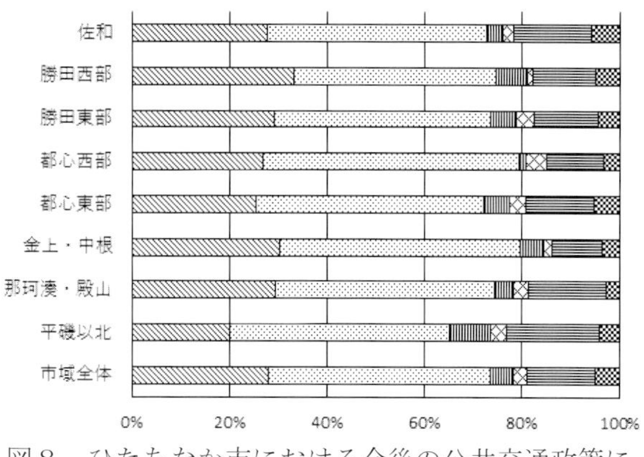

図８　ひたちなか市における今後の公共交通政策に対する市民の評価（n ＝ 1, 901）

回答を加えても 27％程度で，少なくとも現状レベル以上の公共交通の整備に肯定的な意見が大勢を占める．地区別にみても大きな差違はみられず，ひたちなか市民の多くは少なくとも現状レベルの公共交通の維持，可能ならば現状を上回る公共交通の拡充を求めていると判断される．

Ⅵ　自由記述欄の分析

1．記述内容の分類

今回のアンケート調査では，最後の質問項目に自由記述欄を設定した．ここでは，湊線第三セクター化，東日本大震災後の早期復旧，新駅の開設，スマイルあおぞらバスの路線拡充など，これまでに実施されたひたちなか市の公共交通政策の事例をあげた上で，湊線，スマイルあおぞらバス，公共交通政策全般についての市民の率直な意見を求めた．その結果，回収した 1,958 の調査票のうち 812，41％余りに意見，感想，要望などの記載が認められ，ひたちなか市民の公共交通に対する関心の高さを示している．

自由記述欄の記述内容は多岐にわたり，複数の内容に跨がる記述も多くみられたため，具体的な記述内容にしたがって分類，集計した結果，1,363 の記述内容を抽出することができた．記述内容は，単なる肯定的な，あるいは否定的な感想・印象の記述もみられるが，具体的な意見や要望，提案なども多数認められた．類似したものをまとめていった結果，30 項目に分類することが可能であった．それらの 30 項目は，概ねスマイルあおぞらバスに関すること，湊線に関すること，公共交通政策に関することの３つに大別できる．さらにその中で，肯定的・否定的感想と，各種の意見，提案に分類した．各分類に対する記述数を図９に示した．

2．公共交通政策

分類の結果，公共交通政策に関する記述がとりわけ多くみられた．とくに，公共交通政策に関する各種の課題や提案が 180 件，回答者自身が将来自家用車を運転できなくなった場合の不安を訴える声が 142 件，公共交通政策の充実や公共交通の連携強化を求める意見が 117 件などが目立つ．

公共交通政策に対する提案が多いのは，提案内容が多岐にわたっているからである．具体的な提案内容でとくに多いのは，高齢化に対応したまちづくりを求めるもの，タクシー券の配布や乗合タクシー・デマンド型タクシーの要望が，それぞれ 67 件，61 件みられ，両者で 2/3 を超える．前者は回答者自身や家族が高齢化した際の不安，あるいは，実際に自身や家族の高齢化にともなう問題に対して，行政の対応を求めていると考えられる．同様に，後者は日常生活を営む上で困難を感じている，あるいは将来感じるであろう困難に対する，市民からの解決策の提案といえる．これらに加えて，上記のような具体的な提案をともなわないが，自家用車を運転できなくなった場合の不安を訴える声が多数みられることも，高齢化に関わる危惧の高まりであると考えられる．

このように，回答者自身や家族の高齢化と移動手段に関わる不安や問題意識が，市民の間でかなり高まってきていることは明らかで，このような意識，関心をさらに高め，公共交通政策の充実を求める世論を醸成していくことが求められる．その上で，効果的な交通手段の提示，自家用車からの移行促進を図っていくことが必要である．

3．スマイルあおぞらバス

公共交通政策に次いで多くの記述がみられたのは，スマイルあおぞらバスに関するものである．スマイルあおぞらバスの運行本数への不満，増便・運行時間帯拡大を求める記述が 166 件，時間がかかりすぎる・経路の見直しを求めるものが 91 件あり，本数や運行時間帯，運行経路に対する希望や不満が多くを占めている．また，これらの希望や不満以外に，スマイルあおぞらバスは乗客が少ない・乗客をみかけないという利用状況に関する批判的意見も 50 件以上みられる．

これらの希望，不満，批判的な意見は，スマイルあおぞらバスを利用しない回答者，利用経験の僅かな回答者

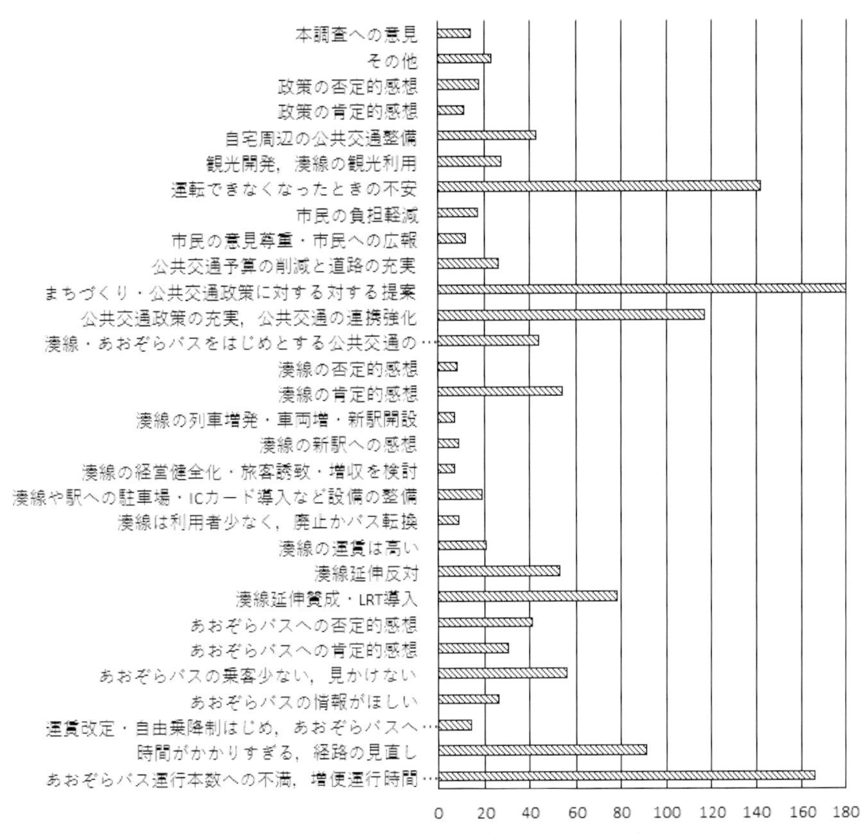

図９　自由記述の記述内容（n ＝ 812）

が中心であると考えられる．実際に，これらの記述に加えて，スマイルあおぞらバスへの否定的感想も含めた記述をした回答者は 288 であった．これらの回答者についてその利用頻度を確認すると，スマイルあおぞらバスを利用しない，これまでに数えるほど，年数回という回答者が 261 人で 91％を占める．このように，回答者自身は，スマイルあおぞらバスを利用したことがない，あるいは利用する必要がないが，たまたま市内で見かけたスマイルあおぞらバスに乗客が少なかったことが，強く印象づけられていると考えられる．また，利用しようとしてみたが，運行本数が少なく，運行経路が複雑で分かりにくく，所要時間も長いため，使い辛いという印象をもった可能性が高い．

スマイルあおぞらバス運行の目的が，高齢者を中心とした，いわゆる交通弱者の移動を確保するもので，医療機関，福祉施設の利用や日常の買い物のための利用を想定している．このため，運行時間は概ね午前８時から午後５時で，通勤や通学の移動には必ずしも適していない．また，調査時点で７つの循環コースが設定されているが[7]，それぞれのコースについて，１台の車両が右回り・左回りで２～数周している．このため，停留所によっては，２～３時間の運行間隔になるところもみられる．結果として，利用者が一部の市民に限定されていると判断される．また，停留所までの歩行距離を短くするため，停留所の密度を高めた結果，運行経路が複雑になり，１運行の所要時間が長くなったことも要因の１つである．すべての市民の自宅前に停留所を設置することは不可能であり，いくら停留所密度を高めても，停留所までの歩行距離に対する不公平感は残る．むしろ，歩行距離が多少伸びたとしても，単純でわかりやすい路線設定に改め，運行頻度を高める方が利便性が向上すると考えられる．最低１時間に１本，等間隔の運行ダイヤが求められる．一部の市民，一部の高齢者だけでなく，一般市民にとっても利便性の高い公共交通機関は望ましいものであり，もしそのような交通機関が存在するならば，利用する市民が増加するであろう．また，通勤や通学にも利用しにくい運行時間設定は，一般市民には自家用車利用を促進する，さらには自家用車利用を強いる施策ともいえよう．

４．湊線

湊線に関する記述は，交通行政に関するもの，あおぞらバスに関するものに比べ，比較的少数であった．これは，自由記述欄以外の調査項目で，湊線の利用状況，延伸計画への賛否とその利用予測など，多くの質問項目を設定したため，既に回答者がかなりの意見を表明し終えたことが要因の１つと考えられる．比較的記述が多かったのは，延伸に対する支持と，延伸に対する提案や要望で，海浜公園以遠の延伸先やLRT化の提案などが78件みられた．また，肯定的感想も54件あったが，延伸に対する反対の主張も53件あり，延伸計画に対する不安が存在することも認められた．しかし，延伸に関して肯定的な意見が，否定的な意見の2倍以上みられ，ここでも市民の賛同がえられていると判断される．

Ⅶ　むすび

茨城県ひたちなか市は，公共交通の問題に積極的に取り組んでいることで知られており，同市がその運行に関わっているひたちなか海浜鉄道は，その営業路線の延伸が検討されている．本稿は，このようなひたちなか市について，市民の日常生活に公共交通機関がどのように利用され，同市の公共交通政策が市民にどのように評価されているのかについて，市域全体に対するアンケート調査をもとに検討した．

ひたちなか市民の日常の移動行動は，基本的には自家用車が中心である．しかし，移動目的別にみると，通勤移動においては，居住地，通勤先などの要因によって，JR線を利用する通勤者，自家用車，自転車・バイクなどとJR線を乗り継ぐ通勤者の存在が明らかなった．余暇移動においても，余暇の目的や行き先によっては公共交通機関が利用されている．このことは，運行時間帯，運行ダイヤ，乗り継ぎの容易さなどの条件が満たされれば，JR線をはじめとする公共交通機関の利用者が増加することを示唆している．通学移動については，公共交通機関と自転車，徒歩の組み合わせが基本であり，JR線と湊線，バスの乗り継ぎがみられることから，各交通機関個別ではなく，相互の連携の上に立って，利便性の向上をはかることがとりわけ求められる．

ひたちなか市が主導して運行している湊線とスマイルあおぞらバスの利用状況をみると，湊線は沿線に当たる市域の東部，旧那珂湊市域の居住者が利用の中心である．もちろん，観光利用の促進を図ることも必要であるが，沿線居住者に対してその存在を認識させ，定時・等間隔化など，利用条件の改善が求められる．スマイルあおぞらバスについては，市域全体で運行されているが，その利用者は限定的である．もちろんスマイルあおぞらバスは，本来いわゆる交通弱者対策がその出発点であるが，限られた対象者のための交通機関という評価は，自由記述欄の分析結果からも窺い知ることができる．運行開始から10年以上を経過し，根本的な見直しを考えてもよい時期にきているという判断も可能である．わかりやすくより単純な路線と経路，それによる運行の効率化，等間隔の運行ダイヤ，運行時間帯の拡大，他の交通機関，とくに湊線との連携や運賃の共通化などが今後の課題であろう．その上で，これまであまり利用してこなかった市民に対して，その存在と利便性の改善を周知していくことが望まれる．

湊線の延伸計画についての市民の評価，湊線・スマイルあおぞらバスへの財政支援を含めたひたちなか市のこれまでの公共交通政策についての市民の評価は地域差がみられ，とくに湊線沿線の旧那珂湊市域で賛成や肯定的な評価の割合が高く，旧勝田市域でやや低くなる傾向がみられる．延伸計画については，1/3余りの回答者が賛成反対の判断ができていないと考えられるが，賛成反対の意思表明をしている2/3の回答者についてみると，賛成者が圧倒的に多く，延伸計画は支持されているいえる．今後は，延伸計画の内容やその効果，収支予測などについて，賛否の判断を保留している市民はもちろん，市民全体に情報提供を進めていくことが求められる．ひたちなか市の公共交通政策に関しては，肯定的評価が最も低い地域でも，70％は現状レベル，あるいはそれ以上の公共交通の整備を求めており，これまでの公共交通政策を含めて，市民に評価されていると判断される．とくに自由記述欄にみられるように，自家用車を使えなくなったときなど，将来に対する不安を抱いている市民は多いと考えられる．そのような不安に対処するためにも，また，そのような不安があるからこそ，公共交通の維持，拡充が求められており，その必要性を市民全体で共有できるよう働きかけていく好機でもあるといえよう．その際，交通機関を個別に議論するのではなく，公共交通機関相互の連携，さらには自家用車，自転車・バイクなども含めた連携を図ることが求められる．また，公共交通に対する市民の意識改革を進め，公共交通を維持・拡充しようという世論を醸成し，共通認識として高めてことが求められている．

本稿は，土谷敏治（2019）（土谷敏治 2019．ひたちなか市民の日常の移動行動と公共交通政策への評価．駒澤地理 55：1-24．）を本書にあわせて書き改めたものである．

注

1) ひたちなか市のコミュニティバス，スマイルあおぞらバスは，2006年10月に勝田西コースと那珂湊コースの2路線で運行を開始した．その後，2007年7月に勝田北コース，勝田東コース，市内循環コースが加わり5路線となった．これらは，定員30人の小型ノンステップバスで運行されている．その後，

2012年12月に佐和コース，2016年1月に田彦・金上コース，2018年10月に平磯･那珂湊市街地コースが開設されたが，これらの3路線は，定員9人のワンボックス車による運行である．各路線とも，需要に応じた運行コースの見直しが行われて，勝田東コース，市内循環コースは，勝田中央コース，勝田南コースに変更されている（ウェブサイト：スマイルあおぞらバスに；https://smileaozora.wordpress.com/ 最終閲覧日2019年1月5日による）．なお，2011年の既存の5路線については，土谷ほか（2012）によって，その利用状況や利用者の評価が分析されている．

2) ひたちなか市が実施したアンケート調査データの提供を受け，土谷（2011）が分析を行った．
3) ひたちなか市企画部企画調整課が，国勢調査を基礎として，住民基本台帳の増減により，毎月末の人口を推計している．
4) 本稿の調査にあたっては，日本郵便の「タウンプラス」を使用した．同サービスでは，指定した町丁目，大字，字の世帯に対して，割り当てた数の調査票が配布される．
5) 注1参照．
6) 調査票では，平成29年度（2017年度）に，公共交通の充実のために1億7千万円の予算が計上されていることを明記した上で，回答を求めた．
7) 注1に示したように，調査の後，2018年10月に8番目の路線が運行を開始した．

引用文献

青木栄一 1987．交通地理学への一展望　―近代交通機関の地理学的分析のために―．人文地理 39：522-536．

土谷敏治 2011．ひたちなか市民の視点からみた茨城交通湊線の評価．駒澤地理 47：1-12．

土谷敏治・小室哲雄・安藤圭佑・石井智也・花井優太・八剱直樹 2012．ひたちなか市におけるコミュニティバスの現状と課題．駒澤地理 48：32-46．

土谷敏治・今井理雄・井上学・山田淳一 2013．ひたちなか市民の移動行動と公共交通．駒澤地理 49：83-92．

土谷敏治 2013．地方鉄道第三セクター化の課題　―ひたちなか海浜鉄道の事例―．経済地理学年報 59：111-135．

土谷敏治・今井理雄 2015．震災による鉄道の運休と利用者の移動行動．駒澤地理 51：1-14．

土谷敏治 2019．地理学の視点からみた公共交通の研究　―ローカル鉄道を中心に―．交通学研究 62:21-28.

ロシア人地理学者 V. V. Pokshishevsky による中心地理論批評をめぐって

杉浦　芳夫

Ⅰ　はじめに

1960 年ストックホルムで開催された国際地理学会議（IGC）で，Christaller は世界の地理学者の前に事実上初めて姿を現わした．とりわけ，自らも基調講演に近い形の口頭発表（Christaller 1962）をした都市地理学シンポジウムは，あたかも彼の功績を顕彰する場のようでもあった（Norborg 1962: 157-160）．戦後は一介の在野の地理学者にすぎなかった Christaller が，晴れがましい思いでシンポジウムに臨んだであろうことは想像に難くない．

しかし，彼にとってストックホルム大会はそうした良い思い出ばかりではなかった．都市地理学シンポジウムとは別の人文地理学セッションで口頭発表したソ連の地理学者 Pokshishevsky（当時，ソ連科学アカデミー地理学研究所）は，ソ連の集落分布を論ずるに当たって，中心地理論は有益な理論とはなり得ないと，異議申し立てを行なったのである[1)]．その場に居合わせた Christaller がそれに対してすぐさま反論したことは言うまでもなかった[2)]．第二次世界大戦中，ナチ・ドイツによるポーランド西部の中心集落再配置計画に協力したとはいえ（杉浦 2015），思想信条的には一貫して社会主義に傾倒し（杉浦 2003），かつ社会主義体制下での中心地理論の在り様に関心を抱き，ソ連の国土計画への中心地理論の応用可能性に言及した Christaller（クリスタラー 1969: 162-163, 171）にとって，ソ連の地理学者による中心地理論の過小評価は予期せざることであったかもしれない．

この Pokshishevsky の口頭発表はこれまで詳しく紹介されることはなかったが，幸いストックホルム大会でのソ連地理学者全員の発表内容は印刷物としてまとめられているので（Pokshishevskiy 1966: 71），ロシア語ではあるものの，短編論文「ソ連の都市集落・農村集落のタイプと中心地理論」（Pokshishevsky 1961）として読むことができる．この Pokshishevsky（1961）は，実はその骨子が 1959 年 10 月 14 日に開催されたソ連地理学会モスクワ支部人口・都市地理学部会会議で報告されており（Pokshishevsky 1962: 30），後に Pokshishevsky（1962）において詳述されることになる．本稿は Pokshishevsky（1961，1962）に加えて，欧米の一部の中心地研究を論評した短編論文（Pokshishevsky 1959）に基づき[3)]，Pokshishevsky が 1960 年代初頭に展開した中心地理論の批評ならびに西側諸国の中心地研究文献の論評について考察することを目的とする[4)]．これまで，ソ連の地理学者による中心地理論の評価に関しては内外の中心地理論関連の学術専門書（Berry 1967; Berry et al. 1988; 森川 1974, 1980; 林 1986）においても全く紹介されてこなかったので，本稿は中心地研究史的にみても一定の意義を有するものと考えられる．

なお，Pokshishevsky は 1905 年生まれで（Martin 2005: 575），第二次世界大戦前に大学で経済地理学を学んだ後，都市計画の実務に携わり，戦後はソ連科学アカデミーで研究に従事し，モスクワ大学で教鞭をとった，国際的にも活躍した地理学者である（ポクシシェフスキー 1976: iv）．彼は 1942 年にモスクワ大学で最初の都市地理学の講座を担当し，多くの都市計画の実務家を育てるとともに，常に欧米の研究成果の摂取に熱心であったとされている（竹内 2003: 82, 141）．

Ⅱ　中心地理論批評の概要

Pokshishevsky（1961）は，西側諸国では Christaller（1933），Galpin（1915）に起源を持つ中心地・都市勢力圏研究の蓄積がなされていること認めた上で，それらの研究が個々の集落ではなく，集落ネットワーク全体に目を向けている点を評価している．しかしながら，その西側諸国での研究においても，現実の中心地分布が理論のようにはなっていないことが判明してきていると指摘する．ソ連の地理学から見ると，これらの研究はあまりにもサービス・商業の機能に片寄りすぎていると言わざるを得ない．なぜならば，ソ連で行なわれた集落機能の研究では，生産機能が第一義的なもので，サービス機能は二義的なものであり，かつ生産機能との関係において派生的なものであることがわかっているからである．

集落の中心性の大小は，そこに配置された生産機能の構成と規模によって決定される集落人口に応じて立地した，サービス機能の構成と規模によって決まるのである[5)]．そして，中心性は幾何学的意味ではなく，輸送ネットワークやさまざまな地域資源に対する位置関係などの地理的意味において理解するものである．中心地の理論が現実の地理的分析を目指すならば，抽象的な理想空間ではなく，経済的に不均一な領域を前提にして理論構築を図らねばならないのである．

したがって，正六角形パターンのような先験的に決められた理論的集落分布パターンとの比較を論じること自体が論点足り得ないか，議論の後景に退くことになるのである．この点については，後に改めて，「ソ連の地理学者はあらかじめ想定された幾何学的パターンではなく，集落の現実のパターンから出発する」と述べている（Pokshishevskiy et al. 1971: 411）．少なくとも，1960年代初頭においては，抽象化ないしはモデルに対して，ソ連の地理学者ならびに社会科学者は極めて批判的であったのである（Melezin 1963: 160 注 119）．

さらには，機能ならびに人口の点で高次な集落と低次の集落との間での階層的な従属関係は，常に一定の社会・経済構造と一定の地域経済経営という条件において実現されるものであるので，そこに不変の法則を見出そうとすること自体が無理な話である．ソ連では以下の例にみられるように，生産活動の専門性が限定されている集落間においてこそ集落の階層的従属関係は際立っているのである．

まず農業型集落については，コルホーズ（集団農場）部門でみると，コルホーズの中心集落が基本単位となり，その下位には当該コルホーズに属する小村落ある一方，その上位にはコルホーズ群に経営・技術サービスを提供する中心集落，さらに上位には大穀物倉庫やその他の調達物供出倉庫，製粉所，農産物加工企業が立地し，しばしば鉄道沿いに位置することが多い農村型行政中心地（地区（rayon）[6] 中心地）がある．このうち，経営・技術サービスを提供する中心集落は，コルホーズの中心集落や地区（rayon）中心地と領域がしばしば重なっている．

ソホーズ（国営農場）部門における集落の階層的従属関係も原則的にはコルホーズの場合と同じである．ソホーズの中心集落がコルホーズの中心集落に，その支部・農家・その他の補助的集落がコルホーズに属する小村落にそれぞれ対応している．しかし，ソホーズでは自ら修理等を行なうため，経営・技術サービスを提供する中心集落に相当するものを欠いており，ソホーズの農産物を集荷する鉄道駅がソホーズの上位集落に相当している．

1950年代末の時点で，以上の農業型集落タイプごとの集落数は次の通りである．農村集落50万強，コルホーズないしはソホーズの中心集落8万強，修理技術ステーション・機械トラクターステーション約8,000，地区（rayon）中心地約4,000．

採掘産業部門においては，採炭場，林業地など生産が地域内に分散している場合，生産機能には階層的従属関係がみられ，生産自体の段階性と結びついて，選鉱・選炭中心地，木材加工中心地などの高次集落が存在する．加工産業部門においては，規模が大きく，部門構造の面で複雑性が高い産業中心地は，通常，小規模な中心地にとっての組織的・経済的中心地になっているが，これら中心地の階層構造を明確化する方法はいまだソ連地理学で確立されていない．輸送中心地の従属関係は，とくに低次のものについてははっきりしているが，至便な輸送拠点では輸送機能がたいてい産業機能と結びついているため，輸送中心地の純粋な階層構造は曖昧なものとなってしまう．

ソ連で常に生産機能をも担っている行政政治的・社会文化的中心地の階層別の総数は，下位から中位までは，村ソビエト（selsovet; 複数の農村集落からなる末端行政域）の中心地5万（通常，コルホーズの中心集落と一致している），地区（rayon）中心地4,000（農村集落と都市型集落[7] が半々）となっている．そのさらに上位には，生産部門中心地，地方中心地，そして多機能都市である共和国首都が順に位置している．このうち，最上位階層の中心地（連邦共和国首都）と次下位の中心地（州（oblast）・地方の中心地，自治共和国首都）について，その位置をそれらが管轄する地域との関係でみると，中心地理論で想定されるような管轄地域の中心付近にあるものは，連邦共和国首都の場合は3都市（ソ連全体の20%），州・地方の中心地ならびに自治共和国首都の場合は44都市（同30%）と，決して多くない（表1）．それは，あらゆる階層の中心地が経済的要因，交通上の要因の影響の下，民族的伝統を反映して歴史的に形成されてきたことを考えれば当然のことではある．

表1　管轄地域での位置別にみた上位の行政政治的・社会文化的中心地の数

管轄地域での位置	連邦共和国首都	州・地方の中心地，自治共和国首都
中心付近	3	44
中心から大きく逸脱	6	79
周辺	6	26
ソ連	15	149

出典：Pokshishevsky（1961: 243）

以上のような多様な機能上の階層構造を有する集落ネットワークを重ね合わせてみると，低次の中心地は固有の生産上の地理的要因に基づいて配置されているために，しばしば重なり合っていない．地区（rayon）中心地以上の階層の中心地については，さまざまな機能が組み合わさって多様な特性を持ったものになっている．

特定の経済部門によって地域開発が進められた地域においては，その部門特有の配置原則によって発生した生産中心地が従前の集落ネットワークの上に重ね合わされて，あたかもそれとは独立しているかのような集落ネットワークが形成されていることが多い．長年にわたって両者が分離しているのは非合理的であるので，以下のような両者を結合した集落システムの構築が望ましいと，ソ連の地理学者は考えている．

①林業地域では，タイガの村落のみしかなかった時代に発生した村ソビエト管理中心地を，住民が実際に利用し始めた新たな林業中心地へ移動させる．

②機能特性が限定的である採鉱産業中心地に対しては，より広範な経済的・行政的・文化的機能を担わせる．とくに当該中心地が地区（rayon）中心地の場合にはそうした考慮を要する．

③純粋な農業集落として発生した地区（rayon）中心地の場合には産業機能の充実を図る．

④農村集落の色彩は薄いものの，行政的・文化的機能が劣る地区（rayon）中心地は，近隣地域の中心地としての役割を果たす都市型集落へと変える．

Ⅲ　西側諸国の中心地研究に関する論評

ところで，Pokshishevsky（1962）に目を通してみると，実は彼は中心地理論（の諸概念）を我流に解釈しているのではないかと思われる点があることに気づく．例えば，それは中心性についてである．前記注5において，Pokshishevsky（1961）がいうところの中心性は絶対中心性に似たものであると記したが，それはあくまでも中心地理論の中心性概念に引きつけての理解であった．ところが，Pokshishevsky（1962: 35）においては中心性（центральность）について次のような独自の見解が示されている．「中心性それ自体は，抽象的な幾何学的空間の特性からではなく，原料資源，燃料，エネルギー，輸送条件，歴史的に蓄積された物質的ストックなどによって左右される現実の生産地理から引き出されなければならない」[8)]．上記の中心性は，「生産と経済発展の地理こそが，集落のうちどれがほかの集落にとっての『中心』となるかを決定する集落階層を作り出すのである」（Pokshishevsky 1962: 35）という考え方に示されるように，流通分野（輸送，積換え，倉庫業務など）も含む生産機能の立地を第一義的に考える集落を念頭に置いた場合の独自の中心性の解釈なので，そのこと自体は大きな問題ではない．

問題なのは，論文冒頭において，中心地理論では，「各集落の『中心性の大小』は集落ネットワークの全体におけるその『空間的位置』によって左右される」（Pokshishevsky 1962: 30）と述べている点である．本来，Christaller（1933）の中心地理論でいう中心性とは，中心地の影響が及ぶ範囲の大きさを推定させる，中心地が中心的機能を果たす度合（クリスタラー 1969: 25）であって，中心性（の大小）は「集落ネットワークに占める空間的位置」とも，「幾何学的空間の特性」とも直接関係していない．どうも，Pokshishevsky は大小の六角形の入れ子構造からなる理論的な中心地分布をイメージしながら，中心地理論でいう中心性を理解している可能性があるのである．そして，あえて誤解を恐れずに言うならば，Pokshishevsky は中心性を近接性と同義のように理解しているのではないであろうか．そのような疑問が浮かび上がってくると，Pokshishevsky による既往の中心地研究論文の論評についても改めて検討する必要があるのではないかと思われるのである．

1．Neef（1950）と Schlutze（1951）をめぐって

Pokshishevsky（1962: 32）は，内容を詳しく語ることなく，Neef（1950）と Schultze（1951）は Christaller（1933）の理論に痛烈に批判を浴びせたと（評価）している．1939 年のドイツ・ザクセン州を対象にした Neef（1950）は，Christaller（1933）が理論の検証に使用した電話，ならびに理論構築の基礎概念である財の到達範囲はいずれも社会構造の影響を受けるとした上で，等質的な農村地域からなる南ドイツ（の東部）とは異なり，工業地域を抱える一方で，農業地域以外に中心地分布の空白地域も存在する，社会構造が非等質的なザクセン州では，Christaller が主張するような中心地分布の六角形構造は存在しないとして，中心地の発生論的考察の必要性を説いている[9)]．結果的に Neef(1950)は，規則的な中心地分布が工業化によって攪乱されることを指摘した Bobek（1938）や，ニーダー・ザクセンの主要街道沿いに一定の間隔で立地する都市の分布が長距離交易によって形成されたことを論じた Dörries（1929）の主張を支持することになっている．

しかし，Neef（1950）については次のような疑問が生じる．小売業就業者数を用いて計測された相対中心性（「意義余剰」（Bedeudungsüberschuß））[10)] に基づいて設定された 9 つの中心性階級（最小の中心性階級 0 ～ 9，最大の中心性階級 2,000 以上）の区分基準の根拠が示されていないため，区分基準が変われば結果（具体的には各中心性階級に基づいて中心性が円の大小で描かれ

た中心地分布図の見え方）が変わってくるのではないであろうか．中心地理論が示唆する中心地分布の六角形構造の存在を否定する場合には，改めて中心性階級の区分基準の妥当性を問わざるを得ないであろう．

そして，以上の分析に先立って Christaller（1933）の電話法によって中心地の階層区分を行ない，①最低次の中心地には小売店が立地していないものがあること，②ドレスデン県（Regierungsbezirk）の人口上位 10 都市のうちマイセン（Meißen）など 8 都市が中心地として抽出されないこと（＝中心性がマイナス？）を理由に最終的に電話法の援用を断念するに至っているのだが，電話法による分析はザクセン州全体を対象に行なったのではなく，サンプルとしてドレスデン県だけを対象にして試みたのである．もしもザクセン州全体の分析が行なわれたとしたら，電話法を棄却するような結果になっていたのだろうか．

他方，Schultze（1951）は 1940 年代後半の東ドイツの 40 の匿名中心地の勢力圏を調査し，中心地の人口とその勢力圏の面積・人口との対応関係を調べ，いずれも中心地理論で仮定されるような明瞭な比例関係になっていないことを見出すなど，中心地理論の仮定が現実と合致していないことを指摘している．しかしながら，Schultze（1951）の表の数値を用いて，中心地の人口とその勢力圏の面積・人口との間の相関係数を求めた森川（1974: 112）は，いずれも $r = 0.7$ 前後の強い正の相関関係があることを明らかにし，「クリスタラー・モデルがある程度妥当する」としている（森川 1974: 80）．

西側諸国から共産圏の東側諸国に組み込まれた東ドイツ（ドイツ民主共和国）在住の Neef（ライプチヒ大学）と Schultze（イエナ大学）が中心地理論の否定につながるような論文を発表したことは Pokshishevsky にとって心強いことであったには違いないであろうが，Neef（1950）と Schultze（1951）はいずれも上記のような問題を孕んでいるのである．

2．Brush（1953）をめぐって

Pokshishevsky（1962: 31-32）は，西側諸国の中心地研究では，Christaller（1933）が「中心性」の高さの「数学的に正確な」基準を見つけ出そうとして電話接続（電話台数）といった指標に注目したことに倣って，中心性の大小を決定する指標の探求に精を出していると指摘する[11]．そして，Brush（1953）のウィスコンシン州南西部を対象とした中心地研究[12]をその代表とした上で，次のように批判する．都市の絶対的な大きさを表わす人口を考慮することなく，小売店舗数のほか，ホテル客室数，銀行預金高，高校生徒数，電話台数，農村郵便配達数，新聞発行部数，病院ベッド数，医師数，歯科医数，獣医数，弁護士数，郡庁所在地の有無などの，脈絡のない二義的な中心性の指標を機械的に組み合わせて中心地の階層を決定するだけでなく，それらの指標を，医者一人＝銀行預金 100 万ドル＝電話 200 台＝ホテル客室 10 室といった全く恣意的な割合で小売・サービス業事業所数に加えるといったことを試みている（Pokshishevsky 1959: 261），と．

ところが，Pokshishevsky によるこの Brush（1953）の中心地階層区分の方法の説明は誤っているのである．というのも，中心地階層区分は，ダン・アンド・ブラッドストリートの企業年鑑（Dun and Bradstreet's *Reference Book for Wisconsin*, 1949）や電話帳，商工人名録などから商業・サービス関連業種（= 中心機能）を調べ上げるカタログ法によってなされているからである．Pokshishevsky の前記の間違った説明の根拠となったものを，Brush（1953）の本文中で探してみると，それは Fig. 4 の "Trade centers, showing central services provided"（図 1）であることがわかる．同図の左上には小売単位[13]数の凡例が，同右上には前記のホテル客室数以下，弁護士数までの凡例と郡庁所在地の有無を示す凡例が描かれており，それらの凡例に挙がっている合計 13 種の小売・サービス単位に基づいて中心地階層区分を Brush（1953）が行なったと，Pokshishevsky は

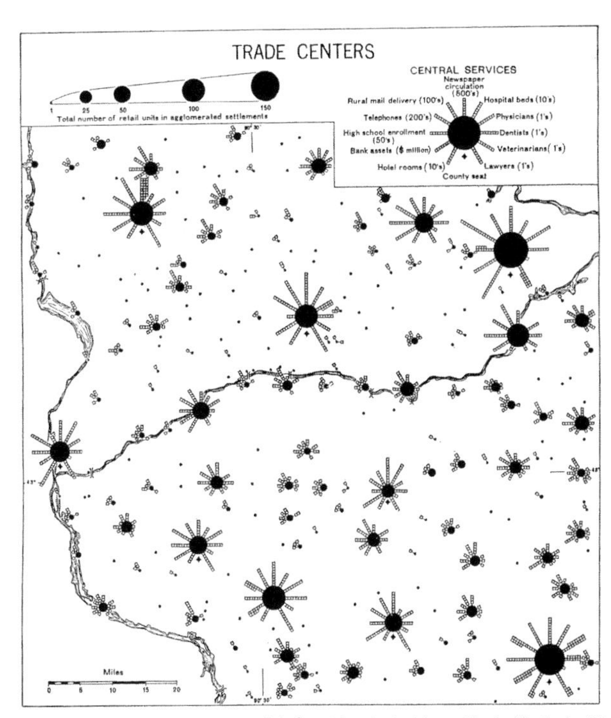

図 1　ウィスコンシン州南西部中心地の代表的中心機能の保有状況
出典：Brush（1953：388）

誤解したのである．問題の図は，各中心地の小売単位立地状況（大きさが異なる黒丸で表示），ならびに代表的と思われるサービス単位（公共サービスを含む；以下，同様）の立地状況（黒丸から外側に延びる，長さが異なる積み木状の棒で表示）を単に示したいがために作製されたのであり，実際の中心地階層区分とは一切無関係なのである．また，前記の医師一人＝銀行預金 100 万ドル＝・・・といった無意味な換算などもなされるはずはなく，凡例の各指標数値の単位が，医者数の場合は一人，銀行預金高の場合は 100 万ドル，・・・であるにすぎないのである．

Brush（1953）の中心地階層区分について問題があるとすれば，それは，小村（hamlet）・村（village）・町（town）の 3 階層の区分基準の曖昧さないしは恣意性なのであろう．問題の中心地の階層区分は，基本的には，小売・サービス単位の量と質で行なわれていると考えられる．まず量的な基準については，小村段階中心地の小売・サービス単位数は 1 ～ 9，村段階中心地の場合は 10 以上，町段階中心地の場合は 50 以上とされている（Brush 1953: 385, 387）[14]． しかし，3 階層を区別するこれらの機能単位数の妥当性は何によって保障されているのであろうか. ちなみに, この階層区分に先立って，本文中では，業種別に機能単位の順位規模曲線を描いても，人口の場合と同様，明瞭な段階的区切り目は見出せないとも記されている（Brush 1953: 385）．階層区分の基準となる機能単位数は何らの理論的根拠なく，多少とも恣意的に決められているように思われるのである．

同様な恣意性ないしは曖昧性は階層区分の質的側面についても見られる．小村については，食料雑貨店と小学校がそこに立地する典型的（typical）な機能であり，居酒屋，ガソリンスタンド，教会は普通（common）見られるものであるとされているが，Brush（1953: 386）の Table 1 で示されている，3 階層の代表的中心機能を見ると，小村段階の中心機能として挙げられているのは食料雑貨店と小学校のみである．それでは，最低，食料雑貨店と小学校が立地し，前記の機能単位数基準を満たせば，小村段階の中心地と認定されるのかというと，その点は必ずしもはっきりしない．なぜならば，Table 1 の注 a）において，Table でリストアップされている各階層の代表的な中心機能は当該階層の 75％以上の中心地で見出されるとも注記されているので, 可能性として，食料雑貨店と小学校の一方を欠く小村段階の中心地があるかもしれないのである．

村段階の中心地に立地する中心地機能の基準になると，以下のように，より煩雑化している．村段階中心地には，小村段階中心地に立地する食料雑貨店，居酒屋，ガソリンスタンドに加えて，自動車販売店，農機具店，電気器具店，製材所，金物店，家畜飼料販売店のような小売単位が最低四つ，自動車修理店，銀行，電話交換局ないしは郵便局のようなサービス単位が最低三つ立地するものとされている（Brush 1953: 385）．Table 1 に挙げられている村段階中心地の代表的な 18 の小売・サービス単位のうち，なぜ小売単位を「最低四つ」，サービス単位を「最低三つ」とするのか, その根拠は不明である．

町段階の中心地では，最低限必要とされる 50 の小売・サービス単位のうち，30 は食料雑貨店，居酒屋，ガソリンスタンド以外のものとされている（Brush 1953: 387）．50 機能単位から，小村段階中心地の代表的な 2 機能単位と村段階中心地の代表的な 18 機能単位を除くと，数の上では確かに 30 機能単位となる．しかし，Table 1 には，町段階中心地の代表的な小売・サービス単位が合計 42 挙げられているにもかかわらず[15]，なぜ 30 の小売・サービス単位の基準が設けられているのか, 説明はなされていない．また, 銀行, 週刊新聞発行社, 高校に加え，医師，歯科医，獣医，弁護士の四つの専門職を町段階中心地は保有しなくてはならない（must）と言い切っている根拠についても不明である[16]．

以上から明らかなように，三つの中心地階層を分かつ機能単位数の基準値，さらには特定の階層（とくに村段階と町段階）の中心地が必ず保有しなくてはならない小売・サービス単位の最低限の数とその具体的種類についての説明は十分になされていないのである．そうならざるを得なかったのは，論文中に記されている中心地階層の区分基準が実は事後的に設定されたからではないかと，筆者は思うのである．であるとすれば,「事前的な」中心地階層区分はどのようになされたのであろうか．ヒントは Table 1 の最後に挙げられている行政機能にあるように思われる．村段階中心地には，原則として（as a rule）村の自治体の役場が立地している（Brush 1953: 385）．「原則として」という但し書きが加えられているということは，もしかすると村役場が立地しない村段階中心地があるのかもしれないことを示唆しているが，村段階中心地≒村役場所在地と考えてあながち間違ってはいないであろう．また，町段階中心地は，ウィスコンシン州では，しばしば（usually）第 4 級（the fourth class）の市（city）[17] の市役所所在地でもあるとされているので（Brush 1953: 387），第 4 級の市になっていない町段階中心地があるかもしれないが，少なくとも第 4 級の市となる人口基準 1,000 人は町段階中心地の全てが満たしている[18]．したがって，町段階中心地≒（あるいは＝）第4級市の市役所所在地と考えてよいであろう．こうして，村役場所在地か，第4級市の市役所所在地かによって，まず村段階中心地と町段階中心地の大多数を決定し，保有する中心機能の類似性からそれらに準ずる中心地をそれぞれに追加した上で，残った小中心地を小村段階中心地と認定したのではないであろうか．もちろん，このような筆者の解釈は単なる憶測の域を出るものではない．しかし，そのように考えさせてしまうものがBrush（1953）の中心地階層区分には見られるのである．

3．Harris and Ullman（1945）をめぐって

都市を生産活動の中心としてではなく，流通と非生産活動の中心として研究することを指向する西側諸国の地理学者の仕事に対するPokshishevsky（1962: 33）の評価は高くない．それでも，産業別に経験的に設定された産業人口率閾値に基づいてアメリカの605都市の都市機能分類を試みたHarris（1943）[19]については評価している．産業全体を視野に入れていることに加え，アメリカの都市の43%が工業都市と分類され，商業都市は17%で，卸売都市と合わせても21%にすぎず，資本主義国アメリカですらも都市の基盤が生産活動にあることを実証した点が，好意的評価につながったように思われる．だが，そのHarrisでさえChristaller（1933）の考えに譲歩・同調したとして槍玉に挙げられたものが，「都市の本質」と題された論文（Harris and Ullman 1945）であった（Pokshishevsky 1962: 33-34）．この論文は，その野心的な題名が象徴するように，都市分布の空間構造ならびに都市内部の空間構造を大胆に模式化したもので，個性記述的な研究パラダイムが支配的であった第二次世界大戦中までの（アメリカ）都市地理学では到底考えられない，当時においてはきわめてラジカルな内容のものであった．

Pokshishevsky（1962: 33-34）がとくに問題視するのは，Harris and Ullman（1945）の前半部分で論じられる都市分布の理論的模式図（図2）についてである．Pokshishevskyはこの図に対して次のような解釈を行なっている．すなわち，①商業・サービス中心としての中心地の均等分布が，②交通路に沿って，あるいは海岸部に立地する，輸送・積換え・流通機能を担う交通都市の線状分布と，③偏在して存在する天然資源付近に立地する鉱・工業都市とリゾート都市の集塊分布，の影響を受けて現実の都市が分布することを図示したのが，都市分布の理論的模式図であるが，都市分布の骨格部分はあくまでも中心地の幾何学的ネットワークによって形成されており，鉱・工業都市やリゾート都市は，Christaller（1933）に倣い，「例外」としての研究対象に留まっている，と．

Pokshishevskyは，この論文があたかもHarrisの単著論文であるかのように，彼の「変節」を難じているが，実は都市分布の理論的模式図はUllman主導で作製され，Harrisの方は都市内部構造の理論的模式図の作製を主導した経緯がある（杉浦 1999: 7）．それは，4葉の都市分布の理論的模式図の全てにおいて，図の右下に「ELU-CDH」とUllman，Harrisの順に作製者名が略記され（図2参照），都市内部構造の理論的模式図（図略）においては，図の右下に「CDH-ELU」とHarris，Ullmanの順に作製者名が略記されていることからもわかる．Harris and Ullman（1945）に先行して発表され，英語圏の地理学者たちにChristaller（1933）の中心地理論の内容を事実上初めて紹介することになった「都市の立地論」論文（Ullman 1941）において，確かにUllmanは，「集落分布を研究するための理論的枠組はWalter Christallerの仕事によって与えられた」とした上で（Ullman 1941: 854），「中心地配列（the central-place scheme）は，局地的要因（主として，工業の集積や幹線交通路）によって偏倚させられるだろう」（Ullman 1941: 860）と述べているので，前記のPokshishevskyの解釈は間違ってはいない．それに対しHarrisは，アメリカの都市機能分類を行なった論文の末尾（Harris 1943: 99）で，都市の立地に影響を与える要因に言及した際，小売・卸売都市を鉱・工業都市，リゾート都市

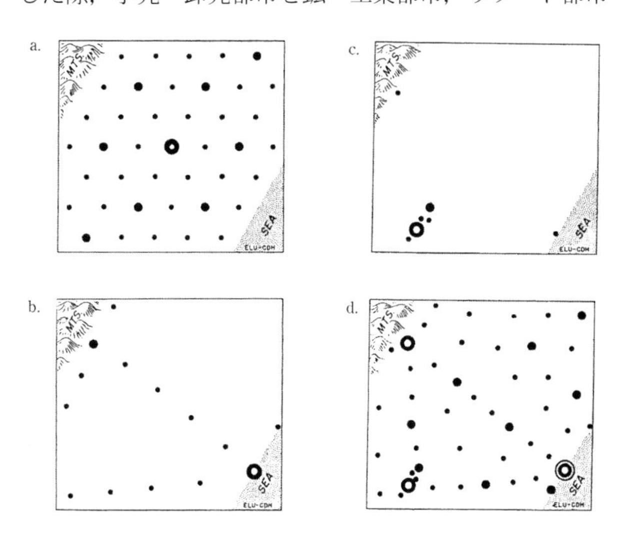

図2　都市分布の理論的模式図
a：中心地の理論的分布
b：交通都市の分布
c：鉱・工業都市とリゾート都市の分布
d：現実の都市分布
出典：Harris and Ullman（1945: 8）

と同列に論じ，前者の分布を説明する中心地理論に都市立地論としての「特権的な地位」を与えてはいないである．

都市分布の理論的模式図についてのPokshishevskyの解釈は，彼の本来の想いとは別に，同図が偏倚要因を組み込んだChristaller（1933）の中心地理論の拡張模式図であるとの理解につながる可能性を孕んでいる．他方，そうではなく，現実の都市分布を論じるには，交通都市や鉱・工業都市，リゾート都市など，小売・サービス機能以外の経済機能を保有する都市にもしっかりと目に向ける必要があるとの異議申し立てを可視化したのが，都市分布の理論的模式図であるとの理解もあり得るであろう．Harris も Ullman も無条件に中心地理論を受け入れている訳ではないので，都市立地論としての中心地理論に対する異議申し立てを行なった（より穏当な言い方をすれば，中心地理論は（将来において完成をみるであろう）都市立地論の下位理論の一つでしかないことを明示した）のが都市分布の理論的模式図ではないかと，筆者は思う．

もしもPokshishevskyがChristaller（1933）の中心地理論，さらにはLösch（レッシュ 1968）の市場地域論をより正確に理解していたならば，都市分布の理論的模式図に示されている中心地の理論的分布図（図2a参照）について，その瑕疵を指摘すべきではなかったであろうか．そこに描かれている中心地分布は，実は中心地理論で論じられている供給原理に基づく$K = 3$の中心地分布，交通原理に基づく$K = 4$の中心地分布，行政原理に基づく$K = 7$の中心地分布のいずれでもないのである．もちろん，Lösch（レッシュ 1968: 137-139; ハゲット 1976: 149）が示した他のさまざまなKシステム（$K = 9, 12, 13, 16, 19, 21$）のいずれかに該当する場合の中心地分布でもない．つまり，Ullman主導で作製された中心地の理論的分布図は，一見，理論に裏打ちされた規則的な中心地分布が描かれているかのように思われるのであるが，実は理論とは無縁の図なのである．実際，Boyce（1978: 101, 107）によれば，Ullmanは1960年頃まで，K（nesting factor；重層因数）の意味を知らなかったとされる．したがって，以前からHarris and Ullman（1945）の中心地の理論的分布図が間違っていると多くの人から指摘されても，Ullmanはその理由がなぜだか理解できなかったようである．

4．Rochefort（1957）をめぐって

Brush（1953）との比較において，Pokshishevsky（1959）がとくに評価した論文は，フランスの下アルザス（Basse-Alsace）地方（ストラスブールとその周辺地域で，バ・リン（Bas-Rhin）県にほぼ相当している）とブラジルのサンパウロ州，それぞれの中心地階層区分を試みたRochefort（1957）の論文である．Pokshishevsky（1959）がRochefort（1957）を評価する点は，中心地の階層区分に，Christaller（1933）の電話法やBrush（1953）等が採用したカタログ法を棄却して，職業統計から得られる第三次産業就業者数を利用したことである．Pokshishevskyにとっては，電話法もカタログ法も彼が都市を考える際に何よりも重視する産業とは直接結びつくことがない，あくまでも中心地階層における中心地のランクを確定するための便法にすぎないのである．また，Rochefort（1957）が，第三次産業部門が中心地周辺地域住民へのサービス提供（基盤活動的側面）と中心地住民のニーズ充足（非基盤活動的側面）といった2側面を有し，その点を研究に反映させなくてはならないことを熟知していることも，Pokshishevskyの好意的評価につながっている．

しかし，職業統計では基盤活動と非基盤活動を分けて捉えることはできないので，実際にRochefort（1957）が用いた方法は次のような単純なものである．すなわち，それは，縦軸に中心地の全就業人口（population active）に対する同第三次産業就業人口の割合（%）を目盛り，横軸に対象地域の第三次産業就業人口に対する当該中心地のそれの割合（%）を目盛ったグラフ上に個々の中心地をプロットし，各中心地階層に相当するグループを見出そうとするものである．縦軸の数値は当該中心地の産業部門における第三次産業の比重を表わし，横軸の数値は対象地域の中での当該中心地の相対規模を表わしている[20]．Rochefort（1957）では述べられていないが，グラフ上にプロットされた各点の位置から仮に中心地の特徴を予想するならば，次のようになるであろう．①グラフ右上にプロットされた点は，規模が大きく第三次産業就業者率も大きいので，上位中心地を表わしている，②グラフ左下にプロットされた点は，規模が小さく第三次産業就業者率も小さいので，下位中心地を表わしている，③グラフ右下にプロットされた点は，規模が大きいものの第三次産業就業者率は小さいので，例えば，大工業都市のような自都市内向けサービスを専らとし，勢力圏が小さい中心地を表わしている，④グラフ左上にプロットされた点は，規模は小さいが第三次産業就業者率は大きいので，例えば，行政機関の支所が立地し，規模に比して勢力圏が大きい農村地域の中心地（小さな田舎町）を表わしている，⑤グラフの中央付近にプロットされた点は，規模，第三次産業就業者率のいずれも中間

的なものなので，中位中心地を表わしている．前記③と④の中心地も階層的には中位とみなすことができるであろう．

このグラフを用いた方法を実際に適用してみると，Pokshishevsky（1959: 262）がいみじくも指摘するように，中心地の規模を反映する横軸の値に規定されたいくつかのグループに中心地は区分される．しかし，この方法では数の上では大多数を占める中位から下位の中心地をうまく区分できない．5階層に区分されるとする下アルザス地方の場合は下位2階層が，10階層に区分されるとするサンパウロ州の場合は中・下位5階層が，いずれも一塊になっているように見えるのである．

Rochefortがその点をどう解決しようとしたのか，サンパウロ州の中心地の階層区分に用いられた図3で見てみよう．この場合，横軸はすでに述べたように対象地域の第三次産業就業人口に対する当該中心地のそれの割合で目盛ってあるが，縦軸は工業就業人口と第三次産業就業人口の合計に対する第三次産業就業人口の割合で目盛ってある．このグラフでは，州全域の第三次産業就業者数のそれぞれ44.5%と5.8%を占めるサンパウロ（最上位第1階層の州都）とその外港のサントス（第2階層の州都大港（grand port de la capitale））は，横軸に目盛りきれないためにプロットされていない．第3階層の1次の大地域センター（grand centre régionale de 1er ordre）のカンピーナス（Campinas），第4階層の2次の大地域センター（grand centre régionale de 2nd ordre）のバウルー（Bauru），リベイラン・プレト（Ribeirão Preto），第5階層の1次の地域センター（centre régioal de 1er ordre）のサンアンドレ（Santo André）とソロカーバ（Sorocaba）は，それぞれ独自のグループを形成していることが読み取れる．

それに対し，それより下位の非常に多数の中心地は，一見すると一つの塊をなしているように見て取れる．ところが，Rochefortはこの判然としないまとまりを，グラフ中に引かれた1～4の直線各々に沿った四つのグループと，Aと記されたグループの合計5グループに区分している．いずれも傾きが－1の1～4の直線（$y=-x+p$）の意味するところは次のようである（Rochefort 1957: 134, 1959: 429）．一つの直線に沿ってプロットされる中心地は同じ重要性（même importance）の，ないしは同じ序列（même ordre）に属するとした上で，序列に関係なく，直線の左上端あたりにプロットされる中心地は，規模は比較的小さいものの第三次産業部門の比重が大きいことによって，周辺地域住民へのサービス提供を主とする中心地であるとされる．同じく，直線の右下端あたりにプロットされる中心地は，規模は比較的大きいものの第三次産業部門の比重が小さいことによって，自中心地内住民へのサービス提供を主とする中心地であるとされる．そして，いわばこれら両極端の特徴を持つ中心地の間に直線に沿ってプロットされる中心地は中間型のタイプのものとされる．他方，Aと記されたグループの中心地は，1の直線沿いの中心地とも2の直線沿いの中心地とも異なるとして，別の単独グループにまとめられている．こうして，第6階層から第10階層までの中心地として，①直線1沿いの2次の地域センター（centre régional de 2nd ordre），②Aグループの3次の地域センター（centre régional de 3ème ordre），③直線2沿いの1次のローカル・センター（centre local de 1er ordre），④直線3沿いの2次のローカル・センター（centre local 2nd ordre），⑤直線4沿いの小ロー

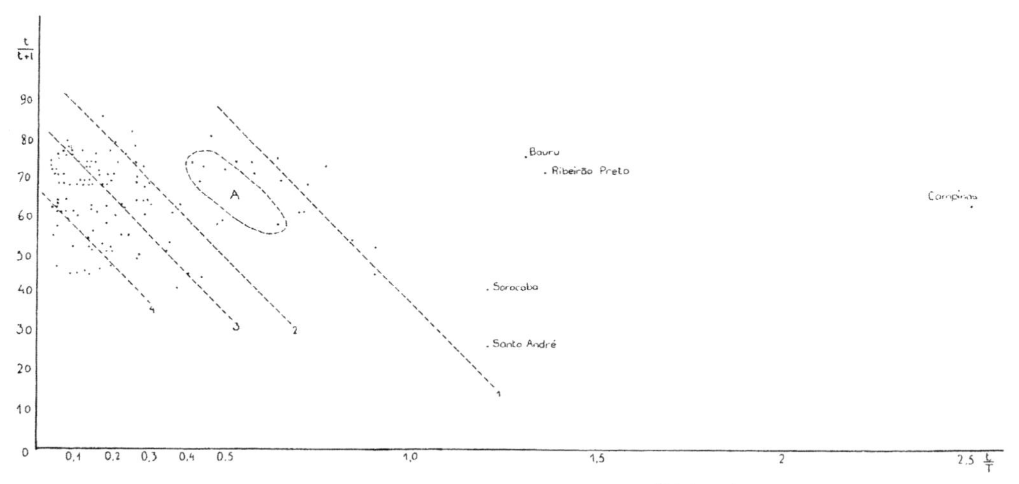

図3　サンパウロ州の中心地の階層区分

出典：Rochefort（1957: 139）

注：横軸目盛から飛び出してしまうサンパウロとサントスはグラフにプロットされていない．

カル・センター（petit centre local）が特定されたのである[21]．

以上の中・下位階層の中心地階層区分の判断基準になるのは傾き－１の直線である．直線の両端付近の中心地の特徴は前記の筆者の解釈と似ているが，なぜこの直線に沿う中心地が同じ序列＝階層に属することになるのであろうか．その根拠は不明である．また，傾きが－１ということは，縦軸と横軸とが完全なトレードオフ関係にあるとRochefortが思っているからであろうか．上記の説明に従えば，直線の左上端から右下端にシフトしていくにつれて中心地周辺へのサービス提供が減り，相対的に自中心地内へのサービス提供が増えると考えられるので，概念上は，直線自体が，中心地内外へのサービス提供のトレードオフ関係を表わしていると見做すことができるかもしれない．しかし，目盛が％表示とはいえ，各中心地の両軸の数値を足して１になる訳ではないので，目盛に具体的な数字が入ったグラフ上でのそうした議論は説得力を欠く．そして，一番問題になるのは，一体，４本の直線はいかなる根拠で引かれたのかということである．本文中には何も記されていない．あらかじめ同じ階層に属すると想定される中心地グループを特定しておいて，それらに沿ってもっともらしい傾き－１の直線を引いたのかと勘ぐられても仕方ないのである．その場合には，ではどのように中心地グループを特定したのかというさらなる疑問が残る．サンパウロ州の中心地の分析に際しては，同州の開拓の歴史と現状についてまとめたMonbeig（1952）を参考にするとし（Rochefort 1957: 126），実際に２次と３次の地域センターの階層それぞれに分類する中心地の説明に一部利用してはいるが（Rochefort 1957: 138, 140），全体の中心地階層区分はMonbeig（1952）での記述を根拠にしている訳ではない．

それでは下アルザス地方の場合はどうかというと，サンパウロ州の場合と同様な階層区分のグラフを用いつつも，実際は別途実施された調査を参考にして中心地グループの特定がなされたと思われるふしがある．下アルザス地方の場合でも，中心地階層区分グラフ（図４）において一塊に見える下位２階層を，傾き－１の２本の直線を基準にして区分しているが，なぜこれらの直線が区分基準足り得るかの理由は説明されていない．しかし，省略された最下位層の２次のローカル・センターを除く他の４階層（①地域メトロポールのストラスブール，②１次の地域センターのアグノー（Haguenau），③２次の地域センターのサヴェーヌ（Saverne），セレスタ（Sélestat），④16の１次のローカル・センター）の分布図（Fig. 1-D；図略）[22]を，関係機関への調査から判明した小売中心・卸売中心・金融中心・行政中心の影響圏（Rochefort 1957: 126）に基づいて５階層区分した中心地分布図（Fig. 1-A；図略）と比べると，最下位層を除く他の４階層の中心地は完全に一致していることがわかる．もともとのRochefort（1957）の目的は，手間のかかる後者の調査とは別の，統計を利用した代替方法の有効性を検討することにあったはずだが，どうやら下位２階層に区分される中心地が関係機関への調査結果と合致するように，図４のグラフで２本の直線が引かれたのではないかと思えてしまうのである．であるとすれば，それは本末転倒であり，Rochefort（1957）が提案した方法が中心地階層区分に使用できることを証明したことにはならない．そもそも，１次のローカル・センターを特定する際の基準になった図４の右側の直線に沿って点は分布していない．むしろ当該直線とは横軸に平行して交差するかのように点は分布している．また，図４では２次のローカル・センターは左側の直線沿いにわずかに三つしかプロットされておらず，残り五

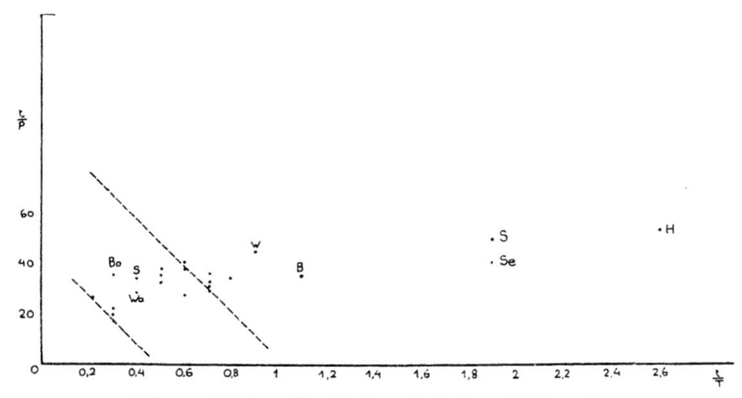

図４　下アルザス地方の中心地の階層区分
出典：Rochefort（1957: 135）
注：横軸目盛から飛び出してしまうストラスブールはグラフにプロットされていない．

つは省略されているようなので，それらを一つの中心地グループとして特定するのに，左側の直線が本当に基準になり得るかどうかもわからない[23]．

個性記述的な研究を専らとしてきたフランス地理学に親近性を持つと思われるPokshishevskyは，そのフランス地理学者が経済統計を用いた分析的論文を発表していることに驚きつつも（Pokshishevsky 1959: 260-261），その点ではRochefort（1957）を必ずしも評価していないのは（Pokshishevsky 1959: 263），前記のような説得力を欠くグラフを用いた中心地階層区分にその理由があるのかもしれない．グラフ上の点の位置からは決して，個々の中心地の特徴，中心地間の従属関係，全体の傾向から外れる中心地の理由等を説明することはできないとし，それを可能とするのは著者が対象地域についての知識が豊富だからだとする．表面上はRochefortを褒めているかのようなこの指摘は，主観的な中心地階層区分法に対する一種の揶揄ないしは皮肉と受け取れなくもない．そして何よりも，下アルザス地方の場合のように対象とする中心地の数が25と多くないのであれば，個別の直接調査によって研究を行なうべきであるとしている．Rochefortの方法は，対象とする中心地の数が数千であるような場合のグループ分けにこそ有効であるというのが，Pokshishevskyの考えである（Pokshishevsky 1959: 262）．

Pokshishevskyが量よりも質に重きを置いた経済的諸機能の関係の考察を重視していることは明らかである．仮に第三次産業就業者数が同じであっても，積換え港湾都市，リゾート都市，金融都市，大学都市それぞれが周辺地域との関係で果たす役割は自ずと異なるはずである．また，生産活動との関係でも都市の第三次産業が持つ意味は違ってくるはずである．高度に機械化された工場で高額製品を生産する都市の工業総生産額と，貧弱な技術レヴェルの工場で安価な製品を生産する都市の工業総生産額を比べた場合，どちらの都市において都市経済に占める第三次産業部門の比重が大きいかは言うまでもないであろう（Pokshishevsky, 1959: 261-262）．たとえ第三次産業だけに焦点を絞ってみても，全国的ないしは地域的経済ネットワークの中で都市をとらえる視点がないと，第三次産業立地拠点としての都市を正しく理解することはできないというのが，Pokshishevskyの基本的立場なのである．その点において，域外との関係を考慮することなく恣意的に対象地域を切り取っていること（Pokshishevsky 1959: 262）とあわせて，Pokshishevskyにとって Rochefort（1957）は甚だ食い足りないのである[24]．

Ⅳ　Pokshishevskyの批評に対する反応と批評のその後

前記のPokshishevskyの口頭発表に対する討論には，Christallerのみならずアメリカのソ連都市研究者も加わったようであるが，討論の詳細は不明である[25]．幸いにもフランス人地理学者のGarnier女史が中に割って入り，PokshishevskyとChristallerの両者の主張をうまく包括するような見解を述べ，その場を収めたという．Garnier女史は，その見解を，間もなくしてChabotと共著の都市地理学の著書の中で次のようにまとめ直している（ボージュ - ガルニエ・シャボー 1971: 455-456）．すなわち，都市ネットワークの発達が，社会主義諸国と自由主義諸国とでは異なる歩みを辿ることは避けがたいかもしれない．社会主義経済の国々においては，工業上の関心から都市が発生し，商業は副次的な重要性しかないのに対して，自由主義経済の国々では商業を契機にして都市が生まれる．しかし，社会主義諸国でも，もともとは交換のために，すなわち地域的機能を果たすためにできた市場町（いちばまち）がある．他方，自由主義経済の国々でも，工業起源の都市が周辺の地域の結晶核となることもある，と．後に，Pokshishevski（1977: 136-137）は以上のまとめを補足する形で，市場町からイメージされる狭義の商業機能ではなく，行政・文化・政治的機能と結びついた有機的な経済機能こそがソ連の都市を特徴づけるものだとし，こうした多機能型の都市概念は，ブルジョア地理学にはない，ソ連の都市理論の基本概念の一つであるとしている．

Pokshishevskyの発表の主旨を一言で言えば，「生産活動を基盤にして形成されてきたソ連の集落立地を消費活動に関わる中心地理論では説明できない．つまり，中心地理論は普遍性のある集落立地論ではない」ということになるであろう．見方を変えれば，中心地理論を補助線にして，ソ連の集落の特徴を紹介した発表ともいえるかもしれない．中心地研究史的には，Pokshishevskyの発表の意義は，戦後のソ連の地理学の潮流の中で，（ようやく）社会主義国の地理学者によって，批評の対象としてブルジョア地理学の理論である中心地理論が俎上に上げられるようになった，まさにその点にあるといえよう．1953年のStalinの死去後ほどなくしてスターリン体制が否定されるとともに，ソ連の学問世界も「雪解け」が始まり，沈滞していた「西側」地理学との交流が活発化し，1960年代にソ連地理学界が経済立地論や理論・計量地理学を「批判的に摂取」し始めるのは（杉浦 2016: 30-31），Pokshishevskyによる中心地理論批評から間もなくしてのことである．

PokshishevskyがChristaller（1933）の中心地理論

について積極的評価をしないことに対して，意見を異にするソ連の地理学者もいた．Pokshishevsky（1959）が掲載された *Voprosy Geografii*（『地理学の諸問題』）第45集は人口・都市地理学特集号であり，1959年11月11日にはその内容をめぐっての討論会がソ連地理学会モスクワ支部において開催された．討論会出席者は50名であり，Pokshishevskyやソ連地理学界の重鎮Baransky[26]を含む9名が講演している（Listengurt 1962: 192）．その際に，Gokhmanは，Pokshishevsky（1959）ならびに10月のソ連地理学会モスクワ支部でのPokshishevskyの発表（後にPokshishevsky（1962）として活字化）を採り上げ，「なぜChristallerの中心地理論に対してかくも否定的であるのか」と批判した．「彼の理論は，抽象的にではあるが，都市階層の概念を最初に俎上に載せた価値あるものである」というのがGokhmanの考えであった（Listengurt 1962: 193）．それに対して，Pokshishevskyは，「実際には都市の階層的従属関係は都市の機能から導き出されるにもかかわらず，都市の機能が都市の中心性から引き出されているChristallerの思考体系は『全てがひっくり返っており』，ソ連の地理学にとって彼の理論に積極的意義を見出すのは難しい」と反論している（Listengurt 1962: 193）．

Pokshishevsky（1962）が発表された翌年，中心地理論を参照しながらポーランドの農村中心集落の階層区分を試みたChilczuk（1963）は，同時に行なった各国の中心地研究のレヴューの中でPokshishevsky（1962）に言及している．従来，ソ連では地方中心集落（miestynyje centry）の階層構造の問題は中心地理論を批判する場合にのみ言及されてきたが，ソ連の地理学で初めて地方中心集落の階層構造の存在を公式に認め，独自の階層構造概念（＝相互に重なり合った複数の階層的集落ネットワーク）を提出したのがPokshishevsky（1962）であると注目している（Chilczuk 1963: 35）．ポーランドでは，計画論としての中心地理論は第二次世界大戦終結直後に立案された幻の国土集落計画でいったんは採用されたものの，本格的社会主義政権の成立後，マルクス経済学者によって退けられた経緯があった（杉浦2017b）．それを受けてポーランドでは以後，いわゆる中心地研究は行なわれてこなかったが，Chilczuk（1963）は中心地研究の「復活」につながる研究でもあったのである．彼の研究は，ポーランドでは発表直後から必ずしも現実を反映していないと批判されたものの，その後の集落研究を促進・深化させた意味で，また中心地としての都市集落（town）区分研究例として，一定の評価を得ている（Dziewoński 1969: 18-19, 1972: 75-76; Kosiński 1964: 90）．後にPokshishevsky（1981: 22）は，Chilczuk（1963）をサービス分野の重要な研究としてソ連でも広く知られていると評価している．ソ連の学術動向を無視し得なかった社会主義国ポーランドの地理学界は，中心地理論を正式に議論の対象としたPokshishevsky（1962）を，マルクス主義の許容範囲内での中心地研究の取り組みに対するゴーサインと受け取ったかもしれないのである．

後になっても，地理的現実ではなく抽象的な幾何学への固執と，都市の生産機能の過小評価を理由とした，中心地理論に対するPokshishevskyのつれない評価は基本的に変わらないものの（Pokshishevsky 1981: 20-21），彼の中心地理論に対する考えは，ソ連を除く世界の人口と集落について概説した1971年の著書（ポクシシェフスキー 1976）[27]の中では変化の兆しが見える．第1に，かつては数学的方法に対して否定的であったものが（Pokshishevsky 1959: 263），それを支持するようになってきている（ポクシシェフスキー 1976: 201）．マルクス主義方法論に極めて忠実な研究者と見受けられるPokshishevskyではあったが（Melezin 1963: 146-147; Jensen and Karaska 1969: 144），少なくとも1970年頃にはSaushkinらともにソ連地理学の計量化の推進者の一人と見做されていた（Mathieson 1970: 301）．第2に，Pokshishevsky（1962: 31）でも，アメリカの農村地域の中心集落の主たる機能が周辺農村へのサービス供給である点に鑑みて，そうした地域を対象にした中心地研究に対して理解を示していたが，アメリカ中西部北西の農村地域を対象にしたBrush（1953）の中心地研究に対しても，対象地域が理論の前提に合致するかのように人口が一様に分布しているので，理論の精緻化を目指す点では適切であると一定の理解を示すようになっている（ポクシシェフスキー 1976: 152）．そして，何よりも注目される点は，①全集落を地域システムの中に組み込む議論の際に有用であり，②サービスの面から見た集落の特殊な階層性を捉えている点で，中心地理論を一定評価していることである（ポクシシェフスキー 1976: 152-153）．それは，1970年代に入る頃からソ連地理学界において中心地理論が肯定的に受け入れられていく兆候（杉浦 2016: 30-31）と軌を一にするようにも思われる．後に，Pokshishevsky（1981: 23）は集落システム形成の一要因としてのサービスの研究への期待感を表明しているが，そこに中心地理論が貢献できるかどうかについては明言していない．

V　むすび

ソ連の集落を念頭に置くPokshishevskyは，終始一貫して中心地理論に集落立地論ないしは都市立地論としての価値を見出すことに消極的であった．それでも後にはその否定的評価のトーンをやや弱め，階層的集落ネットワークの研究に限定的な貢献をなし得るものとの認識に至っている．彼の中心地理論に対する評価は，ポーランドをはじめとする社会主義諸国の集落地理学・都市地理学には一定の影響を与えた可能性があるが，西側諸国の中心地研究者にはロシア語文献ということもあって，ほとんど知られることはなかった．

結果的に，本稿ではPokshishevsky（1959, 1961, 1962）を出汁（だし）にしながら初期中心地研究の問題点の一端を論じることになったかもしれない．学問上の立場の違いを越えて，中心地研究がPokshishevskyの一連の中心地理論批評から汲み取るべきことがあるとすれば，それは次の2点である．①客観的な中心地階層区分方法の確立，②工業活動を偏倚要因とするのではなく，重要な集落立地機能と位置づけることにより，中心地理論を集落立地論へ拡張すること．これらの点に関する研究は，断片的ながらも計量革命の過程でなされはした．例えば，前者についてはBerry and Barnum（1962）の直接因子分析（direct factor analysis）を用いた中心地研究[28]が，後者については，不十分ながらも，Morrill（1965）のモンテカルロ法を援用した都市集落の立地変化の研究が該当している．だが，今もってこれらの課題について十分な研究成果が上げられていないのが実情ではないであろうか．とりわけ，後者の課題である都市の立地に関する包括的一般理論の構築は現代地理学の見果てぬ夢であり続けている．

注

1）*Annales de Géographie* tome 70（1961）中の国際地理学会議ストックホルム大会報告記事（Chabot 1961: 468）ならびにPokshishevski（1977: 136）による．

2）PokshishevskyはChristallerが会場にいることを知らずに口頭発表したとされる（Berry and Harris 1970: 119）．

3）Pokshishevskyは1958年に日本を含む主要資本主義国の都市地理学を論評した論文（Pokshishevsky 1958）の中で西側諸国の中心地研究をより広汎に論じているようであるが（Pokshishevsky 1962: 32），残念ながら筆者はその論文を入手できていない．

4）本稿は，Pokshishevskyによる批評に焦点を当てながらソ連の中心地研究を素描した杉浦（2016, 2017a）に加筆・修正を加えた上で，編集し直したものである．英語文献を中心としたソ連の中心地研究の動向そのものについては杉浦（2016: 29-35）を参照されたい（杉浦（2016）ではPokshishevskyをPokshishevskiy（キリル文字表記の忠実なローマ字表記）と表記している）．なお，ロシア帝国時代を対象とした中心地研究としてはGley（1951/1952），Rozman（1976）がある．

5）ここでいう中心性は，当該集落での生産活動との関連が重視されることにより，相対中心性ではなく，絶対中心性の考え方に近いものになっている．

6）raionとも表記される．総数や面積でみると，地区（rayon）はアメリカの郡（county）に対比される．

7）都市型集落（posyolok gorodskogo tipa）は「都市」と「農村」の中間タイプの集落で，人口は原則2,000〜3,000人以上，農業就業人口率は少ないものの，集落の外見，インフラ水準，住民の生活様式等では農村に近く，労働者町，保養地町，別荘町が該当する（シマーギン 2008: 113-114）．

8）確かに，コルホーズ中心集落の上位階層の中心集落である，機械トラクターステーション（MTS）が配置された集落（コルホーズがMTSにあった機械を購入し，自ら所有するようになってからは，修理・技術サービスステーション（RTS）が配置された集落）は，「道路網とその通行可能度，土地の起伏などの自然条件を考慮に入れた農業耕作地に対する位置」ならびに「農業耕作地への到達可能性」に基づく中心性によって決定されていた（Pokshishevsky 1962: 38）．また，鉱産資源の採掘に関係する中心集落の場合も，原料供給基地，生産施設の配置，生産物の搬出方向，地区の輸送網の配置，輸送網の幹線路への接続，集落自体の発展基盤となる自然・経済条件などの経済的・地理的条件の総体によって中心性の大小が決まっている（Pokshishevsky 1962: 43）．さらには，行政的・政治的機能とこれと結びついた文化的・社会的機能からみた中心集落（村ソビエト中心地，地区（rayon）中心地，州中心地，共和国首都）の中心性は，道路ネットワークに規定された到達性によって決まるとされる（Pokshishevsky 1962: 45）．

9）Neef（1950）は，国土計画関連で戦時中に調査・研究した未発表のNeef（n. d.）に基づいている可能性がある（Neef 1950: 11 注10）．

10）社会構造の地域差を考慮して，中心性計測式の理論値として州（Land）の平均値ではなく郡（Kreis）の平均値を使用している．なお，Neef（1950）は中心性計測式を用いて相対中心性を求めたと考えられるが，単に当該中心地の小売業就業者数とその郡平均値の差を「意義余剰」としているのかもしれない．

11）中心地研究を批評したソ連の地理学者は Pokshishevsky（1959, 1961, 1962）が最初ではなく，それ以前にも存在していたと思われる．例えば，ソ連の集落について論じた Kovalev（1957: 169-171）は，当時のソ連では取り組まれていない他の集落にサービスを提供する中心地の研究の意義を認めつつも，Bracey（1952, 1953, 1956），Brush and Bracey（1955），Carter（1955），Fleming（1954），Green（1950）等に対して次のような批判をしている．これら西側諸国の研究ではさまざまな指標を重ね合わせて中心地の勢力圏の設定がなされているが，そこでは経済的な結合関係が十分に把握できておらず，サービスの到達距離のような抽象的な数値を特定することや，中心地分布の歴史的説明などに研究が偏っている，と．

12）Brush（1953）よりもやや広い範囲のウィスコンシン州南西部を対象に，法人化されていない小村（unincorporated hamlet）の研究を行なった Trewartha（1943: 55-57）は，小村も含めた全集落の分布は Christaller（1933）で示唆されるような均等パターンを呈していないと指摘している．ウィスコンシン大学で Trewartha の指導を受けたと思われる Brush は改めてその点の検証を試み，小村段階，村段階，町段階のいずれの中心地も平均中心地間距離は，正六角形の市場地域を持って中心地が分布する場合の理論的中心地間距離にほぼ等しいことを見出している（Brush 1953: 393）．それに対して，Dacey（1962）は，その周囲を 6 セクター分割した各点の 1 次から 6 次までの最近接距離（最近接点までの距離〜 6 番目に近い点までの距離）を計測して点分布パターンを判定する *n* 次の最近接尺度を Brush（1953）のデータに適用し，いずれの段階の中心地もランダム分布であることを明らかにしている．

13）Brush（1953: 385-387）では，機能単位（functional unit），小売（・サービス）単位（retail (and service) unit）という日常耳慣れない用語が使われている．本文中でとくに定義はされていないが，Berry and Barnum（1962: 37），Stafford, Jr.（1963: 166-167）によれば，機能単位の概念では，小売活動とサービス活動に関わる兼業の事業所については，それを区別してカウントする．例えば，一つの店がガソリンスタンドと雑貨店を兼ねる場合にそれを 2 事業所とカウントするのである．したがって，次のような関係が成立すると思われる．中心機能（= 業種）数 < 小売・サービス活動に関わる事業所数 < 機能単位数．事業所と機能単位の区別は，兼業店が比較的多い低次中心地を対象とする場合にはとりわけ重要である．なお，機能単位は小売・サービス単位の総称と考えられ，小売単位とは小売活動の機能単位を，サービス単位とはサービス活動の機能単位を指している．

14）町段階の中心地の場合，本文中では，小売・サービス単位ではなく小売単位と記されている（Brush 1953: 387）．

15）下位階層の中心地が保有する中心機能を町段階中心地も保有すると断っているにもかかわらず（Brush 1953: 387），なぜか Table 1 では，村段階中心地の代表的な中心機能である高校が，わざわざ町段階中心地の代表的な中心機能にリストアップされている．それは，Table 1 の注 c）で注記されているように，高校だけは村段階中心地の 70%でしか立地しておらず，本来ならば代表的な中心機能は当該階層の中心地の 75%で保有されるという基準を満たさないため，唯一例外的な取り扱いになっているからなのであろう．もっとも，町段階中心地の中心機能を代表する機能単位が全く村段階中心地に立地しない訳ではない．図 1 によれば，例えば，病院や獣医は村段階中心地にも立地する場合があるし，Brush（1953: 385）自身が，医師や歯科医は人口 600 人以上の村段階中心地にしばしば（usually）立地することを認めている．また，村段階中心地の代表的中心機能が，いくつかの小村段階中心地に立地することも当然あり得た（図 1 参照）．

16）町段階中心地の中心機能について一つ腑に落ちない点は，郡役所機能は町段階中心地を必ずしも特徴づけるものではないという指摘である（Brush 1953: 387）．確かに，19 の町段階中心地のうち，半数に満たない 8 つしか郡庁所在地に該当していない．郡役所の行政上の仕事の多くや，郡農事顧問，土壌保全技師など郡の農事関係者の仕事がその町の住民とほぼ無関係であるとはいえ（Brush 1953: 389），郡役所に用事で来た周辺農村の住民がその町で「ついで買い」をすることは大いにあり得るので，郡役所所在地の町段階中心地は，そうでない町段階中心地よりも，多目的トリップ先として吸引力があるように思われる．この点において，両者を同列に扱うことに問題はないのであろうか．もっとも，郡が所掌する事務について全米を対象に実施された 1971 年の調査によれば，住民と直接関係する事務の主なものは課税・徴税，治安・警察，生活保護，裁判，農業拡大サービス，保健，医療補助などであるが（金子 1977: 44），住民自身が郡役所に高頻度で直接出向くことを必要とする事務はそれほど多くないように見受けられる．

17）ウィスコンシン州では，地方治体は市と村からなり，市は人口規模により，人口15万人以上の「第1級」，人口3.9万人以上～15万人未満の「第2級」，人口1万人以上～3.9万人未満の「第3級」，人口1万人未満の「第4級」まで，4等級に分かれている．村は人口1,000人未満である（金子1977: 55）．

18）Table 1に記されている19の町段階中心地の人口のレンジの数字からわかるように，町段階中心地の最小の人口は1,329人である．なお，階層区分された中心地の分布を示すFig. 5（Brush 1953: 389）によれば，町段階中心地は20ある．本文中での言及がないものの，対象地域の北東部ソーク（Sauk）郡において隣接して立地するプレーリーデュソク（Prairie Du Soc）とソークシティー（Sauk City）を一体のものとして取り扱っているのかもしれない．

19）Harrisは，OSS（戦略事務局）で戦時サービスに携わっていた1944年9月，Harris（1943）で使用した同じ方法により，日本の『昭和15（1940）年国勢調査』を用いて中央日本から東北日本にかけての都市の機能分類を行ない，結果を地図化している．とりわけ，そこで工業都市に分類された都市は，アメリカ軍による爆撃の対象に選ばれた可能性がある（Barnes 2013）．

20）フランスではRochefort（1957）から中心地研究が始まったとされる（森川1974: 110）．日本ではRochefort（1957）について，渡辺（1966: 34）は，「・・・以上の公式例［＝中心性計測式］のような一元的把握に飽き足らず，グラフを使用しての立体的解釈を試みたもの」（角括弧内筆者加筆）で，「地方における中心地の位置づけと，中心地自体の構造性格の二元論で，中心地類型の綜合化を計っている」と紹介している．ただし，森川（1980: 373）は，Rochefort（1957）が用いたような縦軸と横軸に二つの変数を目盛ったグラフ上で階層区分する方法（two-parameter approach）は，以下本文中でも見るように，どうしても階層区分が主観的にならざるを得ないことを指摘している．なお，石水（1960）は，Rochefort（1957）の方法を関東地方の中心地階層区分に援用しようとしたが，中位階層以下の区分が困難な結果となり，結局はこの方法の援用を断念している．

21）中心地階層の名称は，最下位層の小ローカル・センター以外は，Fig. 5の中心地分布図の凡例（Rochefort 1957: 141）で記されているものによっている．ただし，凡例では2次の大地域センターと1次の地域センターの名称記載が逆になっているように思われる．また，Fig. 5にはサンパウロ近郊に位置する1次の地域センターSanto Andréが図示されていない．さらに，小ローカル・センターも図示されていない．

22）Rochefort（1957: 135）は，地域センターを1次と2次にはっきりとは区別していないが，アグノーはサヴェーヌ，セレスタよりも重要であると別扱いしているので，本稿では地域センターを1次の地域センター（前者）と2次の地域センター（後者二つ）に分けて表記した．

23）Rochefort（1957: 129）では，比較の意味もあって，Fig. 1-BとFig. 1-Cにおいて，鉄道・バス路線の集中度ならびに電話法によってそれぞれ階層区分された中心地分布図が示されているが，いずれもローカル・センターは1次と2次に細分されることなく，一つの中心地グループにまとめられている．とりわけ，電話法による階層区分では地域センターも1次と2次に細分されていないため，Rochefort（1957）が提案した方法に比べ，電話法は敏感な階層区分方法ではないかのような印象を与えている．

24）Rochefort（1959）に目を通すと，Rochefortの最終的な目的は単なる中心地の階層区分ではなく，都市の機能分類にあるように思われる．Rochefort（1957）で試みられた中心地階層区分結果を，第三次産業就業者率，工業就業者率，農業就業者率の三つの座標からなる三角グラフ上に各中心地をプロットした結果と突き合わせれば，工業が二義的なローカル中心都市，工業が卓越するローカル中心都市，工業が重要産業である地域中心都市といったような都市分類が可能となる（Rochefort 1959: 429）．Rochefort（1959）の内容は，1956年にブラジル・リオデジャネイロで開催された第18回地理学国際会議で発表されており，Rochefortの直前の発表者が，ソ連国内人口移動について報告したPokshishevskyであった（『第18回IGC報告書第3巻』目次より）．直後の報告を聞いて，都市の機能研究に関心を持っていたPokshishevskyはRochefortの研究に興味を抱き，Pokshishevsky（1959）においてRochefort（1957）について論評したのであろう．

25）*Annales de Géographie* tome 70（1961）中の国際地理学会議ストックホルム大会報告記事（Chabot 1961: 468）による．

26）Baranskyは，ロシア・ソ連を通じて最初に本格的な都市研究を行なった地理学者で，海外の新しい研究動向にたえず注目し，明らかにChristaller（1933）も読んでいたとされる（竹内2001: 18）．

27）ポクシシェフスキー（1976）の原著のPokshishevsky（1971）については，鴨沢 巖による書評（『経済地理学年報』19巻（1973: 71-74））がある．

28）日本において，Berry and Barnum（1962）の原データも利用し，相関係数行列ではなく，データ行列そのものに因子分析を適用する，直接因子分析の方法論的検討を試みた研究としては矢野（1985）がある．これ以外にも，日本では通常の因子分析（主成分分析ないしは主因子法＋バリマックス直交回転）とは異なる，解法や入力データに工夫をこらした因子分析を中心地階層区分に援用したいくつかの研究がある（碓井 1979, 1985; 吉本・森川 1982; 橋本 1992）．

引用文献

石水照雄 1960「都市の中心地的機能とその空間的展開—関東地方の諸都市，主として宇都宮を中心とする都市群について—（1）—」，愛媛大学紀要 第四部 社会科学，3 (3)：157-169.

碓井照子 1979「中心機能の階次と中心地階層構造について」，人文地理，31：481-506.

碓井照子 1985「山口県における1969年と1983年の中心地と勢力圏」，奈良大学紀要，14: 52-75.

金子善次郎 1977『米国連邦制度—州と地方団体』，良書普及会.

シマーギン，Yu. A. 著，伏田寛範訳 2008「ロシアの人口分布から見た「都市型集落」」，北東アジア研究，16：111-120.

杉浦芳夫 1999「Edward Ullmanによる空間の科学の探求」，人文地理，51：1-22.

杉浦芳夫 2003「ワイマール期ドイツのクリスタラー—中心地理論誕生前史—」，人文地理，55：407-427.

杉浦芳夫 2015「中心地理論とナチ・ドイツの編入東部地域における中心集落再配置計画」，都市地理学，10：1-33.

杉浦芳夫 2016「ソ連の中心地研究素描—Pokshishevskiyによる中心地理論批評を手がかりにして—」，理論地理学ノート，18：27-38.

杉浦芳夫 2017a「Pokshishevskyの中心地理論批評についての補遺」，理論地理学ノート，19：105-118.

杉浦芳夫 2017b「第二次世界大戦後のポーランドにおける幻の国土計画と中心地理論」，都市地理学，12：1-32.

竹内啓一 2001 バランスキー，竹内啓一・杉浦芳夫編『二〇世紀の地理学者』，10-18．古今書院.

竹内啓一 2003『伝統と革新—私が読んだ99の地理学—』，古今書院.

橋本雄一 1992「三浦半島における中心地システムの変容」，地理学評論，65A：665-688.

林 上 1986『中心地理論研究』，大明堂.

ポクシシェフスキー，B. B. 著，鴨沢 巖訳 1976『世界の住民—経済地理学的概観—』，大明堂．Pokshishevsky, V. V., 1971, *Geography Naselenja Zarubejniv Stran. Economiko-geographycheskie Ocherki* (Population geography in foreign countries: Economic-geographical synopsis). Moskva: Izdatelstbo "Procveshjjie".*

ボージュ - ガルニエ，J.・シャボー，G. 著，木内信蔵・谷岡武雄訳 1971『都市地理学』，鹿島出版．Beaujeu-Garnier, J. et Chabot, G., 1963, *Traité de Géographie urbaine*. Paris: Armand Colin.

森川 洋 1974『中心地研究—理論，研究動向および実証—』，大明堂.

森川 洋 1980『中心地論（Ⅰ）・（Ⅱ）』，大明堂.

矢野桂司 1985「地理行列への直接因子分析法の適用に関する一考察—バイナリー型地理行列を中心にして—」，地理学評論，58A:：516-535.

吉本剛典・森川 洋 1982「施設数行列に基づく中心地の階層区分法」，地理科学，37：141-156.

渡辺良雄 1966「都市機能とその統計資料による分析(3)」，統計，17 (12)：32-38.

Barnes, T. J., 2013, Folder 5, box 92. S*ocial & Cultural Geography*, vol. 14, 784-791.

Berry, B. J. L., 1967, *The geography of market centers and retail distribution*. Englewood Cliffs, N. J.: Prentice-Hall. ベリー，B. J. L. 著，西岡久雄・鈴木安昭・奥野隆史訳 1972『小売業・サービス業の立地』，大明堂.

Berry, B. J. L. and Barnum, H. G., 1962, Aggregate relations and elemental components of central place systems. *Journal of Regional Science*. vol. 4, 35-68.

Berry, B. J. L. and Harris, C. D., 1970, Walter Christaller: An appreciation. *Geographical Review*, vol. 60, 116-119.

Berry, B. J. L. and Parr, J. B. with Epstein, B. J., Ghosh, A. and Smith, R. H. T., 1988, *Market centers and retail location: Theory and applications*. Englewood Cliffs, N. J.: Prentice-Hall. ベリー，B. J. L.・パル，J. B. 他著，奥野隆史・鈴木安昭・西岡久雄訳 1992『小売立地の理論と応用』，大明堂.

Bobek, H., 1938, Ueber einige funktionelle Stadttypen und ihre Beziehungen zum Lande. *Comptes rendus du Congrès international de Géographie, Amsterdam, Tome II* , Section Ⅲ a: Géographie humaine, 88-102+Tafel Ⅰ und Ⅱ . Leiden: E. J. Brill.

Boyce, R. R., 1978, Applied geography in regional development. In *A man for all regions: The contributions of Edward L. Ullman to geography* (Studies in Geography, No.11, Department of Geography, University of North Carolina at Chapel Hill), ed. J. D. Eyre, 92-107. Chapel Hill, N. C.: Department of Geography, University of North Carolina at Chapel Hill.

Bracey, H. E., 1952, *Social provision in rural Wiltshire*. London: Methuen & Co. Ltd.

Bracey, H. E., 1953, Towns as rural service centres: An index of centrality with special reference to Somerset. *Transactions and Papers* (Institute of British Geographers), No. 19, 95-105.

Bracey, H. E., 1956, A rural component of centrality applied to six southern counties in the United Kingdom. *Economic Geography*, vol. 32, 38-50.

Brush, J. E., 1953, The hierarchy of central places in southwestern Wisconsin. *Geographical Review*, vol. 43, 380-402.

Brush, J. E. and Bracey, H. E., 1955, Rural service centers in southwestern Wisconsin and southern England. *Geographical Review*, vol. 45, 559-569.

Carter, H., 1955, Urban grades and spheres of influence in South West Wales: An historical consideration. *Scottish Geographical Magazine*, vol. 71, 43-58.

Chabot, G., 1961, Géographie humaine. Le XIX [e] Congrès International de Géographie Stockholm, aout 1960. *Annales de Géographie*, tome 70, 462-469.

Chilczuk, M., 1963, *Sieć ośrodków więzi społeczno-gospodarczej wsi w Polsce* (Rural service centres in Poland). Prace Geograficzne, NR 45, Instytut Geografii, Polskiej Akademii Nauk. Warszawa: Państwowe Wydawnictwo Naukowe.

Christaller, W., 1933, *Die zentralen Orte in Süddeutschland. Eine ökonomisch-geographische Untersuchung über die Gesetzmäßigkeit der Verbreitung und Entwicklung der Siedlungen mit städtischen Funktionen*. Jena: Gustav Fischer. クリスタラー , W. 著 , 江澤譲爾訳 1969『都市の立地と発展』, 大明堂.

Christaller, W., 1962, Die Hierarchie der Städte. In *Proceedings of the IGU symposium in urban geography, Lund 1960* (Lund Studies in Geography, Ser. B. Human Geography, No. 24), ed. K. Norborg, 3-11. Lund: C. W. K. Gleerup.

Dacey, M. F., 1962, Analysis of central place and point patterns by a nearest neighbor method. In *Proceedings of the IGU symposium in urban geography, Lund 1960* (Lund Studies in Geography, Ser. B. Human Geography, No 24), ed. K. Norborg, 55-75. Lund: CWK Gleerup.

Dörries, H., 1929, Entstehung und Formenbildung der Niedersächsischen Stadt. Eine vergleichende Städtegeo-graphie. *Forschungen zur Deutschen Landes- und Volkskunde*, Bd. 27, Heft 2, 1-188.

Dziewoński, K., 1969, Urban geography in Poland: Recent trends and advances. *Geographia Polonica*, vol. 16, 17-26.

Dziewoński, K., 1972, Present research trends in Polish urban geography. *Geographia Polonica*, vol. 22, 75-84.

Fleming, J. B., 1954, An analysis of shops and service trades in Scottish towns. *Scottish Geographical Magazine*, vol. 70, 97-106.

Galpin, C. J., 1915, *The Social anatomy of an agricultural community*. Research Bulletin, No. 34. Madison: Agricultural Experiment Station of the University of Wisconsin.

Gley, W., 1951/1952, Lage und Verteilung der Städte im alten Rußland. Ein Beitrag zum Problem der zentralen Orte. *Die Erde*, Bd. 3, 319-338.

Green, F. H., 1950, Urban hinterlands in England and Wales: An analysis of bus services. *Geographical Journal*, vol. 116, 64-88.

Haggett, P., 1965, *Locational analysis in human geography*. London: Edward Arnold. ハゲット , P. 著 , 野間三郎監訳・梶川勇作訳 1976『立地分析 上・下』, 大明堂.

Harris, C. D., 1943, A functional classification of cities in the United States. *Geographical Review*, vol. 33, 86-99.

Harris, C. D. and Ullman, E. L., 1945, The nature of cities. *Annals of the American Academy of Political and Social Science*, vol. 242, 7-17.

Jensen, R. G. and Karaska, G. J., 1969, The mathematical

thrust in Soviet economic geography—Its nature and significance. *Journal of Regional Science*, vol. 9, 141-152.

Kosiński, L., 1964, Population and urban geography in Poland. *Geographia Polonica*, vol. 1, 79-96.

Kovalev, S. A., 1957, Ob ekonomiko-geogrraficheskom polozhenii celickikh pocelenii i ego izuchenii (*Economic-geographical site of settlement and its study*). *Voprosy Geografii*, vol. 41, 134-176.*

Listengurt, F. M., 1962, Obsuzhdeniye sbornika 45 <<Voprosy Geografii>> v Moskovskom filiale geograficheskogo obshchestva soyuza SSR (*Discussion on "geographical issues", 45th collection, at the Moscow branch of USSR Geographical Society*). *Voprosy Geografii*, vol. 56, 192-194.*

Lösch, A., 1944, *Die räumliche Ordnung der Wirtschaft*. Zweite, neu durchgearbeitete Auflage. Jena: Gustav Fischer. レッシュ，A. 著，篠原泰三訳 1968『レッシュ経済立地論』，大明堂.

Martin, G. J., 2005, *All possible worlds: A history of geographical ideas*. Fourth edition. New York: Oxford University Press.

Mathieson, R. S., 1970, Quantitative geography in the Soviet Union. *Australian Geographer*, vol. 11, 299-305.

Melezin, A., 1963, Trends and issues in the Soviet geography of population. *Annals of the Association of American Geographers*, vol. 53, 144-160.

Monbeig, P., 1952, *Pionniers et Planteurs de Sao Paulo*. Paris: Librairie Armand Colin.

Morrill, R. L., 1965, *Migration and the spread and growth of urban settlement*. Lund Studies in Geography, Ser. B. Human Geography, No 26. Lund: CWK Gleerup.

Neef, E., n. d., *Untersuchungen über die zentralen Orte in Sachsen*.（筆者未見）

Neef, E., 1950, Das Problem der zentralen Orte. *Petermanns Geographische Mitteilungen*, 94. Jahrgang, 6-17.

Norborg, K. ed., 1962, *Proceedings of the IGU symposium in urban geography, Lund 1960* (Lund Studies in Geography, Ser. B. Human Geography, No. 24). Lund: C. W. K. Gleerup.

Pokshishevski, V. V., 1977, The problem of the "second town" in urban settlement systems. *Geographia Polonica*, vol. 37, 135-142.

Pokshishevskiy, V. V., 1966, Relationships and contacts between prerevolutionary Russian and Soviet geography and foreign geography. *Soviet Geography*, vol. 7, no. 9, 56-76.

Pokshishevskiy, V. V., Mints, A. A. and Konstantinov, O. A., 1971, On new directions in the development of Soviet economic geography. *Soviet Geography*, vol. 12, 403-416.

Pokshishevsky, V. V., 1958, Problema gorodov v sovremennoy ekonomiko-geograficheskoy literature glavnykh kapitalisticheskikh stran (*Issues on cities at the recent literature of economic geography in the main capitalist countries*). *Uchyonye zapiski Mgpi im. Lenina*, vol. 120, vyp. 3.*（筆者未見）

Pokshishevsky, V. V., 1959, V poiskakh "ierarkhii" gorodov (*In search of the city "hierarchy"*). *Voprosy Geographii*, vol. 45, 259-263.*

Pokshishevsky, V. V., 1961, Tipy gorodskikh i sel'skikh poselenii SSSR i teorii 'gorodovtsentral'nykh mest' (*Types of urban and rural settlements in the USSR and the central-place theory*). *XIX Mezhdunarodniy geograficheskiy kongess v Stokgol'me* (The 19th International Geographical Congress in Stockholm). (AN SSSR. Natsional'nyi komitet sovetskikh geografov). 240-244. M. Izd. AN SSSR.*

Pokshishevsky, V. V., 1962, Naselyonniye punkty — mestniye tsentry i problemy ikh sopodchineniya (*Populated localities — local centers and problems of their subordination*). *Voprosy Geografii*, vol. 56, 30-53.*

Pokshishevsky, V. V., 1981, The role of geography of services in the study of urban settlement systems. *Geographia Polonica*, vol. 44, 19-24.

Rochefort, M., 1957, Méthodes d'étude des réseaux urbains. Intérêt de l'analyse du secteur tertiaire de la population active. *Annales de Géographie*, tome 66, 125-143.

Rochefort, M., 1959, Détermination des types de villes d' un réseau urbain — Méthode d'analyse de la population active. *Comptes Rendus du XVIIIe Congrès International de Géographie, Rio de Janeiro-1956, Tome Troisième, Travaux des Sections IV, V, VI, VII et VIII*, 426-431. Rio de Janeiro: Comité National du Brésil.

Rozman, G., 1976, *Urban networks in Russia 1750-1800 and premodern periodization*. Princeton, N. J.: Princeton University Press.

Schlutze, J. H., 1951, Zur Anwendbarkeit der Theorie der zentralen Orte. Ergebnisse einer regionalen empirischen Erfassung der zentralen Ortsbereiche. *Petermanns Geographische Mitteilungen*, 95. Jahrgang, 106-110.

Stafford, Jr., H. A., 1963, The functional bases of small towns. *Economic Geography*, vol. 39, 165-175.

Trewartha, G. T., 1943, The unincorporated hamlet: On element of the American settlement fabric. *Annals of the Association of American Geographers*, vol. 33, 32-81.

Ullman, E., 1941, A theory of location for cities. *American Journal of Sociology*, vol. 46, 853-864.

*：原文はキリル文字表記.

執筆者紹介

阿部和俊
1949年生まれ　名古屋大学大学院文学研究科博士課程
愛知教育大学名誉教授
主要著作
『日本の都市体系研究』（地人書房 1991）、『先進国の都市体系研究』（地人書房 1996）、『発展途上国の都市体系研究』（地人書房 2001）、『20世紀の日本の都市地理学』（古今書院　2003）、『変貌する日本のすがた―地域構造と地域政策』（山﨑朗と共著　古今書院 2004）、『日本の都市地理学　50年』（編　古今書院 2011）、『日本の経済地理学　50年』（藤田佳久と共編　古今書院 2014）

日野正輝
1951年生まれ　名古屋大学大学院文学研究科博士課程
中国学園大学
主要著作
『今を生きる－東日本大震災から明日へ！復興と再生への提言－　5．自然科学』（共編著　東北大学出版会 2013）、『ヒル・リゾート、ナイニータールの観光の現況と課題』（岡橋秀典編『現代インドにおける地方の発展―ウッタラカンド州の挑戦』145－164、海青社 2014）

寺谷亮司
1960年生まれ　東北大学大学院理学研究科博士後期課程
愛媛大学社会共創学部
主要著作
『開発と自立の地域戦略－北海道活性化への道－』（共著　中央経済社 1997）、『都市の形成と階層分化－新開地北海道・アフリカの都市システム』（古今書院 2002）、『朝倉地理学講座 12　アフリカⅡ（分担執筆　朝倉書店 2008）、『えひめ・学・事典』（分担執筆　愛媛県文化振興財団 2009）、『日本の地誌 3　北海道』（分担執筆　朝倉書店 2011）、『生き物文化の地理学』（分担執筆　海青社 2013）、『世界地誌シリーズ 8　アフリカ』（分担執筆　朝倉書店 2017）

山﨑　健
1954年生まれ　広島大学大学院文学研究科博士後期課程
神戸大学名誉教授
主要著作
『情報化社会の地域構造』（分担執筆　大明堂 1989）、『阪神大震災研究Ⅰ・大震災 100日の軌跡』（分担執筆　神戸新聞出版センター 1995）、『都市と地域構造』（分担執筆　大明堂 1998）、『阪神大震災からの都市再生』（分担執筆　中央経済社 1998）、『大都市地域のオフィス立地』（大明堂 2001）、『現代都市地理学』（分担執筆　古今書院 2004）、『21世紀の都市像』（分担執筆　古今書院 2008）

若林芳樹
1959年生まれ　広島大学大学院文学研究科博士後期課程
首都大学東京都市環境科学研究科
主要著作
『認知地図の空間分析』（地人書房 1999）、『シングル女性の都市空間』（共編著　大明堂 2002）、『働く女性の都市空間』（共編著　古今書院 2004）、『ハンディキャップと都市空間』（共編著　古今書院 2006）、『GISと空間認知

－進化する地図の科学－』（共編著　古今書院 2008）、『参加型 GIS の理論と応用－みんなで作り・使う地理空間情報－』（編著　古今書院 2017）、『地図の進化論－地理空間情報と人間の未来－』（創元社 2018）

由井義通
1960 年生まれ　広島大学大学院文学研究科博士課程
広島大学大学院教育学研究科
主要著作
『女性就業と生活空間－しごと・子育て・ライフコース－』（編著　明石書店 2012）、『現代インドにおける地方の発展－ウッタラカンド州の挑戦－』（分担執筆　海青社 2014）、『変わりゆく日本の大都市圏－ポスト成長社会における都市のかたち－』（分担執筆　ナカニシヤ出版 2015）、『現代インド 4　台頭する新経済空間、大都市の発展と郊外空間』（分担執筆　東京大学出版会 2015）、『都市の空き家問題　なぜ？どうする？－地域に即した問題解決に向けて－』（共編著　古今書院 2016）、『都市の景観地理　アジア・アフリカ編』（分担執筆　古今書院 2017）

西原　純
1952 年生まれ　東北大学大学院理学研究科博士課程
静岡大学名誉教授
主要著作
「企業の事業所網の展開からみたわが国の都市群システム」、（地理学評論 64A － 1、1991）
「わが国の縁辺地域における炭鉱の閉山と単一企業地域の崩壊－長崎県三菱高島炭鉱の事例－」（人文地理 50 － 2、1998）、「Current Conditions and Geographical Background Factors of International Marriages: A Case Study of Japan’ s Tokai Region」（Geographical Review of Japan Ser.B,55-2, 2012 共著）、「ある自治体の合併とその地域的枠組みの意思決定過程－静岡県竜洋町の場合－」（愛知大学経済論集　190：217 － 252、2013）、『International Migrants in Japan: Contributions in an Era of Population Decline』（共著　Kyoto University Press and Trans Pacific Press, 2015）、「平成の大合併後の自治体行政および地方都市の現状とあり方」（地理科学 71：89 － 106、2016）、「市街地周辺部での買い物困難者の実態とネットショッピングの可能性－浜松市南区住民を事例に－」（共著　都市地理学 13：92 － 103）、『地図でみる日本の外国人　改訂版』（分担執筆　ナカニシヤ出版、2019）

根田克彦
1958 年生まれ　筑波大学大学院博士課程
奈良教育大学
主要著作
『都市空間の見方・考え方』（共編著　古今書院 2013）、『地域づくり叢書 5　まちづくりのための中心市街地活性化─イギリスと日本の実証研究』（編著　古今書院 2016）

土谷敏治
1955 年生まれ　広島大学大学院文学研究科博士課程
駒澤大学文学部教授
主要著作
「都市地域における公共交通機関の課題－熊本市電を事例として－」（地理科学 60：260 － 280、2005）、「第三セクター軌道万葉線の課題と展望」（運輸と経済 66（6）：64 － 72、2006）、
「広島電鉄白島線の利用状況と利用者特性」（運輸と経済 69（2）：71 － 79、2009）、「地方鉄道第三セクター化の課題－ひたちなか海浜鉄道の事例－」（経済地理学年報 59：111 － 135）、
「震災による鉄道の運休と利用者の移動行動」（共同執筆　駒澤地理 51：1 － 14、2015）、
「新駅開業に対する利用者と市民の評価－高田の新橋駅を事例として－」（駒澤地理 52、23 － 40、2016）、「地理

学の視点からみた公共交通の研究－ローカル鉄道を中心に－」（交通学研究 62：21 － 28、2019）

杉浦芳夫
1950 年生まれ　名古屋大学大学院文学研究科博士課程
首都大学東京都市環境科学研究科
主要著作
『地理学講座 5　立地と空間的行動』（古今書院 1989）、『文学のなかの地理空間』（古今書院 1992）、『二〇世紀の地理学者』（共編　古今書院 2001）、『地理空間分析』（編著　朝倉書店、2003）、『人文地理学』（共編　放送大学教育振興会 2004）、『地理学の声－アメリカ地理学者の自伝エッセイ集－』（監訳　古今書院 2008）、「中心地理論とナチ・ドイツの編入東部地域における中心集落再配置計画」（都市地理学 10：1 － 33、2015）

編集後記

本書をやっと公刊することができた．刊行の経緯については，杉浦芳夫が「日本の地理学における森川　洋先生の足跡ならびに本記念論文集刊行の経緯」において書いている通りである．本書のベースになっているのは，2015（平成 27）年 3 月 27 日に開催された研究報告会である．本来，もっと早く刊行する予定であったが，編集者の怠慢により大幅に遅れてしまった．

森川洋先生は現在も次々と精力的に研究成果を発表しておられることは周知の通りである．本書は森川洋先生の傘寿を記念して出版されたものであるが，私は先生の米寿記念の本も刊行したいものと思っている．森川先生におかれましては，これからも益々お元気でご活躍されることを願っています．

論文の整理編集においては，山田果林さんに大変お世話になりました．厚く御礼申し上げます．

阿部和俊

都市地理学の継承と発展

森川洋先生 傘寿記念献呈論文集

2019年7月3日　第1刷発行

編集＝阿部和俊・杉浦芳夫

発行＝株式会社あるむ
〒460-0012 名古屋市中区千代田3-1-12　第三記念橋ビル
Tel. 052-332-0861　Fax. 052-332-0862
http://www.arm-p.co.jp　E-mail: arm@a.email.ne.jp

印刷＝興和印刷　製本＝渋谷文泉閣

ISBN978-4-86333-156-3　C3025